本书为国家社会科学基金项目"新时代中国经济从高速增长转向高质量发展的结构转化机制研究"（项目号：18CJL014）、陕西省"高层次人才特殊支持计划"青年拔尖人才项目、西北大学理论经济学学科建设项目的研究成果

新时代中国经济从高速增长转向高质量发展的结构转化机制研究

郭 晗 ◎著

中国财经出版传媒集团

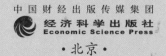

经济科学出版社
Economic Science Press
·北京·

图书在版编目（CIP）数据

新时代中国经济从高速增长转向高质量发展的结构转

化机制研究/郭晗著 . -- 北京：经济科学出版社，

2024.12. -- ISBN 978 - 7 - 5218 - 6298 - 0

Ⅰ. F124

中国国家版本馆 CIP 数据核字第 2024XW6130 号

责任编辑：朱明静
责任校对：王京宁
责任印制：邱　天

新时代中国经济从高速增长转向高质量发展的结构转化机制研究
XINSHIDAI ZHONGGUO JINGJI CONG GAOSU ZENGZHANG ZHUANXIANG
GAOZHILIANG FAZHAN DE JIEGOU ZHUANHUA JIZHI YANJIU

郭　晗　著

经济科学出版社出版、发行　新华书店经销
社址：北京市海淀区阜成路甲 28 号　邮编：100142
总编部电话：010 - 88191217　发行部电话：010 - 88191522
网址：www. esp. com. cn
电子邮箱：esp@ esp. com. cn
天猫网店：经济科学出版社旗舰店
网址：http://jjkxcbs. tmall. com
固安华明印业有限公司印装
710 × 1000　16 开　18.5 印张　290000 字
2024 年 12 月第 1 版　2024 年 12 月第 1 次印刷
ISBN 978 - 7 - 5218 - 6298 - 0　定价：88.00 元
（图书出现印装问题，本社负责调换。电话：010 - 88191545）
（版权所有　侵权必究　打击盗版　举报热线：010 - 88191661
QQ：2242791300　营销中心电话：010 - 88191537
电子邮箱：dbts@ esp. com. cn）

序

    经济增长与经济发展是分阶段的，在不同阶段，目标不同，要求也不同。在经济增长的低级阶段，为了改变贫穷落后局面，往往追求高速增长。当经济增长进入高级阶段，就需要开始追求有质量的发展。在高质量发展阶段，不同于经济高速增长阶段的线性趋势，经济运行呈现出非线性演进、波浪式发展、曲折式前进的形态，经济波动的周期性变化与长期趋势、技术性因素、体制性因素等相互交织。经济进入高质量发展阶段，在量变的同时，质变越来越明显，正向形态更高级、分工更优化、结构更合理的方向加速演进。在这一阶段结构性问题就成为高质量发展中需要解决的重大理论与实践问题。

    党的十八大以来，以习近平同志为核心的党中央提出立足新发展阶段、贯彻新发展理念、构建新发展格局，实施供给侧结构性改革，着力推进新时代中国经济从高速增长向高质量发展转变。中国经济从高速增长转向高质量发展，其中非常重要的一个问题就是要深入研究经济发展阶段转换、经济结构变化和经济高质量发展之间的理论逻辑关系。

    郭晗的这本《新时代中国经济从高速增长转向高质量发展的结构转化机制研究》，正是对这一问题的回应。郭晗自 2009 年跟随我读研究生起，就加入我所负责的"中国经济增长质量"研究团队，一直致力于研究经济增长质量和高质量发展问题。这本书是郭晗主持完成的国家社科基金项目"新时代中国经济从高速增长转向高质量发展的结构转化机制研究"的最终成果，该项目完成中也产生了一系列阶段性研究成果，在研究过程中发表了 15 篇核心期刊论文，其中 4 篇论文被《中国社会科学文摘》、人大复印报刊资料全文转载，3 篇被陕西省政府研究室等部门采纳。该项目于 2023 年结项并获得优秀。通读该书稿，我认为这本书有以下特点：

    第一，逻辑框架科学合理。全书分为四篇十二个章节，沿着"从高速增长转向高质量发展的逻辑—高质量发展的测度评价—高质量发展中动力结构重塑—高质量发展中供求结构优化—高质量发展中分配结构完善"的思路，回答了"从高速增长转向高质量发展的理论逻辑是什么？""中国经济高质量发展的状态趋势和制约因素呈现出何种状态？""高质量发展中如何重塑发展的动力结构、优化发展的供求结构、完善发展的分配结构"这几大问题。在此基础上，他进一步研究了实现经济高质量发展的机制。

第二，研究方法运用合理。在方法和数据创新方面，在充分考虑中国新时代的特征基础上，通过前沿统计分析法和计量分析方法，结合了宏观数据和微观数据、结构化数据和文本数据来测度高质量发展水平、数字经济发展水平和人民生活高质量发展水平等综合指数，并进一步研究了其分布动态和空间格局，在经验研究中，也采取了一些创新方法，如在需求结构对高质量发展的影响中，较为创新地将最优需求结构嵌入计量模型设计中，进而论证了对最优需求结构的偏离对高质量发展造成的影响。

第三，形成了一些比较重要的观点和结论。一是结构转化是从高速增长转向高质量发展的关键，新时代要以发展数字经济重塑发展的动力结构，以结构调整和要素重置优化发展的供求结构，以共享发展成果改善分配结构。二是中国各省份高质量发展呈现稳定增长的基本态势，但在分享维度仍存在制约，经济增长的新动能尚未完全构建，地理背景使高质量发展的"马太效应"增强，高质量发展的空间黏性仍然显著。三是数字经济发展形成高质量发展新动能的关键，在于数字经济能够促进企业生产规模的扩张、研发创新能力的提升、人力资本的升级和融资约束的缓解，通过这四条传导路径间接推动企业生产率的提升和高质量发展的实现。四是从需求结构而言，传统发展过程中高投资低消费的需求结构在新时代已经面临终结，形成与新发展格局相匹配的需求结构成为经济高质量发展的重要任务。从供给结构而言，有效的要素重置以及要素在区域间、产业间配置结构的优化和配置效率差异的缩小是提高要素产出质量的核心。经济高质量发展需要总供给与总需求的平衡。五是从高速增长阶段转向高质量发展阶段，本质是共同富裕推进的不同阶段。劳动报酬占比提升能够促进消费结构升级、推动产业结构高级化、提升国际竞争力和缩小居民收入差距，从而促进经济高质量发展。人民生活的高质量是发展共享性的最终体现，改善基础民生仍然是提高人民生活的重要途径。

第四，具有重要的学术价值和应用价值。在学术价值方面，这本书将发展阶段理论和经济高质量发展相关理论相结合，将经济高质量发展的实践应用于新时代中国经济发展的结构性重大现实问题中，着重研究结构转化推动经济高质量发展的逻辑和路径，一定程度上是对现有高质量发展理论与实践研究的有益拓展。在应用价值方面，本书深入研究了高质量发展的评价体系，并利用数据和经验方法分析中国经济向高质量转变过程中的制约因素，能够为准确把握当前经济发展的现实状态提供精确的数据依据。同时，本书所提出的结构转化推动中国经济高质量发展的实施路径和政策体系，能够为政府部门制定质量型经济发展政策提供具体的决策参考。

党的二十大报告指出，高质量发展是全面建设社会主义现代化国家的首要任务。这一重大定位则标志着高质量发展在我国社会主义现代化新征程中的重要地位。党的二十届三中全会也指出，高质量发展是全面建设社会主义现代化国家的首要任务。必须以新发展理念引领改革，立足新发展阶段，深化供给侧结构性改革，完善推动高质量发展激励约束机制，塑造发展新动能新优势。我希望本书出版后，能够继续引入数字经济等新的变量，继续在数字经济推动经济高质量发展的结构转化机制这一理论命题形成新的成果，也能够为制定数字经济赋能高质量发展政策体系提供一些有益参考。

任保平

2024 年 11 月
于南京大学苏州校区

目　　录

第一篇　中国经济从高速增长转向高质量发展

导　论

一、经济高质量发展研究的现状和背景

党的十九大报告指出，"中国特色社会主义进入新时代""我国经济已由高速增长阶段转向高质量发展阶段"。[①] 这一重大判断标志着我国经济发展从"数量时代"进入"质量时代"。党的二十大报告指出，高质量发展是全面建设社会主义现代化国家的首要任务。[②] 这一重大定位则标志着高质量发展在我国社会主义现代化新征程中的重要地位。转向经济高质量发展是党中央结合我国经济现状以及经济未来发展方向所作出的基本论断，与我国社会主要矛盾的变化相适应，也遵循了经济发展规律的必然要求。近年来，对经济高质量发展的研究也成为学术界关注的热点问题。目前，围绕经济高质量发展的研究主要分为理论层面的内涵与外延研究、测度层面的评价研究和实证层面的影响因素研究三个方面。

第一，对经济高质量发展的内涵和外延研究。对经济高质量发展的内涵和外延的分析，可以追溯至学界关于经济增长质量的界定，早期研究认为经济增长质量体现的是经济增长结果的优劣，从经济增长效率视角可以将其理解为要素投入产出比或全要素生产率（卡马耶夫，1983；王积业，2000；康梅，2006）。由于世界各国的经济增长中均出现了大量问题，相关研究开始从更加宽泛的视角来看待经济增长的结果（郑玉歆，2007），认为经济增长质量

---

① 习近平：决胜全面建成小康社会 夺取新时代中国特色社会主义伟大胜利——在中国共产党第十九次全国代表大会上的报告 [EB/OL]. 中华人民共和国中央人民政府网，https://www.gov.cn/xinwen/2017－10/27/content_5234876.htm. 2017－10－27.

② 习近平：高举中国特色社会主义伟大旗帜 为全面建设社会主义现代化国家而团结奋斗——在中国共产党第二十次全国代表大会上的报告 [EB/OL]. 中华人民共和国中央人民政府网，https://www.gov.cn/xinwen/2022－10/25/content_5721685.htm，2022－10－25.

涵盖了经济、政治、社会发展的不同方面，把受教育水平、预期寿命、健康状况、收入分配、环境资源、法律和政治制度、社会资本和生活满意度等问题都纳入经济增长质量的概念中（郭克莎，1996；Rodrik，2000；Thomas，2001；Barro，2002；Sabatini，2008；Helliwell，2008）。随着研究不断深入，相关文献进一步将其定义为经济增长内在的性质与规律，认为经济增长质量不仅涉及对经济增长结果优劣的认识，还应关注经济增长过程的好坏，由此将经济增长的结构、稳定性、社会结果等方面的优劣程度等纳入经济增长质量的内涵（Mlachila et al.，2017；李永友，2008a，2008b；钞小静和任保平，2011；任保平，2013；何伟，2013；朱方明和叶立龙，2014；李萍和冯梦黎，2016；李金叶和许朝凯，2017）。此外，也有学者从微观产品质量角度研究了宏观经济增长质量（程虹和李丹丹，2014）。

经济增长质量相较于高速增长更接近高质量发展，但其与高质量发展的概念仍然存在区别，即经济增长质量仍然属于宏观经济范畴，而高质量发展则涵盖了更广泛的经济维度。任保平（2018）阐释了高质量发展的政治经济学逻辑，分析了劳动价值论、使用价值以及价值和质量的关系。在此基础上，提出高质量发展包括：微观维度的要素质量、产品质量和企业质量；中观维度的产业发展质量、城市化质量和生活质量等；宏观维度的经济增长质量、公共服务质量和对外贸易质量等。陈诗一（2018）的研究用人均 GDP 代表经济高质量发展水平，提出经济发展质量的提高是经济发展方式转变的前提，并从绿色发展的角度分析了政府治霾有助于提升大气环境和经济发展质量，助推中国经济的高质量发展。师博（2018）结合创新、协调、绿色、开放、共享的新发展理念，认为新时代高质量发展的内涵可概括为，具有增速稳定和结构合理的经济增长基础，并能产生社会友好型和生态友好型的发展成果。

第二，对中国经济高质量发展的评价研究。从研究内容和研究对象来看，对经济发展质量的评价表现为三个层次：第一层次是全国范围的评价，比较有代表性的评价性研究，是从全国以及省级层面对中国经济发展质量的评价，其中刘海英和张纯洪（2006）、钞小静和惠康（2009）、钞小静和任保平（2011）、魏婕和任保平（2012）、何伟（2013）、何强（2014）、叶初升和李慧（2014）、宋明顺等（2015）、张士杰和饶亚会（2016）、詹新宇和崔培培

（2016）、陈景华等（2020）、孙豪等（2020）等学者分别对我国分省区的经济发展质量作了全面评价。第二层次是对区域和典型省域的评价，主要表现为学者在前者基础上对区域或者某一省域经济发展质量的评价，如李永友（2008a，2008b）、许永冰（2012）、姚升保（2015）分别对江苏、河北、湖北等省份的经济发展质量进行了全面评价，李金叶和许朝凯（2017）基于"一带一路"倡议对中亚区域国家经济发展质量进行了比较，史丹和李鹏（2019）对中国和主要发达国家的经济高质量发展进行的测度和比较，陈子曦和青梅（2021）对中国城市群高质量发展水平测度及其时空收敛性进行了评价与研究。第三层次是对中国经济某一部门或者某一领域的经济发展质量进行评价，比如陈玉龙和石慧（2017）从环境规制视角对工业经济发展质量进行评价和分析，史丹和李鹏（2019）对新中国70年工业发展之路的评价，曲立等（2021）对中国区域制造业高质量发展进行的测度与分析，刘佳等（2016）、魏婕等（2016）、丰晓旭和夏杰长（2018）、徐君等（2023）对旅游行业发展质量进行的测度和分析。

　　从研究方法来看，随着研究对象的差异主要有以下几类：一是在多维指标情况下的测度和评价方法，其中包括主成分分析法，这类分析以钞小静和任保平（2011）、魏婕和任保平（2012）、毛其淋（2012）、李强和魏巍（2015）以及何红光等（2017）为代表，也包括熵值法，这类分析以宋明顺等（2015）、姚升保（2015）、肖攀等（2016）、颜双波（2017）等为代表；二是在单一指标情况下，尤其是以经济增长效率作为发展质量指标的研究，更多采用参数估计法或非参数估计法对经济发展质量进行测度，例如李永友（2008a，2008b）、李俊和徐晋涛（2009）、李国平等（2011）、陈夕红等（2013）利用DEA非参数法进行测算，也有学者如何伟（2013）采用了投影寻踪技术分析对省域经济发展质量进行测度和评价。随着研究方法的完善，学者们往往综合更多方法对经济发展质量进行评价和分析，如宋明顺等（2015）结合了熵值法和国际标杆对比法进行测度，钞小静等（2016）采用主成分分析与半参数估计相结合的方法，杨耀武和张平（2021）采用了变异系数信息量权和信息熵权等方法。

　　第三，对中国经济高质量发展的影响因素研究。学界对于经济高质量发展影响因素的研究相对较为丰富，从理论上来看，几乎与经济发展相关的所有因素均能够影响经济发展质量，谭崇台（2014）从发展经济学演变视角分析了人口资源与环境、技术进步、资本积累等因素对经济发展质量的影响，沈坤荣和曹扬（2017）认为创新能力是影响当前经济发展质量的重要因素，刘世锦（2016）从供给侧改革角度研究了实现质量追赶的路径；从实证研究角度来看，有分析人力资本与经济增长质量之间关系的研究（刘海英等，2004），有分析企业投资活动对经济增长质量影响的研究（郝颖等，2014），有研究认为金融发展水平对经济发展质量有重要影响（刘文革等，2014），也有研究从生态环境视角出发认为环境因素约束对经济发展质量提高有显著影响（钞小静和任保平，2012）。如果从财政分权和财政支出结构来看，对经济发展质量的影响也非常显著（魏婕等，2016；詹新宇和王素丽，2017；林春，2017）。此外，从开放经济视角来看，实证研究显示进出口的数量和质量、人民币汇率波动、外商直接投资、对外贸易等因素都会通过不同传导机制影响中国经济发展质量的改善（沈坤荣和傅元海，2010；毛其淋，2012；沈国云，2017；随洪光等，2017）。随着新型数字技术的应用和发展，数字经济对经济发展质量的影响得到了很多学者的关注，多数学者研究发现，数字经济发展能够通过推动生产效率提升、推动消费升级和推动创业活跃度提升等多个方面来促进经济高质量发展（荆文君和孙宝文，2019；赵涛等，2020；葛和平和吴福象，2021；杨文溥和曾会锋，2022；王军等，2023）。

从国内外研究来看，现有文献已经为本书研究提供了广阔思路和深厚基础，也提供了进一步深化研究的空间：一是现有研究多基于要素禀赋条件不变背景，而对中国经济进入新时代后的阶段转换特征考虑略显不足，本书则是基于中国进入新时代的阶段转换背景，重点研究了经济阶段转换、结构转化和高质量发展之间的理论逻辑关系。二是现有多研究经济发展质量的评价和影响因素，而较少从高速增长转向高质量发展中的结构转化视角来进行研究，本书正是基于结构转化的视角来理解高质量发展，提出从中国高速增长转向高质量发展，其内涵就是以发展数字经济重塑动力结构、以结合需求管理与供给管理优化供求结构、以共享发展成果优化分配结构，并在此基础上进一步进行结构转化从而实现高质量发展的机制。

二、研究的内容

本书包括四篇十二章内容，沿着"从高速增长转向高质量发展的逻辑—高质量发展的测度评价—高质量发展中动力结构重塑—高质量发展中供求结构优化—高质量发展中分配结构完善"的思路来展开。全书整体研究内容分为四大篇章来构建，第一篇研究新时代中国经济从高速增长转向高质量发展的理论逻辑与测度评价，第二篇研究新时代中国经济高质量发展的动力结构重塑，第三篇研究新时代中国经济高质量发展的供求结构优化，第四篇研究新时代中国经济高质量发展的分配结构完善。其中每一个篇章均由三章构成，每个篇章中均包含理论逻辑、实证测算和路径转型的内容。四篇十二章的主要内容如下。

第一章中国经济从高速增长转向高质量发展的理论逻辑。主要从发展阶段理论出发，研究中国经济发展阶段的变化，从发展目标、发展内涵、发展价值判断与发展的要求等方面研究高质量发展相对于高速增长时期的理论逻辑的扩展。

第二章中国经济发展观的演变与高质量发展观的形成。在梳理发展经济学发展观的基础上，从中国共产党建党百年来的发展观历史演变出发，分别研究了新民主主义革命时期、社会主义革命和建设时期、改革开放和社会主义现代化建设时期和中国特色社会主义新时代四个时期发展理念的演变，由此梳理出高质量发展观形成的历史逻辑。

第三章中国经济高质量发展水平的测度评价与时空演变。主要从高质量发展的创新发展、协调发展、绿色发展、开放发展和共享发展五大维度出发，构建科学的评价经济高质量发展的评价指标体系，并运用熵权法、莫兰指数法、核密度估计法和 Markov 链分析方法来测度我国高质量发展水平的时序变化与空间格局。

第四章以数字经济重塑高质量发展动力结构的理论逻辑。从高速增长阶段的体制禀赋与制度驱动、人口禀赋与劳动驱动、投资禀赋与资本驱动、资源禀赋与资源驱动、外资外贸禀赋与开放驱动五个方面论证发展动力结构出现的新变化。在此基础上，研究高质量发展阶段我国发展动力所面临的新约束，并进一步从宏观逻辑、中观逻辑和微观逻辑三层视角研究在高质量发展阶段数字经济培育我国经济发展新动能的逻辑和路径。

第五章中国经济高质量发展中数字经济发展的测度与特征。数字经济是我国经济发展过程中的新动能，是重构发展动力结构的关键。从数字经济的数字化、网络化、平台化和智能化特征出发，构建科学合理的数字经济评价指标体系，结合结构化数据与文本数据，对我国数字经济发展状况进行科学评价，并运用熵权法、莫兰指数法、核密度估计法和 Markov 链分析方法来测度我国数字经济发展水平的时序变化与空间格局。

第六章数字经济提升企业生产率推动中国经济高质量发展的机制与路径。从数字经济驱动企业生产率提升的视角，研究数字经济形成高质量发展中新动力的机制和路径。基于地级市数据和上市公司数据的匹配，实证验证了数字经济发展对企业生产率的影响。实证研究发现数字经济发展能显著提升企业生产率，数字经济发展形成高质量发展新动能的关键，在于数字经济能够促进企业生产规模的扩张、研发创新能力的提升、人力资本的升级和融资约束的缓解，通过这四条传导路径间接推动企业生产率的提升和高质量发展的实现。

第七章新时代中国经济高质量发展中的需求结构。优化需求结构是构建新发展格局、实现经济高质量发展的重要因素。传统发展过程中高投资低消费的需求结构在新时代已经面临终结，形成与新发展格局相匹配的需求结构成为经济高质量发展的重要任务。通过构建动态一般均衡的经济增长理论模型，并基于实证检验论证需求结构优化路径的存在性以及实际与最优需求结构的偏离对高质量发展的影响，探寻优化需求结构以促进经济高质量发展的路径。

第八章新时代中国经济高质量发展中的供给结构。有效的要素重置以及要素在区域间、产业间配置结构的优化和配置效率差异的缩小是提高要素产出质量的核心。首先，从理论视角梳理高质量发展下供给结构的内涵，其次，构建要素配置效率的测度方法来测度要素配置效率的失衡对供给结构的影响，从而探寻提高新时代我国供给体系质量的路径，可以为未来实现要素重置、提升配置效率、改善供给结构，促进经济高质量发展提供依据和参考。

第九章中国的经济高质量发展中的需求管理与供给管理。经济高质量发展需要总供给与总需求的平衡，需求管理和供给管理是解决宏观经济中供求不平衡问题的两类政策调整思路。依据马克思主义政治经济学的经济总供求及其结构平衡理论，本书研究了新时代需求管理与供给管理的特征，并结合改革开放40多年以来我国宏观经济运行的变化，提出构建具有中国特色的宏观调控理论及政策体系。

第十章新时代中国经济高质量发展中的分配结构。国民收入分配格局的合理化是高质量发展的应有之义，初次分配结构中的劳动报酬占比反映着一个国家分配结构的合理程度。首先，本书研究了分配结构中劳动报酬占比对高质量发展影响的理论机制，认为劳动报酬占比提升能够促进消费结构升级、推动产业结构高级化、提升国际竞争力和缩小居民收入差距，从而促进经济高质量发展。其次，进一步基于完整核算口径对中国各省份初次分配结构中的劳动报酬占比数据重新进行了测算和滚动趋势外推，并就初次分配改善对经济高质量发展的影响进行了研究。

第十一章新时代人民生活高质量发展的时序特征与空间格局。在高质量发展阶段，人民生活的高质量是发展共享性的最终体现。根据新时代人民生活高质量发展的内涵特征，将人民生活高质量评估分成生活水平高质量、生活环境高质量、生活条件高质量和生活设施高质量四个维度，建立起新时代人民生活高质量发展评估的基本框架，并对新时代中国人民生活高质量发展水平的时序变化与空间格局进行了分析和评价，并提出了相应的政策建议。

第十二章中国高质量发展阶段实现共同富裕的实践历程与路径选择。从高速增长阶段转向高质量发展阶段，本质是共同富裕的推进的不同阶段。首先，基于人口收入分布曲线分析了共同富裕理念从经济高速增长到高质量发展的阶段性转变，进而阐释新时代对共同富裕内涵特征的深化和拓展，讨论高质量发展中实现共同富裕的理论逻辑。其次，基于中国共产党带领人民推进共同富裕的历史实践，讨论实现共同富裕的历史逻辑。最后，基于新时代的背景和要求提出高质量发展阶段实现共同富裕的推进策略与路径选择。

三、研究的方法

1. 逻辑演绎和归纳推理方法

本书采取逻辑演绎和归纳推理的方法总结出从速度追赶向质量提升转变过程中经济发展阶段转变的基本规律和中国经济从高速增长转向高质量发展的理论逻辑，并从发展数字经济驱动动力结构转化、以需求优化和要素重置推动供求结构转化、以成果共享和共同富裕推动分配结构转化三个维度归纳出以结构转化促进高质量发展的逻辑。在经济发展观的历史演变、经济高质量发展中供给管理与需求管理的结合等章节也采用了归纳推理的方法。

2. 数理模型分析方法

本书基于现代经济增长理论，一是在论证需求结构影响高质量发展的理论机制的章节中，通过一个动态一般均衡框架建立理论模型，证明最优需求结构的存在性，并论证了需求结构对经济高质量发展的动态影响；二是在论证供给结构推动高质量发展的章节中，基于现代增长理论模型构建了产业要素空间配置效率损失的测度理论框架，进而为产业中生产要素扭曲程度的测算提供了理论支撑，为要素重置优化供给结构从而推动高质量发展提供了支持。

3. 统计与计量分析方法

本书在经济高质量发展理论分析的基础上，采用了计量经济学的相关分析方法对结构转化推动高质量发展的关键性问题进行经验实证研究，包括第六章中运用了 2SLS 和动态面板 GMM 等方法论证了需求结构对高质量发展的影响，第三章中也基于动态面板 GMM 模型、中介效应模型等方法对数字经济推动生产率提升从而促进高质量发展进行了经验研究。另外，本书也采取了一些前沿的统计分析方法，如在第三章中通过建立指标体系，综合运用核密度函数、空间莫兰指数、马尔可夫链状态转移概率矩阵等多种方法，探究了中国高质量发展的时空分布差异特征与动态演进，在第五章和第十一章中基于熵值法、Dagum 基尼系数法、核密度估计等方法分别研究了我国数字经济发展水平和新时代人民生活高质量发展水平。

4. 比较与历史分析法

运用比较分析方法分析中国高速增长与高质量发展的逻辑关系、中国需求管理和供给管理的区别和联系。运用历史分析法分析了中国共产党指导经济发展实践中发展理念的演变，从中梳理出高质量发展观的形成渊源，在共同富裕的历史逻辑部分也运用历史分析法，结合不同阶段共同富裕的内涵特征，研究了中国推进共同富裕的历史进程与历史逻辑。

四、研究的价值和意义

本书基于新时代中国经济从高速增长转向高质量发展的阶段性特征，在系统梳理高质量发展的理论逻辑基础上，系统梳理了百年来中国经济发展观的演变，研究了高质量发展理念的形成。并围绕新时代中国经济高质量发展的五大理论维度，构建了高质量发展的评价指标体系，并进一步研究了中国经济高质量发展的空间分布与动态演进。在此基础上，从数字经济重塑发展动力结构、要素重置优化供求结构、共享成果优化分配结构等视角研究了以结构转化推动中国经济实现高质量发展的实施机制，具有比较重要的价值和意义。具体体现在以下两个方面。

第一，学术价值。本书在中国经济新时代背景下，将发展阶段转换理论和经济增长质量理论相结合，将国外主要经济体的发展规律与中国经济发展本土化特征相结合，深入研究阶段转换、结构变化与高质量发展的理论逻辑，这在一定程度上是对现有经济增长质量理论的有益拓展。同时，本书构建了高质量发展的分析框架，在理论层面分析了数字经济引领高质量发展、要素重置驱动高质量发展和成果共享支撑高质量发展的系统性理论机制，能够在一定程度上克服现有研究的不足，这是理论层面的学术价值。在方法层面，通过选用合适的经济发展质量评价方法，能够充分考虑到中国新时代的特征，这是方法层面的学术价值。

第二，应用价值。党的十九大报告强调中国经济发展进入新时代，中国从高速增长阶段转向高质量发展阶段，社会主义初级阶段基本矛盾表现为人民日益增长的美好生活需要和不平衡不充分的发展之间的矛盾。党的二十大报告更是将高质量发展定位于中国全面推进社会主义现代化建设中的首要任务。本书深入研究了高质量发展的评价体系，并利用数据和经验方法分析中国经济向高质量转变过程中的制约因素，能够为准确把握当前经济发展的现实状态提供精确的数据依据。同时，本书所提出的结构转化推动中国经济高质量发展的实施路径和政策体系，能够为政府部门制定质量型经济发展政策提供具体的决策参考。

五、可能的创新和贡献

本书可能的创新之处在于将发展阶段变化与经济高质量发展的相关理论相结合，提出了新时代下以结构转化推动经济高质量发展的理论逻辑和实践路径。现有的文献主要集中于经济高质量发展的一般基础理论研究和测度研究，本书则将经济高质量发展的实践应用于新时代中国经济发展的结构性重大现实问题中，着重研究结构转化推动经济高质量发展的逻辑和路径。

在理论逻辑和研究视角创新方面，本书从理论上对新时代经济发展阶段的转换进行解释，研究了高速增长阶段向高质量发展阶段转换中的变化特征，提出了发展数字经济重塑发展动力结构推动经济高质量发展的机制、以结构优化和要素重置调整供求结构推动经济高质量发展的机制、以推动成果共享和共同富裕优化分配结构推动高质量发展的机制。在方法和数据创新方面，通过前沿统计分析法和计量分析方法，结合了宏观数据和微观数据、结构化数据和文本数据来测度高质量发展水平、数字经济发展水平和人民生活高质量发展水平等综合指数，并进一步研究了其分布动态和空间格局，在经验研究中，也采取了一些创新方法，如在需求结构对高质量发展的影响中，较为创新地将最优需求结构嵌入计量模型设计中，进而论证了对最优需求结构的偏离对高质量发展造成的影响。在实践路径创新方面，结合计量分析和统计分析的结果提出了相应的发展战略转型、改革取向转型和政策支撑转型，为新时代下重塑发展动力结构、优化发展供求结构、改善发展分配结构，进而推动中国经济高质量发展提供了参考和借鉴。

中国经济从高速增长
转向高质量发展

第一章 中国经济从高速增长转向高质量发展的理论逻辑

党的十九大报告指出，我国经济已由高速增长阶段转向高质量发展阶段，正处在转变发展方式、优化经济结构、转换增长动力的攻关期。党的二十大报告指出，高质量发展是全面建设社会主义现代化国家的首要任务。在高速增长阶段，经济发展主要是为了解决"有没有"的问题，而在高质量发展阶段，则主要是为了解决"好不好"的问题。高质量发展是为了能够满足人民日益增长的美好生活需要的发展，是贯彻落实新发展理念的发展，也是习近平新时代中国特色社会主义经济发展的新目标，是全面建设社会主义现代化国家的首要任务。由此可见，研究中国从高速增长转向高质量发展的逻辑具有重要意义。

逻辑起点是对研究对象最简单、最一般的本质规定，构成研究对象最直接和最基本的单位。研究发展阶段转换的逻辑，就要追溯到对于经济发展阶段理论界定以及特征的研究，从发展阶段理论出发，寻求中国经济从高速增长转向高质量发展的理论特征。

一、发展阶段理论与中国经济发展阶段的变化

罗斯托（Rostow，1960）曾经根据工业发展状况将世界各国的经济发展划分为传统社会、为起飞创造前提、起飞、成熟、大众消费、追求生活质量 6 个阶段。钱纳里等（Chenery et al.，1989）从经济结构转变过程角度，依据人均收入水平将经济发展划分为初级产品生产、工业化、发达经济 3 个阶段，其中工业化阶段又划分为 4 个时期，具体包括低收入阶段、中低收入阶段、

中高收入阶段以及高收入阶段。但这种阶段转换并不具备普世意义，菲利普等（Philip et al.，2012）统计分析发现，高收入经济体在中低收入阶段的平均停留时间为58年，在中高收入阶段的平均停留时间是16年，日本、韩国、中国台湾和中国香港地区在不到30年时间成功从中等收入阶段跨越到高收入阶段，而墨西哥、智利、秘鲁、巴西、乌拉圭等国家自20世纪80年代达到中等收入门槛后，在长达50年左右的时间内始终停留在中等收入阶段。皮凯蒂（Piketty，2014）的最新研究发现，在工业革命之前世界各国的经济增长都是极为缓慢的，高速经济增长只是工业化时期发生的一个特殊历史现象，当工业化完成后这种高速增长将不复存在。

具体到中国经济发展阶段的经验，在1949年新中国成立时，是一个典型的贫穷的低收入国家。改革开放后，中国的主要矛盾转化为人民日益增长的物质文化需要与落后的社会生产之间的矛盾。主要矛盾决定了中国经济发展模式必须是高速增长和规模扩张相结合的数量型经济增长，来解放生产力、大幅提高生产力水平，同时也决定了经济体制需要从传统的计划经济体制向效率更高的市场经济体制过渡，最终建立和完善社会主义市场经济体制，有效解决计划经济体制下资源配置效率低下和生产关系混乱的局面。根据世界银行WDI数据库统计，从1978年后，中国经济发展进入快车道，历经了超过40年的平均GDP增速高达8%以上的高速增长，特别是在进入21世纪后，中国人均GDP于2001年首次突破1000美元，到2011年则突破5000美元，到2015年首次超过8000美元，而到2019年中国人均GDP达到10276万美元（按当年汇率折算），按照世界银行划分标准，当年高收入经济体的门槛为人均GNI高于12375美元，中国已经非常接近于世界银行的高收入国家标准，如果中国进入高收入国家，那么将是人类历史上第一个10亿级人口的经济体成为高收入国家。但结合所有曾经经历过中等收入阶段的国家的经济增长史来看，从低收入向中等收入的跨越和从中等收入向高收入的跨越，都不是自然而然或者必然会发生的现象。在经济增长的历史经验中确实客观存在着"贫困陷阱"和"中等收入陷阱"。中国过去的高速增长，已经成功实现对"贫困陷阱"跨越，并且在2020年实现了全面建成小康社会的目标，彻底解决了绝对贫困，目前正处于全面开启社会主义现代化建设的新征程中，也正处于从中等收入经济体向高收入经济体的跨越临界点上。

虽然在经济高速增长阶段，中国获得的巨大成就堪称"经济发展奇迹"。但伴随外部需求的减少、传统人口红利的消失及市场结构的不断升级，高速增长的时代已经过去，从 2010 年开始，中国经济发展进入增速换挡期，从 8% 以上的高速增长转变为 5% 左右的中速增长。洪银兴（2014）指出中高速增长已经成为我国经济发展新阶段的基本新常态。一方面，我国从低收入国家转变为中等收入国家，GDP 基数扩大后不可能长久保持原有的高速增长，而且向高收入国家发展更为重要的是质量问题和结构问题；另一方面，我国原有的人口红利、资源供给等经济增长推动力明显衰减，需求拉动力的作用短期内无法接替供给推动力，由此导致经济增长由高速向中高速增长换挡。金碚（2015）将中国工业化划分为 1949 年至 20 世纪 70 年代末的起步时期、20 世纪 80 年代至 2012 年的加速时期、2013 年至 21 世纪中叶的深化时期，认为无论从人类发展的长期历史，还是从世界近二三十年的经济发展态势来看，工业化是一个非常特殊的历史阶段，一个以中高速增长为表征的中长期历史阶段正在到来，各个领域全面深化的改革是经济发展新阶段的典型特点。张军扩（2016）指出我国经济进入新常态后，经济增长的传统动能优势减弱，而新动能还不够强大，现阶段我国经济仍然具有中高速增长潜力，推动中国经济中高速增长的关键是重点领域和关键环节的重要改革是否可以取得突破，是否能够建立起支持新动能的机制体制。现在我们应当关注如何释放潜在增长率，从而推动经济的高质量发展。

高速增长阶段过去后，经济发展方式和发展特征都发生了变化，高质量发展成为新的发展目标。王一鸣（2020）指出我国进入新发展阶段后，经济发展最重要的特征就是转向高质量发展阶段，这既是发展阶段的转换，更是发展方式和发展特征的转变，主要特征是从"数量追赶"转向"质量追赶"，从"规模扩张"转向"结构升级"，从"要素驱动"转向"创新驱动"，从"分配失衡"转向"共同富裕"，从"高碳增长"转向"绿色发展"。在这样的转变特征下，需要加快经济结构转换，以推动高质量发展的实现。刘志彪和凌永辉（2020）指出，提升全要素生产率是实现高质量发展的核心源泉，因此，中国当前阶段追求高质量发展，应适当降低增长速度预期，更加注重供给侧结构性改革，通过加速结构转换来促进全要素生产率提升。

二、中国经济从高速增长转向高质量发展的理论逻辑

从经济高速增长到经济高质量发展，意味着经济发展的目标、内涵、价值判断与发展要求都出现了新的变化。经济高质量发展最优路径选择的约束条件是经济发展成本的最小化。在高速增长时期，中国经济发展的最优路径选择主要集中在经济系统内，主要采取规模报酬不变或递减基础上的规模扩张路径，即依靠生产要素投入量的增加或扩大再生产的规模，不断向社会的生产可能性边界逼近，实现以 GDP 为核心指标的经济数量上的增长和经济规模的扩张。这种经济发展方式无法实现经济高质量发展。而从高速增长阶段转变为高质量发展阶段后，中国发展阶段的特征出现了以下十个方面的变化。

第一，经济发展理念从片面追求 GDP 向以人为本和环境保护转变。中国当前已到了从"量"的过度扩张到"质"的战略提升的新阶段，不应再以片面追求 GDP 作为经济发展的理念，而是要把以人为本和环境保护作为新的增长理念和原则。一方面，新常态下经济增长的理念从"以物为本"转向"以人为本"，更加强调人作为经济主体的作用，发展的目的是为了人，发展的过程依靠人的参与，发展的成果由所有人共享，这就是说在高质量发展阶段更加注重生活水平的提高和人的全面发展；另一方面，高质量发展阶段中的理念从以高能耗、高污染为特征的超常增长转向以资源节约和环境友好为特征的可持续增长，从追求传统的"黑色 GDP"转向追求增长与生态并重的"绿色 GDP"，节约能源，保护环境，在实现经济发展的同时保障人们的美好生活。

第二，宏观上的发展目标从速度向质量效益转变。一方面，是经济增速的换挡，从高速向中高速转变，形成一种可持续的经济发展速度，使原先经济增长过程中片面追求速度而非质量的经济发展目标得以根本扭转；另一方面，经济增长要建立在质量效益的基础上，实现经济结构在诸多领域的全面升级，同时经济增长方式逐步由粗放型向集约型转变，最终提高经济发展质量和效益。在这一转变过程中，经济结构将逐步改善，消费贡献率逐步上升，

环境规制强度逐步提高，能源转型将会在"双碳"目标约束下平稳推进，分配结构将会使更多人能够分享经济发展的成果，以实现发展速度与质量效益的同步提升。

第三，中观上的产业结构将从多元化向高级化、合理化转变。在经济高质量发展阶段，推动中国未来经济增长的核心因素将从过去的投资规模扩张转向产业结构升级、数字化转型和人力资本作用的发挥。因此未来经济改革的重心应转向产业结构的调整和技术进步。通过知识和技术为主的现代产业部门的快速发展，促进产业结构的高级化和合理化。未来中国经济增长的主题不再是通过产业结构多元化追求经济增长的数量，而是要通过产业结构高级化和合理化追求经济增长的质量。在结构高级化方面，主要是提高自主创新能力，促进科技成果向现实生产力的转化，注重人力资本积累，倡导数字要素和科学技术在产业发展中切实发挥作用；在结构合理化方面，主要是从制造业为主向现代服务业为主转变，使现代服务业取代工业成为经济增长的主要动力。

第四，微观上的企业行为将从追求比较优势向追求竞争优势转变。新常态下，企业"暴利"时代已经结束，"微利"时代已经到来，因此新常态也是企业行为的转型期。一是企业核心竞争力的转型。新常态下企业的核心竞争力将从比较优势转向竞争优势，创新将成为企业竞争优势的源泉，企业的利润源泉要素从依靠低劳动力成本和资源投入转向信息、知识和技术这些新要素。企业必须通过产品创新、技术创新、商业模式创新、管理创新等方式，加快自身转型升级。二是企业盈利模式的转型。以现代信息技术、高新技术武装起来的物联网企业将成为新的趋势，给企业发展带来新的创造力。企业必须参与数字化技术的生产、储存、营销全过程，要抓住数字技术带来的技术机会，使企业能够实现精准的营销定位和技术优化，整合传统产业的资源积极发展新型业态，进行盈利模式创新。

第五，经济增长的空间布局将由非均衡走向均衡。从高速增长阶段转变到高质量发展阶段，也是中国区域经济从非均衡发展走向均衡发展的转换时期。在传统高速增长过程中，中国总体区域经济差异呈波动上升趋势，区域经济的"极化"作用比较明显。而在经济高质量发展阶段，东中西部地区经济发展的协调性在增强，东部地区在结构调整、转型升级中的引领作用更加明显，而中西部地区在一系列区域发展战略的推动下，后发优势继续得到发挥。区域发展会逐渐均衡化。因此，应加大措施促进生产要素在区域间的自由流动，引导产业转移，鼓励和支持各地区开展多种形式的区域经济协作和技术、人才合作，形成区域间相互促进、优势互补的互动机制。通过协调互动，使经济增长的空间布局从非均衡走向均衡，防止区域经济差距进一步扩大，促进区域经济的和谐发展。

第六，经济发展模式从要素扩张到生产率提升。传统高速增长阶段中经济发展主要依靠要素驱动来推动，特别是人口转变过程中带来的人口红利，在人口红利拐点来临之前，适龄劳动人口占总人口比重一直处于上升状态，为中国的经济增长提供充足的劳动力供给，可以认为这一阶段中国城镇工业部门的劳动要素投入基本处于无限劳动力供给的时代，不会面临资本报酬递减，依靠要素投入扩张的外生增长可以持续很长的一段时间。但与中国经济进入高质量发展阶段同时发生的一个阶段性特征就是人口红利拐点的来临，在此之后，适龄劳动人口占总人口比重开始下降，从而资本要素投入将面临边际报酬递减的状况，此时投资扩张带来的经济增长将变得不可持续，必须为经济增长寻找新的内生动力，从依靠资源投入扩张转向依靠生产率的增加，因而未来人口红利的变化意味着我们经济增长方式必须从注重投资的外生增长向注重技术的内生增长转型。

第七，经济发展的动能从传统经济转向数字经济。数字经济改变了生产要素供给体系，突破了要素的稀缺性制约，提升增长的可持续性。数据是新型生产要素，是"21世纪的新石油"。与传统的要素相比，数据要素具有新的特征。传统要素和资源的数量有限，但数据是海量的，并且随着生产过程的持续还会不断增加和膨胀。传统的要素和资源具有稀缺性，但数据则不受稀缺性的限制，数据可以被复制，可以被共享，可以被反复使用。农业经济时代的关键生产要素是土地和劳动，工业经济时代主要依靠石油，而在数字经济时代，数据成为关键生产要素，它打破了以往生产要素的稀缺性对经济增长的制约，从而为社会经济的持续性增长提供了可能。因此，经济高质量发展阶段中增长动力结构的转换，就是要依托数字经济培育新增长点，从传统经济的增长动能转向数字经济新动能。

第八，经济发展的劳动要素从人口红利转向人力资本红利。在人口红利拐点来临之前，我们往往更加注重劳动力的数量式增长，因为仅依靠劳动力的数量式增长也不会面临资本报酬递减，从而能够带来等量的经济增长。但劳动力的数量式增长本身并不是可持续的，一旦人口结构越过人口红利拐点，则在人口增长率保持不变的情况下，适龄劳动人口数量将无法保持原有的增长速度，甚至出现劳动力负增长的局面，从而使得要素增长出现不均衡的状况。在劳动力面临资本深化的情况下，唯有改变人力资本积累的模式，使劳动力从数量式增长转向质量式增长，才能解决要素增长不均衡的问题。实质上也就是人口红利拐点的到来对劳动力素质的提高形成了一种倒逼状态，从而加速劳动力的数量式增长向劳动力的质量式增长转型。

第九，经济发展资源使用从粗放开发转向高效节约。在传统经济增长过程中，由于人口结构的相对年轻化导致较高的劳动参与率，这为中国改革开放以来快速工业化和城市化的进程提供了丰富廉价的人力资本，人口结构的生产性在中国的经济高速增长中发挥了效应。但人口结构年轻化虽然意味着整个社会的负担较轻，同时也意味着人口的高生产性可能对生态环境消耗更大，持续的人口红利可能对生态环境造成更大的生态环境代价，这是一种提前消费，即当代人消费子孙后代的生存环境和资源。特别是在广大的中西部地区，其经济增长对生态环境的依赖度过高，生态环境的代价往往需要若干年后才能体现出来，在人口红利背景下的粗放开发型增长尤其不可持续。因此在中国经济高质量发展阶段中国必须快速实现经济增长方式转型，即从资源粗放开发型增长向资源高效节约型增长转型。

第十，经济发展的政策导向从需求管理转向供给管理与需求管理相结合。在人口红利拐点来临之前，由于充足的劳动力和高储蓄率所带来的充裕资本，经济增长的发展不会面临要素瓶颈，此时对经济的调整主要是通过需求管理来完成的。在过去供给约束不明显的情况下，需求管理具有明显的效果。而在人口红利拐点来临之后，中国经济发展开始面临劳动力和资本带来的要素瓶颈和供给约束，需求管理的局限性日益凸显。此时实施供给管理，就成为新阶段加快转变中国经济发展方式的重点问题。供给管理是在扩大生产可能性边界和人口红利变化的条件下来进行的，供给管理的政策效应大都具有长期性，供给变化而引起的生产成本及经济结构等方面的变化，往往是以技术创新和制度创新为前提，并以效率改变为条件，而这种发展方式的变化是通过长期供给因素创造新的红利空间来实现的。

三、以结构转化推动从高速增长转向高质量发展的理论逻辑

（一）以发展数字经济重塑发展动力结构推动高质量发展

在经济高速增长阶段，中国经济发展取得了举世瞩目的成就，经济增长的动力来源于体制转轨、人口、投资、自然资源、外资外贸等要素禀赋。具体而言，在体制禀赋特征方面，我国实现了从计划经济体制向社会主义市场经济体制的转变，市场化程度大幅提高，解放了被制度所束缚压制的生产力。在人口禀赋特征方面，中国的人口结构发生了巨大的变化，生育率和社会抚养比持续下降，充足的劳动力供给与较低抚养比形成了经济增长的驱动力，加速了中国工业化进程。在投资禀赋特征方面，中国经济发展呈现出高储蓄、高投资的结构性特征，形成了低劳动力成本、高储蓄、高投资、高资本的驱动方式。在自然资源禀赋特征方面，易获取、低成本的自然资源为中国制造业的发展奠定了坚实的比较优势，极大地加速了中国的工业化进程。在外资和外贸禀赋特征方面，中国利用资源优势、成本优势、市场优势执行积极的对外开放政策，在全球产业与贸易分工体系中占据一席之地。

以上禀赋优势带来的动力在经济高速增长阶段发挥了重要作用，但随着我国发展从"数量时代"进入"质量时代"，由禀赋优势导向的动力结构出现了新的问题。体制转变在资源配置效率提高方面所起到的效果逐渐递减；人口结构的机遇结束，劳动力已不能提供无限供给，其成本不断提升，整个经济进入要素成本周期性上升阶段；受国际金融危机和供给冲击影响，"投资成本洼地"效应正在逐步消退；以耗竭资源为动力的经济增长造成了高能耗、高污染和低效率等问题，经济增长承受了过多的生态环境成本，自然资源也在某些产业表现出了短缺；充满不确定性的国际局势需要我国不断进行调整

变化，依赖外资与出口难以为继。

我国经济已由高速增长阶段转向高质量发展阶段，正处在转变发展方式、优化经济结构、转换增长动力的攻关期。具体而言，需破除高质量发展中的限制，在宏观层面，政策设计的不统筹和不协调不利于健全现代化经济体系，要素配置效率低下、全要素生产率偏低；在中观层面，产业结构不合理且产业价值链低位锁定，现代产业体系尚未建立；在微观层面，微观个体发展面临着经营方式不合理、新技术应用不足、企业生产效率低下等问题。

近年来，随着大数据、区块链、人工智能、物联网等新兴数字技术的不断突破，数字技术不断深化，进而引起新一轮的产业革命的浪潮，新的产业革命和科技革命孕育形成，新时代高质量发展阶段叠加了新科技革命和产业变革，产生了新的数字经济机遇，在新旧动能转换的背景下，数字经济成为重塑高质量发展动力结构的新引擎，能够优化供给体系、提升增长潜力、降低交易成本、实现规模效应，弥补禀赋优势动力，突破宏观、中观、微观三个层面的限制。

1. 数字经济在宏观层面重塑发展动力结构

第一，在数字经济背景下，数据成为关键生产要素，数字经济改变了原有的生产要素供给体系，突破了因生产要素稀缺而导致的经济增长瓶颈，为社会经济的持续性增长提供了可能。第二，数字技术丰富了生产的规模经济，在此基础上扩张了范围经济，在生产和流通中形成有效的长尾效应，而且提高了分工专业化水平。第三，数字经济覆盖面广，从经济领域传导至社会领域，对国家制度体系的完善、成熟和定型提出新的挑战，同时，数字经济的复杂性诉求一个更加高效、更加透明、更加公平的制度运行环境，其本身又为制度改善提供信息和支撑平台。

2. 数字经济在中观层面重塑发展动力结构

首先，数字经济能够打破"鲍莫尔成本病"中服务业低生产率的假设，随着数字经济与实体经济深度融合，服务业数字化可以突破时空限制，突破"结构性减速"规律，能够提升经济增长潜力，重塑了高质量发展动力结构。其次，数字经济对市场结构进行重构，外部性和规模效应形成了正反馈，催生了巨型平台，有利于形成自然垄断，对企业形成创新激励，使消费者可能享受到多样化服务与产品，符合经济高质量发展的理念。最后，数字经济重构产业体系，当信息技术应用到各个领域时，引发了生产力和生产关系的变革，对其深度改造而实现数字技术的产业化发展、传统产业的数字化、网络化和智能化转型，为经济增长开辟新空间并重塑发展动力结构。

3. 数字经济在微观层面重塑发展动力结构

数字经济正不断渗透进各个微观主体，利用信息及互联网技术对企业发展产生重大影响，为企业带来更多效益，形成不竭的发展动力。首先，数字经济引导企业组织模式变革，使其向网络化、扁平化、柔性化转变，提升了企业管理效率。其次，数字经济重构价格机制，对低价值产品赋予高价值数据信息，使其成为企业更高价值的"资产"，使得市场中的交易和流通效率大大提升，为高质量发展提供更广阔的发展空间。最后，数字经济使经济主体的交易行为发生根本性变化，重构信任机制，突破了传统线下交易的物理空间限制，从实体世界变为网络世界，大数据等信息技术使得交易信息更为公开透明，消除信息不对称引起的市场失灵，减少了交易费用。

（二）以需求管理和供给管理相结合合调整供求结构推动高质量发展

改革开放以来的高速增长阶段，需求结构特征主要表现为投资驱动和出口导向。具体而言，经济增长主要依靠大规模基础设施建设和制造业扩张，投资是拉动需求的主要动力；外贸出口是经济增长的重要支柱，出口需求对经济增长起到了重要推动作用；消费结构在高速增长阶段则相对简单，消费者的需求主要集中在基本生活品和低端产品上，个性化和高品质产品需求有限。供给结构方面，改革开放以来高速增长阶段的产业发展以粗放式生产模式为主，经济增长的动力主要依靠生产要素的数量投入。具体表现为依赖原材料和能源开采和加工的资源密集型产业占据主导地位，以及供给结构中劳动密集型产业占比较高，劳动力市场供应充足，这种发展模式带来了快速的经济增长。

上述特征在过去的高速增长阶段中普遍存在，随着经济的演进和转型过程到来，这些特征在不断变化。当经济发展进入高质量发展阶段后，过去的结构特征将导致当前的发展产生一些问题。需求结构方面，过度依赖投资驱动和出口导向的消费模式，将会使经济增长高度依赖外部需求，一旦外部需求不稳定或衰退，就会对经济造成较大冲击。此外，传统的需求结构注重基本生活品和低端产品，对高品质、个性化和创新型产品的需求未能得到充分满足，消费需求升级不足对于经济结构转型和提高经济发展质量的能力产生了一定程度的限制。供给结构方面，在经历了 40 多年的高速增长后，随着世界经济增长乏力以及国内人口红利消失、要素成本不断上升的国内外形势的变化，依靠要素投入的供给动力不足，经济增速开始放缓，中国经济呈现出新常态。并且，由于供给结构主要侧重于传统资源密集型产业，创新能力相对不足，对经济结构的优化升级具有不利的影响。

随着高质量发展的不断深化，需求结构和供给结构也会随之进行相应的调整和优化。过度依赖投资驱动和出口导向的需求结构要向鼓励消费升级、满足人民日益增长的美好生活需要转型。适应高质量发展的需求结构要求促进居民消费从数量扩大到质量提升，培育创新消费，引导消费结构向高品质、差异化和绿色可持续方向转变。供给结构的高质量有着两个方面的内在要求，一是通过技术进步提高传统要素投入的效率，以数字技术实现新要素的投入，以数字经济促进动力结构转化；二是通过要素配置效率实现生产率提高，即要求要素在区域间、产业间实现重置，提高配置效率从而优化供给结构，助力经济高质量发展。党的二十大报告提出，要坚持以推动高质量发展为主题，把实施扩大内需战略同深化供给侧结构性改革有机结合起来。因此，对于新时代提出的优化需求结构与供给结构的内在要求，应将需求管理与供给管理相结合，通过需求结构调整和要素重置来优化经济发展的供求结构。

一是以打造高水平内需体系优化需求结构。调整需求结构要提高居民消费水平，构建高水平内需体系，从投资主导型经济转型到消费主导型经济。提高人民当前的可支配收入和未来预期收入，缩小城乡和区域间的收入差距，使人们敢于消费。要抑制投资"饥渴症"，摆脱过度依赖投资与出口的路径依赖。

二是通过要素重置提高配置效率优化供给结构。提高要素在各区域、各产业的生产效率，优化要素的配置结构。如建立健全区域间、产业间要素流动的市场机制，化解要素跨地区、跨部门的流动的制度障碍，以提升整体的资源配置和使用效率，改善经济供给面，促进经济高质量发展。此外，有效发挥地区的比较优势，创新要素组合方式，通过区域间的协同发展全面提高地区产出水平，消除阻碍要素流动的不合理制度因素，助力经济高质量发展。

三是结合需求结构调整与要素重置。通过调整需求结构，引导消费者对高品质、绿色可持续的产品和服务的需求增加，推动企业向这些领域转型升级。这样的需求变化将促使企业进行技术创新、结构优化以及要素重置，推动供给侧结构性改革。通过要素重置，可以将资源向高效能领域集聚，提高资源配置效率。例如，将劳动力、资本和技术等要素从低效益的行业转移至高效益的行业，促进资源的集中配置和有效利用，推动供给结构向高端产业和现代服务业转型。

四是需求管理和供给管理相结合以优化供求结构。在需求管理方面，要积极调整生产性和非生产性财政支出的结构，增加科技和教育支出加快建设创新型国家，同时优化累进制所得税和失业救济，在优化收入分配结构、保障民生的同时，为宏观经济稳定运行保驾护航。在供给管理方面，要以提高供给质量和要素配置效率作为主攻方向，提高供给体系的适应性和创新性。坚持推进供给侧结构性改革、减少无效供给，增加有效供给。以供给侧的产业结构优化保障高质量供给，增加对高质量创新的补贴、信贷和资格认证等方面的倾斜政策，将创新活动的外部性内部化，激励知识和创新在各区域和各领域充分外溢。

（三）以推动成果共享和共同富裕优化分配结构推动高质量发展

根据《世界不平等报告2022》，2021年中国收入顶层10%人口获得全部收入的41.7%，而收入底层50%人口只获得全部收入的14.4%；2021年中国最富有的顶层10%人口占有全部财富的67.8%，而最贫穷的底层50%人口只占有全部财富的6.4%。① 这些现象表明我国分配环节的公平问题始终没有得到有效解决，而其根源在于分配关系还没有理顺。要实现全体人民共同富裕，缩小收入分配差距和财富积累差距，分配结构的优化作为推进高质量发展的

---

① World Inequality Report 2022 [EB/OL]. https：//wid.world/news－article/world－inequality－report－2022/，2022－12－07.

重要一环，有其合理性与现实根源。

合理性在于，从财富积累机制的角度看，财富差距的扩大是经济发展的必然结果，同时更是不合理分配格局的结果。我国居民财富所有者大多处于财富创造与初始积累的阶段，把部分劳动收入用于储蓄以及资本收入的再投资是当前我国居民积累财富的主要途径。因此，居民收入的初次分配结构必然会传导到财富领域进而影响财富的积累与分布，是导致财富差距扩大的重要原因，仅仅关注收入差距的缩小不足以解决贫富差距问题，分配结构的优化才是规范财富积累机制的根本之道。

现实根源在于，伴随着不同时期下分配结构的特征变化，我国居民财富积累机制的路径也发生演变，而关键原因就在于资本收入与劳动收入在收入分配结构中的地位变化。长期以来，"先富带动后富"的增长模式，由于缺乏均衡发展和共享发展的机制，存在着贫富分化严重的问题。我国经历了经济高速增长时期，除了贫富差距以外，同时也产生了具有区域化特征的发展不均衡，而劳动与资本收入不均衡带来的"马太效应"是发展不平衡不充分的重要来源。

中国进入发展的新时代以后，在经济发展方面的最重要特征就是从高速增长阶段进入高质量发展阶段。发展不平衡不充分使得共同富裕的物质基础尚待巩固，以及成为满足人民日益增长的美好生活需要的主要制约因素。面对新形势新矛盾，以习近平同志为核心的党中央提出了符合新时代高质量发展特征的新发展理念，由强调发展的效率优先转向强调均衡性和共享性。均衡发展要求促进城乡区域协调发展、产业结构协调发展、人民群众共同富裕；共享发展要求实现更加公平、可持续的发展，提高人民群众的获得感、幸福感和安全感，这对于实现高质量发展具有重要意义。因此，平衡、协调和共享性发展是高质量发展的内在要求，这也就要求确保劳动所得得到法律保护，确保低收入人群的利益得到有效保障，使劳动者的收益与其劳动努力程度相关性更高，形成一个劳动与资本报酬占比合理的分配格局。因此，需要密切关注收入分配秩序的机制性因素，以推动成果共享和共同富裕，优化分配结构，这是推动经济高质量发展的现实要求。

第一，优化初次分配格局，推动成果共享。一是坚持按照生产要素贡献参与分配的市场机制,持续做好相应的法律法规建设,确保劳动所得得到法律保护;完善要素市场体系,消除劳动力市场的分割和自由流动的障碍。二是规范财富积累机制和规范收入分配秩序协同,提高劳动者的"议价能力";让更多中低收入群众拥有资本性收入,促进"橄榄型"分配格局的形成。三是提高就业率,注重发挥技术冲击下未来分享型经济的优势,弱化传统劳资关系对就业个体的约束,增强居民就业机会。

第二,提高人民生活质量,促进人的全面发展。一是夯实经济基础,以经济高质量满足物质富裕,以数字信息技术为重要依托,加快培育更多现代化发展新业态和新模式;统筹发展与保护,为提升人民生活质量提供环境支撑;以开放促发展,以发展助富裕,推动进出口贸易高质量发展。二是弥补民生短板,以共享发展满足精神富裕,推动在收入、教育、医疗、出行等各个基础公共服务方面的改善和均等化,提升人的全面发展能力,改善人的全面发展环境,提升人民生活质量。三是平衡地区发展,缩小东西部地区以及西部地区内部的经济发展水平和生活质量的差距。

第三,扎实推动共同富裕。一要统筹效率与公平,坚持基本经济制度,完善高水平社会主义市场经济体制。二要统筹物质富裕与精神富裕。强化对教育资源的均衡配置,不仅仅"富口袋",更要"富脑袋";强化经济社会发展中社会主义核心价值观的引领作用,为人民提供更高精神品位的文化产品和服务。三要统筹共建与共享。推动基本公共服务均等化,畅通社会流动通道,提供公平创富的条件;做好普惠性政策配套,营造"勤劳致富、创新致富"的氛围和环境;完善知识产权等制度,形成对勤劳创新致富的有效激励。

第二章 中国经济发展观的演变
与高质量发展观的形成

发展观是一个国家对什么是发展以及怎样发展的系统的看法，是一定时期经济社会发展需求在思想层面上的体现。我国经济发展由高速增长转向高质量发展，是中国经济发展观在实践中不断演进的结果。一方面，经济高质量发展源于中国共产党不断深化对于经济规律的认识，是中国共产党经济思想的最新发展成果；另一方面，经济高质量发展也源自发展经济学本身的演变。理解和把握提出经济高质量发展的理论逻辑，既要植根于中国共产党领导中国发展实践的经济思想发展史，也要根植于发展经济学的演变。本章梳理了发展经济学的发展观及其演变，以及百年以来中国共产党领导中国人民在发展实践中所形成的、与发展阶段相适应并不断演化的发展观，从这一演变中来看更加全面、科学、系统高质量发展的理念是如何形成的。

一、发展经济学的发展观及其演变

确立什么样的发展观，是世界各国经济发展所面临的共同课题。随着人类社会经济社会发展实践的不断演化，人们对发展的认识也在不断丰富和深化，发展观也经历了不同的演变过程和阶段，从起初的关注经济增长，转向了关注发展的结构、环境、分配等多个方面。

（一）强调工业化与经济增长的发展观

20 世纪 40 年代至 50 年代，发展经济学家认为发展等同于经济增长，基于这种发展观，发展经济学家认为工业化是促进经济增长的关键，而工业化的关键是规模扩张。发展经济学的核心问题就是研究农业国家或发展中国家如何实现工业化和现代化,如何实现经济起飞和经济发展。张培刚在其著作《农业与工业化》中阐明了农业与工业的相互依存关系以及农业对工业乃至对整个国民经济的贡献和基础作用,提出基础设施和基础工业的"先行官"作用,分析工业化的发动因素与限制因素、工业化对农业生产和对农村剩余劳动力的影响以及工业化过程中利用外资和开展对外贸易的问题。刘易斯认为工业部门是经济发展的主导,决定经济成长的关键是工业部门自身的扩张过程。

(二)强调经济结构转变的发展观

20世纪60年代发展经济学的发展观发生了变化,认为发展是经济增长加上结构的变化,认为发展是在增长基础上实现的生产结构、产业结构、产品结构、居民生活水平、分配状况的改变。基于这种发展观,发展经济学家对工业化的认识也发生了变化,钱纳里认为经济发展的主题是结构的转变,工业化就是结构转变的过程,钱纳里将不发达经济到成熟工业经济整个变化过程划分为六个阶段,从前至后依次是不发达经济阶段、工业化初期阶段、工业化中期阶段、工业化后期阶段、后工业化社会和现代化社会,从任何一个发展阶段向更高一个阶段的跃进都是通过产业结构转化来推动的。库兹涅茨在其著作《国民收入及其构成》中也深入研究了经济发展与产业结构间的重要联系,他通过对大量历史经济资料的研究认为,在经济发展的过程中,农业部门的国民收入比重和劳动力比重都不断下降,工业部门劳动力比重基本不变而国民收入比重呈现上升趋势,服务部门劳动力比重持续上升,而国民收入比重大体不变。库兹涅茨还从更广义角度总结出了经济发展的结构转变特征,包括农业转移到非农业,工业向服务业转移,生产单位生产规模的变化,劳动力职业状况的变化,消费结构变化,等等。

(三)强调减贫和收入分配的发展观

20世纪70年代发展经济学的发展观强调贫困、失业和分配不公的改善。其中,英国发展经济学家达德利·西尔斯提出,衡量一个国家的"发展"要重点看三个方面——一是看贫困发生了什么变化，二是看失业发生了什么变化，三是看不平等发生了什么变化，他强调必须解决工业化过程中的贫困、失业和不平等问题。瑞典经济学家缪尔达尔认为，不平等问题在不发达国家的发展问题中处于中心地位，他认为，在发展中国家，人均收入低，造成生活水平低，卫生健康状况恶化，教育文化落后，人口质量下降，劳动力素质不高，就业困难，结果是贫困的进一步恶化。应通过权利、土地、教育改革，使收入趋于平等。舒尔茨和贝克尔认为，贫困人口大量集中于农村，限制贫困地区经济增长，决定贫困的关键因素是人的能力、素质、知识等人力资本。应通过在职培训和职业教育，对农民进行人力资本投资，促进人的全面发展，使农民掌握科学技术，变传统农业为现代农业。基于强调减贫和收入分配的发展观，对全世界经济社会发展的思潮造成了很大影响，1969 年国际劳工组织提出《世界就业计划》，1976 年又提出"基本需求战略"，均是这一时期发展观的具体体现。

（四）强调环境保护与可持续发展的发展观

20 世纪 80 年代发展经济学的发展观转向了环境与可持续发展，以罗马俱乐部和联合国环境与发展委员会为代表，强调解决工业化过程中的环境危机和资源危机。梅多斯等在《增长的极限》一书中讨论了追求经济增长的后果，他们关注由经济活动指数化增长引起的资源耗竭和环境危机，他们利用模型将与增长有关的数据和理论整合起来，描绘了人口增长和自然资源使用增加如何在各种限制下相互作用，研究了自然资源对实物经济增长的限制。但他们通过许多模拟也证明通过平衡短期和长期发展目标，采取合理的经济环境政策、运用技术提高原材料和能源使用效率，就可以超越极限。在 1987 年联合国世界环境与发展委员会发表的《我们共同的未来》中也分析了贫困、经济增长与环境恶化的关系，认为贫困化和经济增长导致了环境恶化，并给出了基于分配公平化、保护环境和合理利用资源为特征的可持续发展战略。世界银行发布的《1992 年世界发展报告》则在此基础上，进一步研究了发展与环境之间的相互促进关系。在该报告中一方面指出在不恰当的发展环境下，发展会对环境有重大破坏，恶化的环境也会对发展形成限制；另一方面，也指出环境保护能提高资源和劳动的生产率，促进增长和发展。

（五）强调全面综合发展的发展观

20 世纪 90 年代以来发展观进一步拓宽，不仅包括经济增长、就业的创造、收入分配、环境与可持续发展，而且更加强调文化的多样性、政治参与等以人为本的目标。阿马蒂亚·森认为经济发展应当最终归结到人们"是什么"和"做什么"，经济发展过程应当看作是人们权利的扩展过程。弗朗索瓦·佩鲁在其《新发展观》中强调发展的整体性、综合性和发展的人文关怀。联合国开发计划署发布的《1996 年人类发展报告》中讨论了经济增长与人类发展的联系，从人的全面发展的角度比较系统地阐述了增长与发展的区别。在该报告中明确提出了五种有经济增长而无人类发展的情况，其中"无工作的增长（jobless growth）"指增长不能带来就业，"无声的增长（voiceless growth）"指增长中民众对公共事务的参与度过低，"无情的增长（ruthless growth）"指增长中伴随着收入分配恶化，"无根的增长（rootless growth）"指增长中降低了文化的多样性，"无未来的增长（futureless growth）"指增长导致了自然资源消耗过度和环境恶化。从发展经济学家关于发展观的演变来看，发展的内涵在不断扩展，体现了由单一的传统发展观向综合的新科学发展观的转变。

二、新民主主义革命时期中国共产党的经济发展观

除了发展经济学演变所形成的发展理念外，另外一条高质量发展观的源流就是中国共产党领导人民发展实践所形成的经济思想史。这一历史可以分为四大时期。自 1921 年中国共产党成立到 1949 年新中国成立这 28 年间，中华民族大多处在抵抗外敌入侵和解放战争时期，这一时期中国多处在半殖民地半封建社会，面临的中心任务是推翻帝国主义、封建主义和官僚资本主义的反动统治，建立独立、统一和民主的新中国，党的一切经济工作都高度服从于这一中心任务。因此，战争年代中国共产党经济思想的发展就是一部变革生产关系的历史，而中国共产党的经济工作也是在国内经济环境和政治环

境都非常恶劣的初始条件下展开的。在这个阶段中，中国共产党形成了经济
改造发展观、新民主主义经济发展观和独立自主发展观。在这些发展观的指
导下，中国共产党摧毁了半殖民地半封建社会的旧制度，到新中国成立前夕，
中国基本上已经具备了新民主主义社会的经济形态，为新中国经济发展打下
了良好基础。

1. 以"变革生产关系"为特征的经济改造发展观

1921 年党的第一次代表大会的召开，标志着中国共产党的正式成立。中
国共产党以马克思主义理论为指导，在马克思主义理论中最重要的即是生产
关系与生产力之间的辩证关系：生产力决定生产关系，生产关系反作用于生
产力，生产关系一定要适合生产力的发展才能推动社会的进步。早期中国共
产党人在认识到半殖民地半封建社会落后的症结在于不合理的生产关系之后，
便强调通过阶级斗争对经济的各个领域进行生产关系的变革，以此实现对社
会的根本改造和长期发展。这一发展观具体体现在党的一大通过的中国共产
党第一个纲领中，这个纲领在经济方面主张"以无产阶级革命军队推翻资产
阶级，由劳动阶级重建国家，直至消灭阶级差别；采用无产阶级专政，以达
到阶级斗争的目的——消灭阶级，消灭资本主义私有制，没收机器，土地，
厂房和半成品等生产资料，归社会公有"。[①] 中国共产党第一次代表大会讨论
通过的党纲，体现了早期中国共产党人以"改造旧世界、建立新世界"为目
标，以"变革生产关系"为特征的经济改造发展观，[②]这一发展观以马克思主
义基本原理为指导，体现了中国共产党人对经济社会发展认识的早期探索。

2. 以"两步走"为特征的新民主主义经济发展观

1927 年第一次国共合作破裂和大革命失败后，中国共产党面临着独立地
探索如何领导中国走上社会主义经济发展道路的任务。这一时期，中国共产
党运用马克思主义经济理论的基本原理，进一步深化对中国国情的认识，力
图把握中国社会经济特点、性质以及中国革命的特点，提出了通过新民主主
义经济革命实现社会主义经济发展的理论，确立了通过新民主主义走向社会
主义这一有中国特色的经济革命道路。这一理论集中体现在毛泽东 1939 年发

---

①② 中共中央文献研究室中央档案馆. 建党以来重要文献选编（一九二———一九四九）第 1 册
[M]. 北京：中央文献出版社，2011：1.

表的《中国革命和中国共产党》一文中，在该文中毛泽东从分析中国社会性质入手，提出了中国革命的对象、任务、动力、性质和前途，提出了中国共产党的双重任务，全面论证了中国应该分两步走。[①] 依据这一理论，中国的经济也将先经历新民主主义经济形态，然后再转变为社会主义经济形态。在这一理论指导下，中国共产党形成了新民主主义三大经济纲领，第一是没收封建地主阶级的土地归农民所有，实现孙中山先生"耕者有其田"的口号。第二是没收官僚资本归新民主主义国家所有。第三是保护和发展民族资本主义工商业。三大经济纲领的贯彻实施，实现了土地归农民私有和"以国家所有制和合作社集体所有制"为主的新民主主义基本经济形态，也为中国走上社会主义经济发展道路奠定了重要基础。

3. 以"发展经济、保障供给"为特征的独立自主发展观

1939 年以后，日本帝国主义逐渐把对中国进攻的重点转向抗日根据地，在领导抗日根据地经济建设的过程中，中国共产党提出了关于经济建设的一系列指导思想和方针政策，在经济实践中形成了独具特色的独立自主发展观。这一发展观主要体现在毛泽东的《抗日战争时期的经济问题和财政问题》一文中，该文明确地提出了"发展经济，保障供给是我们的经济工作和财政工作的总方针"，[②] 认为，在生产发展与供给的关系上，只有用根据地发展经济和发展生产的办法，才能解决供给问题。因此，要解决根据地财政问题，不仅要靠人民的税赋，同时也要靠发展根据地的经济。在这一发展观的指导下，为应对日本帝国主义对根据地的"扫荡"，毛泽东在 1939 年提出号召："用自己动手的方法解决吃饭，穿衣，住屋，用品问题之全部或一部，克服经济困难，以利抗日战争。"[③] 并要求全体党政军民，一面打击敌人，一面实行生产，不但组织农民生产，而且组织部队和机关一齐生产，通过大规模生产运动，发展根据地的经济建设，为抗日战争胜利和民族独立提供了坚实的经济条件支撑。

---

① 毛泽东. 毛泽东选集（第二卷）[M]. 北京：人民出版社，1991：621-656.
② 毛泽东. 毛泽东选集（第三卷）[M]. 北京：人民出版社，1991：891-896.
③ 毛泽东. 毛泽东文集（第二卷）[M]. 北京：人民出版社，1993：224.

三、社会主义革命和建设时期中国共产党的经济发展观

社会主义革命和建设时期的主要目标是"立国"，而在新中国成立初期，我国面临的现状是薄弱的工业基础。在这一阶段，强调社会主义经济发展的速度是主旋律，在这一阶段，中国共产党在引领中国经济发展过程中，经济发展观先后经历了"过渡—赶超—调整"的转变。

1. 强调"一化三改"的加速过渡发展观

经过 1949～1952 年三年恢复时期后，中国进入了过渡时期。在过渡时期，中国共产党形成了一系列指导国家经济建设的方针和思想，这些方针和思想主要体现在党的过渡时期总路线和总任务中。党在过渡时期的总路线和总任务，是"要在十年到十五年或者更多一些时间内，基本上完成国家工业化和对农业、手工业和资本主义工商业的社会主义改造"。[①] 实现过渡时期总路线目标和任务的具体办法和途径是"要充分地发展社会主义工业，并且把现有的非社会主义工业变为社会主义工业，使我国由工业不发达的落后的农业国变为工业发达的先进的工业国，使社会主义工业成为我国整个国民经济发展的起决定作用的领导力量"。[②] 过渡时期总路线的内容可概括为"一体两翼""一化三改"。其中，"一体"指发展生产力得到极大发展，实现中国工业化；"两翼"指个体农业、手工业为一翼，资本主义工商业为另一翼。"一化"是指实现工业化，"三改"是指农业、手工业、资本主义工商业的社会主义改造。

2. 强调"多快好省"的经济赶超发展观

在过渡时期后，围绕对中国社会主义建设道路的探索，党在八大召开前后所提出的一系列思想都取得了比较大的进展，形成了一批较为丰富的理论成果，从而形成了计划经济时期以赶超战略为特征的发展思路和发展观。

① 中共中央文献研究室. 毛泽东年谱（1949－1976）（第2卷）［M］. 北京：中央文献出版社，2013：116.

② 中共中央党史研究室. 中国共产党历史第二卷（1949－1978）上册［M］. 中央党史出版社，2011.

1958 年 5 月，党的八大二次会议通过了"鼓足干劲、力争上游、多快好省地建设社会主义"的总路线。总路线的基本思路是打破常规，打破平衡，高速度地进行社会主义建设，其关键和核心就是"快"。这次会议结束后，《人民日报》于 6 月 21 日又发表了社论《力争高速度》，提出"速度是总路线的灵魂""速度问题是建设路线问题，是我国社会主义事业的根本方针问题"。基于此，可以看出，强调经济发展的速度至上，实现超常规的经济赶超，是这一时期经济发展观的重点特征。

3. 强调"经济结构调整"的发展观

从 1960 年开始，党的领导人普遍认识到了"大跃进"的错误，并开始认真总结"大跃进"的教训，提出了一些富有远见的经济思想和观点，对以后的社会主义建设都起到了重要的启发和借鉴意义。1961 年 1 月，党的八届九中全会正式通过了"调整、巩固、充实、提高"的八字方针。具体来说，在各个部门发展速度方面，适当调整其发展速度，尽可能提高农业的发展速度，适当控制重工业的发展速度，特别是钢铁工业的发展速度，同时适当缩小基本建设的规模。在计划经济时期以经济赶超为特征的发展模式下，我国提出对经济结构进行调整，是在对经济赶超发展模式进行反思的基础上形成的均衡发展观。

四、改革开放和社会主义现代化建设新时期中国共产党的经济发展观

在 1978 年党的十一届三中全会以后，中国迈向了改革开放时期。此时，经过计划经济时期赶超战略的实施，中国已经具备了"立国"的重工业基础，但经济发展的水平仍然较低，人均收入和人均 GDP 均在世界上处于较低水平，经济发展的效率也比较低下。此时，如何提升经济发展速度和提升人民生活水平，从"立国"走向"富国"，成为这一阶段的主要任务和目标。同时，在这一时期，我国先后历经了三代党中央领导集体，在改革开放实现经济高速增长的同时，也形成了包含效率、结构和分配等多方面因素在内的新发展观。

1. "发展是硬道理"的经济建设中心发展观

从发展目标来看，我国在改革开放初期面临的最大问题就是推动经济增

长，基于此，在改革开放初期，中国共产党形成的最重要的发展观就是把发展目标重新恢复到以经济建设为中心。党的十一届三中全会以后，以邓小平为核心的中央领导集体，深刻总结新中国成立以来正反两方面的经验教训，彻底否定了"以阶级斗争为纲"的错误发展观，坚持用生产力观点研究社会运动发展规律，极大地发展了毛泽东关于在初级社会主义时期必须以经济建设为中心的正确思想，并在此基础上提出了"发展才是硬道理"的著名论断，进而形成了邓小平的社会主义发展观。这一发展观在新的实践基础上继承前人又突破陈规，抓住"什么是社会主义和怎样建设社会主义"这个根本问题，第一次比较系统地回答了中国社会主义的发展道路、发展阶段、发展战略及发展动力等一系列基本问题，把对社会主义的认识提高到新的科学水平。以江泽民同志为核心的第三代中央领导集体继承了邓小平的发展思想，并提出了"发展是共产党执政兴国的第一要务"的科学命题，进一步强调了以经济建设为中心、大力发展生产力的重要性。

2. 全面发展的发展观

改革开放以后，我国经济进入了快速增长的新时代，但在经济保持高速增长的过程中，经济结构也在不断变化，经济中的新问题和新矛盾也逐渐产生。在这一背景下，发展目标的内涵也得以扩展。以江泽民同志为核心的第三代中央领导集体继承了邓小平关于国民经济要持续、快速和健康发展的思想，认为我国作为一个发展中国家要在经济上赶上发达国家，就要保持一定的发展速度，但在注重经济增长的同时也要注重全面发展。全面发展既包括物质文明和精神文明的建设，也包括政治文明的建设。建设社会主义政治文明，是社会主义现代化建设的重要目标。因此，建设中国特色社会主义，应是我国经济、政治、文化全面发展的进程，是我国物质文明、政治文明、精神文明全面建设的进程。这是对邓小平"两手抓，两手都要硬"思想的继承。全面发展的发展观，将发展的概念从经济发展扩展到更大范畴，是我国发展观演变中的重大进步。

3. 强调经济增长方式转变的发展观

随着改革开放以来我国经济进入快速增长的轨道，增长过程中出现的"高能耗、低效益"问题越来越受到重视。以江泽民同志为核心的第三代中央领导集体继承了邓小平理论的增长与发展思想，并形成了经济增长方式转变的理论。党的十四届五中全会通过了《中共中央关于制定国民经济和社会发展"九五"计划和 2010 年远景目标的建议》。该文件提出，实现"九五"计划和 2010 年远景目标的关键是实行经济体制和经济增长方式的根本转变，一是经济体制从传统的计划经济体制向社会主义市场经济体制转变；二是经济增长方式从粗放型向集约型转变。① 在党的十五大报告中，中国共产党再次强调要根据我国经济发展状况，全面提高国民经济整体素质和效益，对经济结构进行战略性调整。总的原则是："以市场为导向，使社会生产适应国内外市场需求的变化；依靠科技进步，促进产业结构优化；发挥各地优势，推动区域经济协调发展；转变经济增长方式，改变高投入、低产出，高消耗、低效益的状况。"② 在党的十六大报告中再次为增长方式转变指出了方向，提出要坚持以信息化带动工业化，以工业化促进信息化，走出一条科技含量高、经济效益好、资源消耗低、环境污染少、人力资源优势得到充分发挥的工业化路子。③ 强调经济增长方式转变的发展观，体现了改革开放年代对数量型增长的反思，是从追求经济增长数量转变到追求经济增长质量的初步探索。

4. 渐进发展的发展观

经济发展的过程不是一蹴而就的，计划经济年代的"大跃进"的历史为改革开放以来我国经济发展提供了经验教训，从而形成了渐进发展的发展观。鉴于我国将长期处在社会主义初级阶段、生产力水平比较落后的基本事实，作为中国改革开放的总设计师，邓小平从实际出发，对中国现代化建设的目标和步骤进行了深入的思考，提出了"三步走"的发展战略，即通过国民经济翻番地增长，第一步，到 1990 年，解决温饱问题；第二步，到 20 世纪末实现小康；第三步，到 21 世纪中叶，达到中等发达国家水平。④ 在党的十五

---

① 关于国民经济和社会发展"九五"计划和 2010 年远景目标纲要的报告——1996 年 3 月 5 日在第八届全国人民代表大会第四次会议上［EB/OL］. https://www.gov.cn/test/2008 – 04/21/content_950407. htm. 2008 – 04 – 21.

② 江泽民. 高举邓小平理论伟大旗帜，把建设有中国特色社会主义事业全面推向二十一世纪——在中国共产党第十五次全国代表大会上的报告［J］. 学习导报，1997（10）：1 – 17.

③ 江泽民. 全面建设小康社会，开创中国特色社会主义事业新局面——在中国共产党第十六次全国代表大会上的报告［J］. 求是，2002，（22）：3 – 19.

④ 中共中央文献研究室. 十三大以来重要文献选编（上）［M］. 北京：中央文献出版社，2011：14.

大报告中，江泽民同志又初步勾画了"新三步走"的蓝图："第一个十年实现国民生产总值比二○○○年翻一番，使人民的小康生活更加宽裕，形成比较完善的社会主义市场经济体制；再经过十年的努力，到建党一百年时，使国民经济更加发展，各项制度更加完善；到世纪中叶建国一百年时，基本实现现代化，建成富强民主文明的社会主义国家。"①

5. 强调区域协调的平衡发展观

在改革开放前期，基于"让一部分人先富起来"的总体思路，我国经济发展在区域层面上形成了非平衡发展的总体趋势，东部地区在对外开放方面先行先试，取得了发展的先行优势，在东部地区发展起来以后，基于"先富带动后富"的思路，我国在区域发展层面从非平衡发展转向了平衡发展，在东部率先发展的基础上，东北地区、中部地区和西部地区的发展被给予了重要的政策支持。在经济发展的过程中，经过多年来的探索，中国共产党领导集体在改革开放前期形成了比较完善和科学的区域协调发展理论，并提出了重要的区域协调发展战略，如西部大开发、中部崛起、振兴东北老工业基地等战略。实施西部大开发战略，主要是积极发展有特色的优势产业，推进重点地带开发，发展科技教育，培养和用好各类人才，国家在投资项目、税收政策和财政转移支付等方面加大对西部地区的支持。中部地区主要是加大结构调整力度，推进农业产业化，改造传统产业，培育新的经济增长点，加快工业化和城镇化进程。东部地区主要是加快产业结构升级，发展现代农业，发展高新技术产业和高附加值加工制造业，进一步发展外向型经济。支持东北地区等老工业基地加快调整和改造，主要是支持以资源开采为主的城市和地区发展接续产业，支持革命老区和少数民族地区加快发展，国家要加大对粮食主产区的扶持。加强东部、中部、西部经济交流和合作，实现优势互补和共同发展，形成若干各具特色的经济区和经济带。

6. 强调"包容性增长"的发展观

包容性增长是从经济增长的条件、经济增长的过程以及经济增长的后果几个方面实现合理包容，从而实现有效增长的一种增长模式。在第五届亚太

---

① 江泽民. 高举邓小平理论伟大旗帜，把建设有中国特色社会主义事业全面推向二十一世纪——在中国共产党第十五次全国代表大会上的报告 [J]. 学习导报，1997（10）：1-17.

经合组织人力资源开发部长级会议开幕式时，胡锦涛致辞强调实现包容性增长，提出"实现包容性增长，根本目的是让经济全球化和经济发展成果惠及所有国家和地区、惠及所有人群，在可持续发展中实现经济社会协调发展"。[①]

包容性增长的发展观包含三个方面的内容。一是认为包容性增长即为参与分享型增长强调"参与"和"共享"两个层面，即所有的社会成员平等"参与"和"共享"经济增长是"包容性增长"方式的重要内涵。林毅夫在《以共享式增长促进社会和谐》一书已给予明确阐述，认为共享式增长既强调通过经济增长创造就业与其他发展机会，又强调发展机会的平等。二是指包含穷人的增长，经济增长让低收入人群受益，使低收入者具有共享增长成果的权利。三是强调"包容性增长"在内容上重点强调"经济包容"与"社会包容"两个基本层面，强调经济与社会可持续的、可协调的发展。

7. 科学发展观

在总结梳理改革开放以来我国发展历史和发展理念的基础上，我国在发展中形成了更为系统的科学发展观。党的十七大报告提出："科学发展观是发展中国特色社会主义必须坚持和贯彻的重大战略思想。"[②] 这是党的十七大对科学发展观作出的科学定位，也是党的十七大的一个重要历史贡献。

科学发展观是以胡锦涛同志为总书记的党中央对发展内涵、发展要义、发展本质的深化和创新。科学发展观的内涵包括四个方面的内容。第一，科学发展观的第一要义是发展，即认为中国作为一个发展中大国，需要长期保持较快的速度，并实现速度、结构、质量、效益的统一，为社会全面进步和人的全面发展提供物质基础。第二，科学发展观的核心是以人为本，认为应当实现好、维护好、发展好最广大人民的根本利益，尊重人民主体地位，发挥人民首创精神，保障人民各项权益，走共同富裕道路，促进人的全面发展，做到发展为了人民、发展依靠人民、发展成果由人民共享。第三，科学发展观的基本要求是全面、协调和可持续性，全面指发展过程中应当全面推进经济建设、政治建设、文化建设、社会建设，协调指发展过程中应促进经济社

---

① 胡锦涛. 深化交流合作，实现包容性增长 [N]. 人民日报，2010 - 09 - 17.

② 胡锦涛. 高举中国特色社会主义伟大旗帜 为夺取全面建设小康社会新胜利而奋斗——在中国共产党第十七次全国代表大会上的报告 [J]. 求是，2007（21）：3 - 22.

会协调发展、城乡协调发展、区域协调发展，可持续指在发展过程中应当坚持可持续和统筹人与自然和谐发展，建设资源节约型和生态保护型社会。第四，科学发展观的根本方法是统筹兼顾，即认为在推进发展的过程中应当坚持统筹兼顾，正确认识和妥善处理中国特色社会主义事业中的重大关系，统筹个人利益和集体利益、局部利益和整体利益、当前利益和长远利益，充分调动各方面积极性，以推动实现全面、协调、可持续和以人为本的发展。

五、中国特色社会主义新时代中国共产党的经济发展观

在经历了计划经济时期和改革开放前期后，中国进入了发展的新时代。新时代在经济发展方面的最重要特征就是从高速增长阶段进入高质量发展阶段。以习近平同志为核心的党中央进一步拓展了中国共产党经济发展观的内涵，提出了符合新时代高质量发展特征的新发展理念。党的十八届五中全会提出，"实现'十三五'时期发展目标，破解发展难题，厚植发展优势，必须牢固树立并切实贯彻创新、协调、绿色、开放、共享的发展理念。这是关系我国发展全局的一场深刻变革"。[①] 在党的十九届五中全会上，又提出了"统筹发展和安全"的安全发展理念。这些发展理念共同构成了新时代高质量发展阶段中国共产党的经济发展观。[②]

1. 创新发展

创新是人类主观能动性的高级表现，创新发展在新发展理念中居于首位。习近平总书记指出："把创新摆在第一位，是因为创新是引领发展的第一动力。发展动力决定发展速度、效能、可持续性。"[③] 新时代下的创新发展理念，是以马克思主义为指导，基于我国已有的发展经验，立足于我国经济社会发展的阶段变化和出现的新条件、新问题和新实践，顺应当前世界技术、经济

---

① 中国共产党第十八届中央委员会第五次全体会议公报［EB/OL］，新华网，http：//www.xinhuanet.com//politics/2015－10/29/c_1116983078.htm，2015－10－29.

② 中国共产党第十九届中央委员会第五次全体会议公报［EB/OL］，新华网，http：//www.xinhuanet.com/politics/2020－10/29/c_1126674147.htm，2020－10－29.

③ 习近平．在省部级主要领导干部学习贯彻党的十八届五中全会精神专题研讨班上的讲话［N］．人民日报，2016－05－10.

发展形势的新要求，博采西方经济学各学派有关创新的各种观点，继承和丰富马克思主义创新思想，提出的更具有全面性、科学性、人民性的创新发展观。

创新发展注重的是解决发展动力问题。创新发展理念的核心就是要把发展基点放在创新上，形成促进创新的体制架构，塑造更多依靠创新驱动、更多发挥先发优势的引领型发展，创新发展要求要培育发展新动能，优化劳动力、资本、土地、技术、管理等要素配置，释放新需求，创造新供给，推动新技术、新产业、新业态蓬勃发展。创新发展能够改善经济增长的供给面，从而推动经济高质量发展。与资本驱动的发展方式相比，创新发展提升潜在经济增长率促进高质量发展的理论机制主要体现在：一是能够改善增长的动力结构，实现从依靠要素扩张为主的规模优势到依靠科技进步的竞争优势转变，从而突破要素禀赋条件变化的制约，形成经济增长新的动力来源；二是能够提升经济增长的禀赋结构，创造出内生比较优势，扩大生产可能性边界，从而推动经济发展。

2. 协调发展

协调是持续健康发展的内在要求。习近平总书记指出："协调发展，就要找出短板，在补齐短板上多用力，通过补齐短板挖掘发展潜力、增强发展后劲。"[1] 协调发展的理念来自马克思的社会再生产理论中的两大部类平衡理论。两大部类平衡理论就是要求部门之间在全面协调的基础上实现按比例发展。在由低收入迈向中等收入阶段，为了充分释放生产力，推进工业化和城市化，实施不同区域的发展战略，沿海开放和东部率先发展，这些实际上属于不平衡发展战略。进入中等收入阶段后，国民经济不平衡问题突出，其中区域发展、城乡发展和产业结构之间的不平衡尤其明显，需要适时转向协调发展，也就是转向平衡发展，增强发展的整体性。

协调发展理念是在深刻认识新常态背景下经济发展规律的情况下提出的，是马克思主义政治经济学基本原理同中国经济发展实践结合的成果。协调发展理念要求产业结构、城乡结构、区域结构以及相应的发展战略趋向均衡。

---

① 习近平. 在省部级主要领导干部学习贯彻党的十八届五中全会精神专题研讨班上的讲话 [N]. 人民日报，2016 – 05 – 10.

因此协调发展的内涵非常丰富，其中包括拉动经济增长的消费、投资和出口的"三驾马车"作用的协调，三次产业之间发展结构的协调，城乡二元发展的协调，区域经济发展的协调。针对存在的经济发展不平衡问题，按协调发展的理念着力补齐短板。其中协调发展的重点主要包括：第一，要补齐农业现代化短板，促进新型工业化、信息化、城镇化、农业现代化同步发展，推动产业结构之间的协调；第二，补齐农村地区发展的短板，特别是通过推动新时代的乡村振兴和新型城镇化，促进城乡协调发展；第三，补齐落后地区发展的短板，通过实施区域协调发展战略和区域重大战略，推动中西部地区加快发展，促进区域之间发展的协调。

3. 绿色发展

绿色是永续发展的必要条件和人民对美好生活追求的重要体现。绿色发展强调生态文明的价值观和财富观，更突出体现在对生产力的更新性和可持续性方面，绿色发展以绿色运行为基本方式，力求代际平等和生态平衡，更是实现了从追求数量型经济增长转向以人的全面福利为核心的质量效益型生态经济社会发展的伟大变革。

绿色发展的价值观是生态文明理念。生态文明是工业文明时代之后的文明，工业文明重点关注的是人与社会的关系，而生态文明在关注人与社会关系的同时，也关注人与自然的关系。绿色发展的财富观是生态财富观，绿色发展的理念推动财富理论的创新。传统的财富观只是指物质财富。中国现代化不仅需要获取更多的物质财富，还要致力于获取更多的生态财富。绿色发展所推动的财富理论创新就在于：第一，明确生态和环境也是财富。干净的水、清新的空气、绿色的环境是宝贵财富，绿水青山就是金山银山。第二，与西方国家当年的道路不同，中国现代化不仅需要获取更多的物质财富，还要获取更多的生态财富。第三，推动形成绿色发展方式和生活方式。人类的生产生活方式以最适宜的文明方式影响和介入自然，可以换取自然对生产力的最佳反馈。这正是改善生态环境就是发展生产力理念的体现，较可持续发展理论更进了一步。

4. 开放发展

开放是国家繁荣发展的必由之路，开放发展的理念推动经济全球化理论创新。习近平总书记指出,"实践告诉我们,要发展壮大,必须主动顺应经济全球化潮流,坚持对外开放,充分运用人类社会创造的先进科学技术成果和有益管理经验"。[①] 改革开放以来我国利用经济全球化机遇,发展开放型经济,充分利用国内和国外两种资源,开拓国内和国外两个市场,获得了全球化的红利。开放型经济的发展使中国实现了从封闭、半封闭经济到全方位开放的转折,形成了从东部沿海到沿江、沿边和内陆地区,从对外贸易到国际投资,从制造业到服务业,从货物贸易到服务贸易领域不断拓展的开放格局。但是,同其他发展中国家一样,我国是以资源禀赋的比较优势嵌入经济全球化和全球价值链的,处于价值链的中低端。从总体上说我国处于全球化的从属地位。经过多年以来的发展,中国已经成为世界第二大经济体,开放发展的理念则要求从世界经济大国地位出发,由经济全球化的从属地位转变为主导地位。相应的开放战略需要调整:一方面,进一步提升国际竞争力,提高开放型经济的质量和水平,国际分工要由比较优势转向竞争优势,攀升全球价值链中高端;另一方面,要积极参与并主导全球经济治理,提高我国在全球经济治理中的制度性话语权,发挥在经济全球化中的主导作用。

开放发展理念准确把握着当今世界和我国的发展大势,直面我国对外开放中存在的突出矛盾和问题,是对外开放思想的丰富和发展。贯彻落实开放发展理念,坚持对外开放,有利于我国更好地应对经济全球化带来的机遇与挑战。要基于发展新阶段的实际,从构建新发展格局的大局出发,在推动国内大循环的基础上,推动国内国际双循环相互促进。要从作为世界第二大经济体的世界大国地位出发,以开放发展的理念,进一步提升国际竞争力,提高开放型经济的质量和水平。

5. 共享发展

共享是中国特色社会主义的本质要求,共享发展的发展观关注的是发展的结果。习近平总书记指出,"共享理念实质就是坚持以人民为中心的发展思想,体现的是逐步实现共同富裕的要求"。[②] 在改革开放前期,我国实行了多年的允许"一部分人先富起来"的政策,充分释放了发展的活力,但同时也伴

---

①② 习近平. 深入理解新发展理念 [J]. 求是,2019 (10).

有收入差距的扩大，在发展的过程中"先富带动后富"有所不足。因此，提出共享发展的发展观，创新了共同富裕理论，共享发展就是要在发展中共享，在共享中发展，实现改革和发展成果全民共享、全面共享、共建共享，使人民群众能够分享改革发展的成果，得到看得见的利益，在民生改善中有更多的"获得感"。实现共享发展是进一步深化改革发展的动力源泉所在。

共享发展的理念内涵丰富。一是生产出更多更高质量的物质文化产品，不断满足人民日益增长的物质文化需要和美好生活需要；二是全面调动人们的积极性、主动性、创造性，为各个行业的工作者各尽所能、施展才华搭建平台；三是坚持我国基本经济制度和分配制度，调整收入分配格局，完善以税收、社会保障、转移支付等为主要手段的再分配调节机制，维护社会公平正义，缩小收入差距，使发展成果更多更公平地惠及全体人民。共享发展理念的核心内涵可以归结为全民共享、全面共享、共建共享和渐进共享，四者相互联系、有机统一。全民共享，就要确保改革发展的成果惠及各地区、各民族、社会各阶层的人民；全面共享，就是要着力解决教育、就业、住房、养老、医疗等人民群众最关心、最直接、最现实的问题，实现人民群众对美好生活的向往和追求；共建共享，就是要尊重人民群众的首创精神，让人们共同参与发展过程、共同享有发展机遇、共同享有发展成果；渐进共享，就是不急于求成，针对我国发展不平衡不充分的问题，作出切实可行的制度安排，在发展的过程中逐步提升共享程度，逐步实现效率与公平的统一、发展与共享的统一。

6. 安全发展

安全发展是我国经济发展进入新时代背景下逐渐形成的新发展观。习近平总书记在党的十九届五中全会上指出："推动创新发展、协调发展、绿色发展、开放发展、共享发展，前提都是国家安全、社会稳定。没有安全和稳定，一切都无从谈起。"[①] 安全是发展的前提，发展是安全的保障。实现发展和安全互为条件、彼此支撑。必须坚持统筹发展和安全，增强机遇意识和风险意识，树立底线思维，有效防范化解各类风险挑战，确保社会主义现代化事业

---

① 习近平在省部级主要领导干部学习贯彻党的十八届五中全会精神专题研讨班上的讲话 [N]. 人民日报，2016 - 05 - 10.

顺利推进。

当前我国正处在现代化建设的起步期，也处在"百年未有之大变局"和"中华民族伟大复兴战略全局"两个大局的发展大背景下，在这个时期，国家安全的内涵和外延比历史上任何时候都要丰富，时空领域比历史上任何时候都要宽广，内外因素比历史上任何时候都要复杂。因此，安全发展的发展理念，就是要坚持总体国家安全观，实施国家安全战略，维护和塑造国家安全，统筹传统安全和非传统安全，把安全发展贯穿国家发展各领域和全过程，防范和化解影响我国现代化进程的各种风险，筑牢国家安全屏障。要坚持国家利益至上，以人民安全为宗旨，以政治安全为根本，加强国家安全体系和能力建设，重点体现在三个方面，一是要注意防范化解系统性金融风险和外部经济风险，确保国家经济安全；二是要坚持以人民为中心，保障人民生命财产安全；三是在经济社会发展的过程中处理好各类社会矛盾，减少社会冲突，维护社会稳定和安全。

第三章 中国经济高质量发展水平的测度评价与时空演变

一、中国经济高质量发展的理论内涵与指标体系

（一）中国经济高质量发展的理论内涵

新时代中国高质量发展的内涵是建立在新发展阶段、新发展理念和新发展格局的基础上的。中国高质量发展的内涵是基于新发展理念的五个关键词，即创新、协调、绿色、开放和共享，旨在实现经济、社会和环境的协调发展，推动中国经济由高速增长向高质量发展转型。新发展理念是中国全面建成社会主义现代化强国的行动指南和基本方针，其中高质量发展是新发展理念的核心要求之一。高质量发展强调经济发展质量和效益的提高，注重创新发展、绿色发展、协调发展、开放发展和共享发展，旨在实现经济持续健康发展，提高人民生活质量和幸福感。新发展理念是关系我国发展全局的一场深刻变革，新发展理念即创新、协调、绿色、开放、共享的发展理念，贯彻新发展理念是推动高质量发展的战略基点。创新发展注重的是解决发展动力问题，协调发展注重的是解决发展不平衡问题，绿色发展注重的是解决人与自然和谐问题，开放发展注重的是解决发展内外联动问题，共享发展注重的是解决社会公平正义问题。

高质量发展，就是能够很好满足人民日益增长的美好生活需要的发展，是体现新发展理念的发展，是创新成为第一动力、协调成为内生特点、绿色成为普遍形态、开放成为必由之路、共享成为根本目的的发展。其中，创新成为第一动力，是指坚持创新发展，不断推动技术、产品、质量、管理和体制的创新，才能创造出更多更好的优质产品，最大限度地满足广大

人民日益增长的、不断升级的多样化、多层次、多方面的需要，增强发展的动力；协调成为内生特点，即坚持协调发展，统筹兼顾、协调各方，才能实现生产和需要之间的动态平衡，提升经济运行整体效率，增强发展的协调性；绿色成为普遍形态，即坚持绿色发展，坚持绿水青山就是金山银山，才能实现人与自然和谐共生，实现经济社会发展和生态环境保护协调统一，更好满足人民日益增长的优美生态环境需要，增强发展的可持续性；开放成为必由之路，即坚持开放发展，主动顺应经济全球化的历史潮流，才能提高内外发展的联动性，更好利用两个市场、两种资源，在更好满足人民日益增长的美好生活需要的同时，发展中国，造福世界，增强发展的包容性；共享成为根本目的，即坚持共享发展，才能把提高效率同促进公平相结合，让改革发展成果更多更公平惠及全体人民，朝着实现全体人民共同富裕不断迈进，增强发展的公平性。因此，新时代中国经济高质量发展就是落实五大维度的发展。

1. 创新发展维度

创新作为新发展理念之首，是引领发展的第一动力，是建设现代化经济体系的战略支撑。"十四五"时期是中国经济社会发展的重要战略机遇期，数字经济正在成为中国经济增长的新动能和新引擎，创新是数字经济时代的第一生产力，是高质量发展的增长极和动力源。高质量发展的重要特征就是由要素驱动转向创新驱动，在数字经济的时代背景下，创新对于高质量发展具有重要意义。一是提高生产率和效率：数字技术的应用可以提高生产力，从而增加产品和服务的供给，提高生产效率和生产率。例如，云计算、物联网、大数据分析等数字技术的应用，可以使生产过程更加智能化和自动化，降低生产成本，提高生产效率和品质。二是推动产业升级和转型：数字技术的不断创新和应用，可以推动产业升级和转型。例如，数字经济的快速发展，催生了新兴产业如电子商务、在线教育、在线医疗等，这些新兴产业的快速发展和壮大，推动了产业升级和转型。三是打造新的增长点：数字经济具有较高的创新性和创造性，可以打造新的增长点和经济增长的新动力。例如，人工智能、区块链、5G等新兴技术的发展，可以推动数字经济的创新和发展，成为经济增长的新动力。四是增强经济竞争力：创新能力是国家经济竞争力的重要体现。数字经济时代，创新能力成为国家竞争力的重要因素之一。例如，发展数字经济，可以提高国家的技术水平和创新能力，增强经济竞争力。五是推动经济可持续发展：数字技术的应用可以提高资源利用效率，降低环境污染和能源消耗，推动经济可持续发展。例如，通过数字技术的应用，可以实现物流和交通的智能化和优化，减少能源的消耗和环境污染。

2. 协调发展维度

协调发展是评价高质量发展的重要标准和尺度，高质量发展要求促进各个领域、各个地区、各个群体之间的协调发展，实现城乡区域协调发展、产业结构协调发展。随着中国特色社会主义进入新时代，我国社会主要矛盾已经转化为人民日益增长的美好生活需要和不平衡不充分的发展之间的矛盾。在数字经济的时代背景下，协调发展对于国家实现高质量发展具有重要的意义，一是统筹经济、社会、环境发展：数字经济的发展，既带来了经济增长，也带来了社会、环境等方面的影响。因此，协调发展可以帮助国家在经济、社会、环境等方面实现统筹发展，避免单一因素的过度发展导致其他方面的失衡和不稳定。二是推动城乡协调发展：随着数字经济的发展，城市和乡村之间的发展差距越来越明显。因此，协调发展可以帮助国家实现城乡协调发展，推动数字经济在城乡之间的均衡发展。三是实现区域协调发展：数字经济在不同地区的发展也存在差异。因此，协调发展可以帮助国家实现区域协调发展，促进数字经济在不同地区的均衡发展。四是推动技术与人文的协调发展：数字经济的发展需要先进的技术和人文素养的共同支撑。因此，协调发展可以帮助国家实现技术与人文的协调发展，推动数字经济在技术和人文两个方面的均衡发展。

3. 绿色发展维度

高质量发展要求在经济发展过程中注重生态环境保护和可持续发展，推进清洁能源、节能减排、生态修复等领域的发展，实现经济和环境协调发展。习近平总书记指出，大自然是人类赖以生存发展的基本条件。尊重自然、顺应自然、保护自然，是全面建设社会主义现代化国家的内在要求。必须牢固树立和践行绿水青山就是金山银山的理念，站在人与自然和谐共生的高度谋划发展。绿色发展对于国家实现高质量发展至关重要，一是推动经济可持续发展，绿色发展可以促进资源的合理利用和环境的保护，推动经济的可持续发展。二是增强国家竞争力：越来越多的国家开始重视绿色发展，这将成为衡量国家发展水平的一个重要标准。如果国家能够在绿色发展方面取得领先地位，将有助于提升国家的竞争力，获得更多的国际合作机会和市场份额。三是推动数字经济的创新发展：绿色发展可以促进数字经济的创新发展，推动数字经济在新能源、环境监测、智慧城市等领域的应用，使数字经济更加环保和可持续。四是促进社会和谐发展：绿色发展可以促进社会的和谐发展，提高人民生活质量，保护公共利益和自然资源，促进社会公正和社会稳定。

4. 开放发展维度

高质量发展要求积极参与全球经济合作和竞争，推进外贸、外资、外汇等领域的开放和自由化，增强经济韧性和竞争力。习近平总书记指出："过去40年中国经济发展是在开放条件下取得的，未来中国经济实现高质量发展也必须在更加开放条件下进行。"① 首先，开放可以促进国际分工和资源配置的优化，从而提高资源利用效率和经济效益。通过国际贸易、外商直接投资等开放方式，国家可以充分利用国内和国际市场的资源和优势，实现资源的有序配置和优化，从而提高经济增长的效率。其次，开放可以促进技术进步和创新，从而推动经济增长。在全球化和数字经济的背景下，国际技术交流和技术创新已经成为促进经济增长的重要驱动力。开放不仅可以使国家更容易吸收外部技术和知识，而且可以促进本国技术的创新和发展，推动技术进步和创新，进一步提高经济增长的速度和质量。最后，开放可以促进市场的竞争，从而提高经济效率和创新能力。开放可以增加市场的规模和竞争程度，从而刺激企业进行技术创新和生产效率的提高。市场竞争可以迫使企业不断改进产品和服务质量，从而提高消费者的福利水平，进一步促进经济的发展和增长。

5. 共享发展维度

高质量发展要求在经济发展的过程中注重人民群众的利益，实现更加公

---

① 坚持对外开放 推动中国经济高质量发展［N］. 光明日报，2019 - 01 - 29.

平、可持续的发展，提高人民群众的获得感、幸福感和安全感。共享是实现高质量发展的重要手段之一，一是促进社会和谐稳定：共享发展可以缩小贫富差距，减少社会不公现象，促进社会和谐稳定。当广大人民群众都能分享到经济发展的成果，就会更加支持和参与高质量发展的过程中。二是释放内需潜力：共享发展可以促进消费升级，释放内需潜力。当更多的人民群众拥有了充足的收入，就会更愿意进行消费，提高生活品质和幸福感，从而推动经济持续健康发展。三是增强社会创新能力：共享发展可以激发社会创新活力。当广大人民群众都能够参与创新活动，就会有更多的创新机会和灵感，从而提高整个社会的创新能力和竞争力。四是推动可持续发展：共享发展可以促进可持续发展。当经济发展更加均衡、稳定、可持续，就会更好地满足未来世代的需求和利益，实现可持续发展。

（二）中国经济高质量发展综合评价指标体系

一个科学、完整的高质量发展综合评价指标体系是客观评价我国经济高质量发展水平的基础，基于高质量发展的理论内涵，遵循合理性、科学性、完备性、多元性和可操作性的原则，本章从创新发展、协调发展、绿色发展、开放发展、共享发展五个维度构建了中国高质量发展综合评价指标体系，总共包括 5 个二级指标和 18 个三级指标，考虑到数据可得性，本章选取了2000～2021年31 个省份（不含我国港澳台地区）的数据，指标体系以及数据来源如表 3 - 1 所示，部分缺失值采用线性插值法补齐。

表 3 - 1　　　　　　　　　中国高质量发展综合评价指标体系

二级指标	三级指标	指标说明
创新发展（A）	数字经济创新创业指数（+）	北京大学企业大数据研究中心：《中国数字经济创新创业指数报告》
	研发投入强度（+）	规模以上工业企业 R&D 经费/地区 GDP
	实际人力资本总量（+）	中国人力资本指数研究项目：《中国人力资本指数报告》
	技术交易活跃度（+）	技术交易成交额/地区 GDP

续表

二级指标	三级指标	指标说明
协调发展 （B）	消费结构（＋）	社会消费品零售总额/地区 GDP
	投资结构（－）	增量资本产出率（ICOR）＝投资率/地区 GDP 增长率
	城乡结构（＋）	城镇化率
	产业结构（＋）	第三产业占地区 GDP 比重的提高
绿色发展 （C）	单位 GDP 能耗（－）	标准煤/地区 GDP
	单位产出的废水（－）	废水排放总量/地区 GDP
	单位产出的废气（－）	二氧化硫排放量/地区 GDP
开放发展 （D）	对外贸易依存度（＋）	进出口总额/地区 GDP
	外商投资比重（＋）	实际利用外商投资/地区 GDP
	市场化程度（＋）	《中国分省市场化指数报告》（樊纲等）
共享发展 （E）	劳动者报酬比重（＋）	劳动者报酬/地区 GDP
	居民收入增长弹性（＋）	居民人均可支配收入增长率/地区 GDP 增长率
	城乡消费差距（－）	城镇居民人均消费支出/农村居民人均消费支出
	民生性财政支出比重（＋）	地方财政教育支出、医疗卫生支出、住房保障支出、社会保障和就业支出占地方财政预算支出的比重

资料来源：中国各省级行政区统计年鉴、《中国数字经济创新创业指数报告》、《中国人力资本指数报告》、《中国分省市场化指数报告》，笔者根据指标的具体计算公式进行整理。

二、中国经济高质量发展的测度体系与研究方法

（一）测度方法

由于经济高质量发展综合评价指标体系中的各个指标量纲、性质的差异，在对各个指标合成之前，需要对各基础指标进行无量纲化处理，为缓解极端值的影响，本章对数据进行了 5% 的缩尾预处理，对于部分年份和地级市的缺失值，采取线性插值法补齐数据。在无量纲化方法的选取上，本章采用了极差法，并借鉴功效系数法，将所有三级指标指数化为 40～100 范围内对数据进行标准化处理，具体方法如下：

$$Z_{ij} = \begin{cases} 40 + 60 \times \dfrac{X_{ij} - B_{ij}}{A_{ij} - B_{ij}}, & X_{ij}\text{为正向指标} \\[3mm] 40 + 60 \times \dfrac{A_{ij} - X_{ij}}{A_{ij} - B_{ij}}, & X_{ij}\text{为负向指标} \end{cases} \qquad (3-1)$$

其中，X_{ij}（i = 1，2，3，…，n）（j = 1，2，3，…，m）代表第 i 个省份的第 j 个原始指标数值，A_{ij} 与 B_{ij} 是 X_{ij} 的最大值和最小值，Z_{ij} 是标准化后的指标值。

　　无量纲化后的任务就是确定权重，确定权重的方法包括主观赋权法和客观赋权法。主观赋权方法主要包括层次分析法（AHP 法）和专家咨询系数法（Delphi 法）等，客观赋权法不依赖于人的主观判断，客观赋权法包括熵权法、CRITIC 法、标准离差法和优劣解距离法（TOPSIS 法）等。主观赋权法和客观赋权法各有优劣，不同方法的联用可以弥补各个方法的不足，使综合评价更具科学性和合理性，因此本章采用组合赋权法确定指标权重，先利用熵权法确定三级指标的权重。在二级指标合成的过程中，由于难以量化各个具体指标的重要程度，我们采取了简单直接的均等赋权法，对二级指标各赋予20% 的权重。

　　熵权法具体计算公式如下：

$$\alpha_j = \dfrac{1 + \dfrac{1}{\ln m} \sum\limits_{i=1}^{m} \left(\dfrac{x_{ij}}{\sum\limits_{i=1}^{m} x_{ij}} \ln \dfrac{x_{ij}}{\sum\limits_{i=1}^{m} x_{ij}} \right)}{\sum\limits_{j=1}^{q} g_j} \qquad (3-2)$$

其中，x_{ij} 为标准化后的数据，i = 1，2，3，…，m，代表了不同的省份，m 即本章评价的省份数量31，j = 1，2，3，…，q，代表了不同的指标，q 即指标个数。

（二）研究方法

1. 莫兰指数

莫兰指数是用来衡量空间相关性的一个重要指标，莫兰指数分为全局莫兰指数（Global Moran's I）和局部莫兰指数（Local Moran's I），莫兰指数取值范围在 − 1 ~ 1，指数大于 0 时代表存在正的空间相关性，指数越大相关性越强，本章通过全局莫兰指数分析各省份高质量发展的空间聚集性情况。

全局空间自相关的莫兰指数统计可表示为:

$$\text{Moran's I} = \frac{\sum\limits_{i=1}^{n}\sum\limits_{j=1}^{n} w_{ij}(x_i - \bar{x})(x_j - \bar{x})}{s^2 \sum\limits_{i=1}^{n}\sum\limits_{j=1}^{n} w_{ij}} \tag{3-3}$$

其中,x_i 表示第 i 个省份的高质量发展综合指数,$\bar{x}$ 为样本均值,s^2 为样本方差,w_{ij} 为省份空间权重矩阵的 (i, j),表示省份 i, j 之间的邻近关系。

2. 核密度估计

核密度估计(kernel density estimation)是在概率论中用来估计未知的密度函数,属于非参数检验方法之一,可以分析高质量发展的动态演进趋势。通过核密度估计图可以比较直观地看出数据样本本身的分布特征。核密度曲线的分布位置表示高质量发展水平的高低;分布形态反映高质量发展水平的区域差异大小和极化程度,其中波峰高度和宽度反映高质量发展差异大小,波峰数量反映空间极化程度。

假设 f(x) 为高质量发展水平的密度函数:

$$f(x) = \frac{1}{Nh} \sum_{i=1}^{N} K\left(\frac{X_i - x}{h}\right) \tag{3-4}$$

其中,h 为带宽,N 为观测值个数,x 为均值,X_i 表示独立同分布的观测值,K(·)为核函数,本章采取高斯函数为内核进行估计,高斯核密度函数为:

$$K(x) = \frac{1}{\sqrt{2\pi}} \exp\left(-\frac{x^2}{2}\right) \tag{3-5}$$

3. 马尔可夫链分析方法

本章运用马尔可夫链分析高质量发展水平的时空转移特征。传统的马尔可夫链将连续数据离散为 K 种类型,在时间和状态均为离散的条件下,计算每种类型的概率分布和演变趋势。马尔可夫链是一个随机过程 {X(t), t ∈ T},其取值为状态空间 I,对于所有时期 t 和所有状态 j, i 满足式(3-6)。

$$P\{X(t) = j \mid X(t-1) = i, X(t-2) = i_{t-2}, \cdots, X(0) = i_0\} = \{X(t) = j \mid X(t-1) = i\} \tag{3-6}$$

其中,$p_{ij} = p\{X_t + 1 = j \mid X_t = i, i, j \in I\}$ 表示过程由状态 i 转变为 j 的状态转移概率,所有的转移概率 p_{ij} 组成的矩阵就是状态转移概率矩阵,具体计算根据式（3-7），n_{ij} 表示在样本期内，由 t 年份属于 i 类型的区域在 t+1 年转移到 j 类型的省份数量之和，n_j 是所有年份中属于 j 类型的省份数量之和。

$$p_{ij} = \frac{n_{ij}}{n_j} \tag{3-7}$$

三、中国高质量发展水平评价结果

（一）中国各省份总体高质量发展水平测度结果

中国各省份高质量发展水平综合指数测度结果如表 3-2 所示。

表 3-2　　　　　　　　各省份高质量发展水平综合指数测度结果

省份	2000 年	2004 年	2008 年	2012 年	2015 年	2016 年	2017 年	2018 年	2019 年	2020 年	2021 年
北京	68.04	76.59	82.26	83.05	82.90	83.03	84.26	83.16	82.68	83.17	83.43
天津	58.06	72.52	77.81	80.37	81.43	80.55	80.93	79.48	76.32	76.11	75.21
河北	49.74	57.89	65.38	68.03	69.46	70.29	71.31	72.56	73.91	74.62	74.97
山西	48.55	53.69	62.46	65.19	67.93	68.71	69.39	70.43	70.94	71.75	72.02
内蒙古	60.79	61.70	62.52	65.54	65.18	65.96	66.33	65.44	65.61	66.62	66.93
辽宁	70.93	71.82	71.94	74.56	73.45	74.53	77.04	77.84	77.80	79.51	79.88
吉林	63.90	65.47	65.13	67.26	67.10	68.58	70.25	71.50	72.87	73.54	73.07
黑龙江	59.25	62.94	66.08	68.67	72.67	73.37	72.01	73.39	74.77	76.42	76.82
上海	65.94	73.33	77.96	80.94	81.52	81.53	81.53	81.61	82.47	83.77	84.22
江苏	64.65	72.88	75.07	77.06	77.23	77.35	77.97	78.21	78.96	78.99	78.92
浙江	63.01	67.97	71.97	74.61	76.63	77.45	78.10	79.47	79.47	80.60	81.69
安徽	61.35	63.11	66.84	68.69	73.80	73.97	74.82	75.78	76.95	78.40	79.51
福建	59.92	66.38	70.85	70.47	73.04	73.42	73.97	73.51	73.93	75.01	76.03
江西	57.77	60.64	62.74	65.46	69.14	70.10	71.25	71.95	72.96	74.58	75.48
山东	60.70	66.69	69.80	73.71	74.30	75.00	75.99	76.78	77.29	76.89	76.46
河南	52.90	57.34	64.04	69.32	71.58	72.17	72.68	73.09	73.86	75.41	75.83
湖北	58.52	64.78	67.81	69.47	74.16	75.13	75.72	75.71	76.77	77.02	76.20
湖南	56.02	59.49	65.49	67.78	70.92	71.49	72.39	73.31	74.30	75.88	77.14
广东	65.92	68.55	75.51	79.29	79.46	79.76	79.99	80.80	81.32	82.83	83.45

续表

省份	2000 年	2004 年	2008 年	2012 年	2015 年	2016 年	2017 年	2018 年	2019 年	2020 年	2021 年
广西	52.81	58.78	63.18	67.78	69.81	70.45	70.83	71.05	71.25	72.13	72.32
海南	58.60	61.85	64.36	66.34	68.07	67.90	68.15	68.67	68.58	69.27	69.62
重庆	54.86	59.43	64.15	67.82	71.59	72.09	72.07	73.98	73.99	74.81	75.57
四川	55.35	60.27	63.03	67.36	71.20	71.88	72.88	74.29	75.94	77.68	78.37
贵州	46.51	50.78	56.42	60.39	65.20	66.31	67.11	68.39	69.26	71.06	72.31
云南	56.91	60.24	61.71	64.05	66.35	66.48	67.15	67.73	68.78	69.68	70.26
西藏	64.63	63.46	58.53	60.55	60.89	61.13	60.99	60.67	60.71	59.68	58.94
陕西	50.26	54.02	61.78	64.97	70.60	71.80	71.97	72.64	73.41	74.85	75.90
甘肃	49.71	53.43	62.79	63.46	65.66	66.37	67.35	66.63	67.10	67.47	67.62
青海	59.82	58.18	61.80	61.96	61.94	63.25	63.70	63.79	62.68	63.73	64.14
宁夏	60.43	59.46	59.33	60.45	64.11	65.38	66.43	67.00	67.71	68.99	69.80
新疆	54.81	56.80	60.13	60.72	63.24	63.81	63.44	63.32	64.36	65.14	65.15

资料来源：笔者根据原始数据运用熵权法计算整理。由于篇幅原因，正文并未报告全部年份的测算结果，而是选取了部分代表性年份结果报告。

就总体发展态势而言，2000～2021 年，我国各省份的高质量发展综合指数整体呈现显著上升趋势，各省份高质量发展水平随着时间逐年提升，2000年省份高质量发展综合指数均值为 58.41，2021 年为 74.43，样本期内综合指数上升了 27.43%，由此可以看出我国各省份高质量发展水平的快速发展趋势。如表 3－2 所示，2000～2021 年，综合指数低于 60 的省份减少了 18 个，高于 70 的省份增加了 23 个，可见我国各省份高质量发展水平的有效提升。就高质量发展极化程度而言，2021 年省份综合指数极差为 25.28，较 2000 年的 24.42 波动幅度较小，不同梯队省份高质量发展水平持续优化，可见各省份经济高质量发展普遍向更深层次演进。从中国高质量发展的综合评价指数走势看，总体上，高质量发展呈现持续性稳定增长的基本态势，但提升幅度仍然有限。这意味着，中国高质量发展水平在有效提高，但是由于部分分维度的制约和增长阻力，且经济增长的新动能尚未完全构建，使中国高质量发展水平增速较为缓慢。

根据 2021 年高质量发展指数测评结果，可以将全国 31 个省份划分为 3 个梯队：第一梯队（100≥Score＞80）地区包括北京、上海、浙江、广东四个省市，第一梯队地区本章考察的样本期内得分情况稳定保持前列，平均得分远远高于其他省份，高质量发展水平居于全国前列。第二梯队（80 ≥ Score > 70）地区包括辽宁、安徽、江苏、四川、湖南、黑龙江、山东、湖北、福建、陕西、河南、重庆、江西、天津、河北、吉林、广西、贵州、山西、云南共计20个省份，2021年中国半数以上省份都居于第二梯队，第二梯队省份持续发力，是我国高质量发展的新兴力量。第三梯队（Score ≤ 70）的地区包括宁夏、海南、甘肃、内蒙古、新疆、青海、西藏共计7个省份，第三梯队省份在本章测度的样本期内高质量发展水平提升有限，与第一梯队、第二梯队差异较大。测评结果显示各省份高质量发展存在明显的梯队现象，各省份的高质量发展排名基本固定，且不同梯队高质量发展水平差异较为显著，可见我国各省份高质量发展仍然存在一定程度的"鸿沟"现象。

（二）中国各省份高质量发展水平分维度测算结果

就分维度发展态势而言，如图 3 – 1 所示，2000 ~ 2021 年，创新发展维度不仅始终保持高速增长，指数上也实现了大幅度提升，是经济高质量发展中最具活力与潜力的维度，从 2000 年的 47.95，到 2021 年的 75.49，增长了57.45%，说明在数字经济快速发展的背景下，创新发展势头强劲，发展情况和发展速度均领先于各维度，是高质量发展的核心增长极。协调发展维度，虽然在短期内有小幅波动，总体仍然呈现稳定增长的态势，从 2000 年的61.58 上升至 2021 年的 76.15，在 2019 达到最大值 78.38，这意味着，在本章测度的样本期内，产业结构、城乡结构、消费投资结构协调性明显增强。绿色发展维度，虽然在本章测度的样本期内绿色发展维度始终保持稳定增长态势，生态系统稳定性不断提升，但增长速度较慢，意味着当前绿色高质量发展仍处于压力叠加、负重前行的关键期，我国全面绿色转型的基础依然薄弱，绿色发展动力不足。开放维度，整体上呈现波动性，在 2007 年达到最大值 62.87，从 2007 年就呈现了负向发展的态势，这意味着中国高质量发展易受全球化经济危机的影响，在外在不稳定因素的冲击下，中国经济的波动性较大。近年来，开放发展也呈现缓慢走低的状态，意味着中国高质量发展深入参与世界经济和国际环境，提高自适应性和开放能力也面临着较大的挑战。

共享维度，呈现明显的"下降—上升"态势，2010 年前共享发展维度波动下降，2010 年后，尤其 2019 年后共享发展指数增长势头明显，说明 2010 年后民生福祉持续增进，共享指数稳步上升，中国开始高度重视全民福利的增进，尤其近年来，脱贫攻坚、分配制度以及人民福祉的增进效果显著。

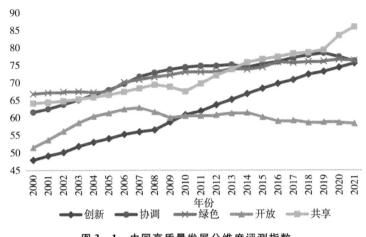

图 3 - 1 中国高质量发展分维度评测指数

资料来源：笔者根据原始数据运用熵权法计算整理。

（三）中国各省份高质量发展水平分区域测度结果

从区域分异的角度来说，我国高质量发展水平表现为东部地区＞中部地区＞西部地区，各地区呈现明显的增长趋势。在本章测度的样本期内，我国不同区域高质量发展综合指数始终存在显著的分层现象，呈现由东部地区向西部地区递减的趋势。如图 3 - 2 所示，2000 ~ 2021 年，从增长率的表现来看，东部地区高质量发展始终保持高速发展态势，东部地区高质量发展指数始终高于西部和中部地区，从 2000 年的 62.32 上升到 2021 年的 78.54，上涨幅度约为 26.02%；中部地区由 57.28 上涨到 75.76，上涨幅度约为 32.25%；西部地区由 55.58 上涨到 69.78，上涨幅度约为 25.55%。2021 年高质量发展指数排名前 7 的省份全部属于东部地区，而排名居于最后 7 名的省份都属于西部地区。就各省份分维度的数据而言，2021 年各省份创新、协调、绿色、开放、共享的极差分别为 48.81、38.3、9.06、33.16、19.21，由此可见各省份创新发展和协调发展维度指数的差异最大，也是导致东部、中部、西部高质量发展贡献度差异的主要因素。

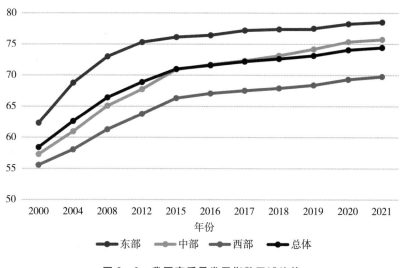

图 3 - 2　我国高质量发展指数区域均值

资料来源：笔者根据原始数据运用熵权法计算整理。

四、中国高质量发展时空演变格局分析

在以上分析的基础上，为了进一步讨论我国不同省份高质量发展的时空演化趋势，本章运用核密度估计、马尔可夫转移概率矩阵和莫兰指数对中国高质量发展的时空演化格局进一步分析。

（一）中国高质量发展的分布动态演变

为了进一步考察中国各省份高质量发展的时序演变趋势，本章进一步绘制了我国高质量发展的核密度图，由图 3 - 3 可知，在本章样本考察期内，核密度的波峰随着时间逐渐右移，说明我国各省份高质量发展水平整体呈上升趋势，多峰现象并不明显，波峰垂直高度下降，水平宽度增加，虽然不存在严重的两极分化现象，但上升速度缓慢。从核密度曲线分布形态来看，曲线峰值不断降低、宽度有所加大，表明我国各省份之间经济高质量发展指数离散程度逐渐扩大，各省份的综合指数也逐渐拉开差距。从分布延展性来看，

核密度曲线右拖尾逐渐拉长，头部省份的高质量发展综合指数逐年上升，分布延展性在一定程度存在拓宽趋势，意味着全国各省份经济高质量发展综合指数的空间差距在逐步扩大，分化程度有所增加，省份间也存在一定的纵向差距。

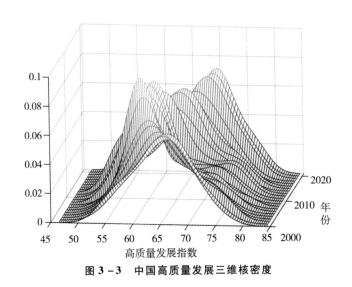

图 3 - 3　中国高质量发展三维核密度

同时，2006～2015 年主峰右侧存在一个略微隆起的侧峰，且与主峰相隔较远，说明存在小部分省份经济高质量发展水平较高；2016 年后，侧峰逐渐消失，说明我国各省份经济高质量发展综合指数梯度现象逐渐减弱。另外，核密度曲线波峰垂直高度上升、水平宽度减小、波峰数量减小，则表明我国高质量发展的地区差距呈缩小态势，存在动态收敛性特征。

（二）中国高质量发展的空间聚集测度

为了全面呈现我国高质量发展的空间关联特征，本章进一步对各省份高质量发展指数的空间相关性进行分析，地理距离空间权重矩阵下的全域空间相关性检验结果如表 3 - 3 所示，结果显示，Moran'I 估计值均为正值，且在样本期内的莫兰指数估计值都通过了 1% 的显著性检验，可以认为 Moran'I 显著有效，充分表明中国各省份高质量指数存在正向的空间相关性。另外，表 3 - 3 显示全局莫兰指数估计值逐年增加，说明我国各省份高质量发展的空间相关性总体呈现增强的趋势，意味着一个地区的高质量发展在一定程度上依赖于与之具有相似空间分布特征的地区，地理位置的相邻有助于各地区高质量发展空间聚集的形成，莫兰指数的结果也与当今我国高质量发展的区域发展模式相吻合，"十二五"以后，面对前所未有的经济发展机遇，各省份纷纷加快高质量发展的步伐，依托自身的资源禀赋和发展优势，与周边区域协同发展，形成了各具特色的高质量区域发展模式。

表 3 – 3　　　　　　　　　高质量发展全局莫兰指数

变量	I	E（I）	sd（I）	z	P 值[*]
score2000	0.173	− 0.033	0.079	2.595	0.005
score2003	0.287	− 0.033	0.079	4.039	0.000
score2005	0.361	− 0.033	0.079	4.989	0.000
score2008	0.374	− 0.033	0.079	5.185	0.000
score2010	0.363	− 0.033	0.079	5.020	0.000
score2012	0.361	− 0.033	0.079	4.986	0.000
score2014	0.335	− 0.033	0.079	4.641	0.000
score2015	0.333	− 0.033	0.079	4.622	0.000
score2016	0.324	− 0.033	0.079	4.502	0.000
score2017	0.328	− 0.033	0.079	4.565	0.000
score2018	0.306	− 0.033	0.079	4.282	0.000
score2019	0.287	− 0.033	0.079	4.042	0.000
score2020	0.258	− 0.033	0.079	3.704	0.000
score2021	0.236	− 0.033	0.078	3.441	0.000

注：＊表示单尾检测。

资料来源：笔者根据空间计量分析方法计算得出。

全域空间相关性给出了各省份高质量发展的整体空间相关情况，但并没有给出空间聚集的具体区域，也不能体现出局部地区的非典型聚集特征，因此需要对高质量发展综合指数进一步进行局部空间相关性分析，采用局域莫兰指数和莫兰指数散点图两种方法进一步分析。本章基于各省份的地理距离空间权重矩阵计算各年份的局部莫兰指数，将局域莫兰指数以可视化的方式呈现，就得到了莫兰指数散点图，莫兰指数散点图的四个象限分别代表不同的含义，第一象限代表第 i 个地区发展水平高，周边地区发展水平也高（高—高型），第二象限代表第 i 个地区发展水平低，周边地区发展水平高（低—高型），第三象限第 i 个地区发展水平低，周边地区发展水平也低（低—低型），第四象限代表第 i 个地区发展水平高，而周边地区发展水平低（高—低型）。

从图 3-4～图 3-6 我国各省份高质量发展莫兰指数散点图来看，第一象限、第三象限的点明显多于第二象限、第四象限，说明"高—高型"和"低—低型"聚集的省份更多，意味着各省份高质量发展的空间差异较小，而高质量发展水平较高或较低的省份更容易出现空间聚集现象，同时第二象限的点较第一象限更多，说明中国各省份高质量发展低水平聚集较高水平聚集更为显著。为了进一步分析空间聚集的具体地区，图中也给出了部分年份空间性聚集的具体省市，可以看出，高质量"高—高型"聚集的区域主要集中于北京、上海、江苏、浙江和山东等东部区域，而"低—低型"聚集的区域主要集中新疆、青海、西藏、甘肃等西部区域。从动态演变的角度来看，在本章测度的样本期内，"高—高型"聚集的地区数量逐年增加，而"低—低型"聚集的省份数量逐年减少，说明我国各省份高质量的发展水平呈增长态势。

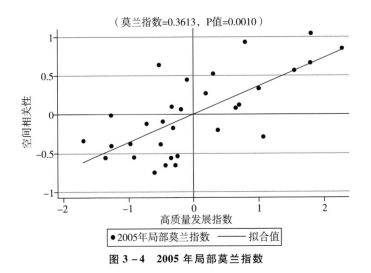

图 3-4　2005 年局部莫兰指数

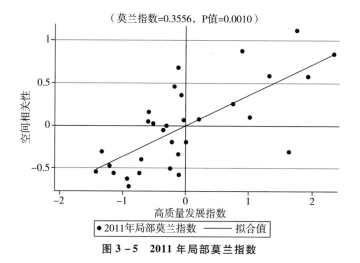

图 3 – 5　2011 年局部莫兰指数

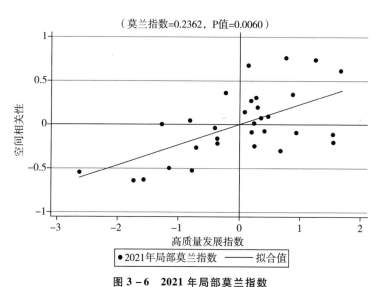

图 3 – 6　2021 年局部莫兰指数

（三）中国高质量发展的时空转移路径分析

马尔可夫链是一种随机过程，它的状态转移是由当前状态决定的，与过去的状态无关。马尔可夫链的状态转移矩阵是一个方阵，它的每一行元素之和为 1，这样的矩阵称为概率转移矩阵。马尔可夫链的状态转移矩阵可以用来表示高质量发展状态转移的概率，表中Ⅰ代表低效率（0～0.25）、Ⅱ代表中等效率（0.26～0.50）、Ⅲ代表较高效率（0.51～0.75）、Ⅳ代表高效率（0.76～1.00）。

表3-4中对角线上的元素表示区域高质量发展水平一定程度上保持不变的概率，非对角线上的元素表示区域高质量发展水平在不同等级之间发生转移的概率。由表3-4可得：第一，位于对角线上的元素数值均大于非对角线上的元素数值，对角线元素最大值为接近于1（为0.980），最小值为0.749，均值为0.842，这表明地区的高质量发展水平会受到原有高质量发展水平和存量的限制，类型保持不变的概率约为84.2%，呈现增长惯性和路径依赖的状态。第二，非对角线上的元素不全为零，表明在连续两个年份之间，区域的高质量发展等级存在向更高层次转移的可能性，但是实现跨阶段的高质量等级提升的可能性较低，大部分地区只是向上或向下转移最多两个阶段。原因在于高质量发展本身具有连续性、积累性，在发展规律的限制下，短期内很难实现高质量水平的跨越式发展。第三，各区域高质量发展存在显著"俱乐部趋同"的现象。高质量发展处于低水平的区域，保持不变的概率大于80%，向上发展的概率仅为15.3%，高质量发展水平等级更难突破，高质量发展水平较低的地区更容易陷入高质量的"贫困陷阱"；高质量发展处于高水平的区域，保持不变的概率为98%，向下发展的概率为2%，对于高水平的区域具有内部趋同的趋势；而对于中低、中高水平的区域来说，其发生转移的概率相对较大，这表明高质量发展布局整体变动不大，需要通过中等水平的区域高质量发展水平的提升来促进整体高质量水平的提升。

表3-4　　　　　　　传统马尔可夫转移概率矩阵（k=4）

t，t+1	Ⅰ	Ⅱ	Ⅲ	Ⅳ
Ⅰ	0.847	0.153	0	0
Ⅱ	0.060	0.749	0.192	0
Ⅲ	0	0.073	0.793	0.134
Ⅳ	0	0	0.020	0.980

由于传统马尔可夫转移矩阵只关注类型之间的变化，缺乏空间视角，无法说明不同区域相互作用背景下中国高质量发展水平的时空动态转移特征。

因此，本章进一步对各省份高质量发展水平的空间马尔可夫转移概率矩阵进行分析，以揭示我国高质量发展的时空动态特征。从表3－5可以看出：第一，地理背景在中国省份高质量发展转移过程中发挥重要作用。对比传统的马尔可夫转移概率矩阵，在不同的地理背景下，中国各省份的高质量发展转移概率发生了明显的变化，但无论处于何种地理背景下，对角线上的概率均远大于非对角线上的概率，而远离对角线的所有概率皆为0，即短期内能发生跨等级的跳跃式转移路径是不存在的，表明区域地理背景并不能打破高质量发展的固定提升路径。第二，地理背景使高质量发展的"马太效应"增强，在邻域类型为高水平省份时，高水平省份向下转移概率为0，而在邻域类型为低水平省份时，低水平省份向上转移的概率为10.1%，可见区域地理背景增加了低水平省份高质量发展跃升的难度，进一步加强了高质量发展的空间黏性。

表3－5　　　　　　　　空间马尔可夫转移概率矩阵（k=4）

空间滞后	t，t+1	n	I	II	III	IV
I	I	119	0.899	0.101	0	0
	II	43	0.186	0.767	0.047	0
	III	9	0	0.222	0.667	0.111
	IV	2	0	0	0	1
II	I	43	0.721	0.279	0	0
	II	82	0.024	0.732	0.244	0
	III	31	0	0.161	0.774	0.065
	IV	12	0	0	0.083	0.917
III	I	8	0.750	0.250	0	0
	II	41	0.780	0.220	0	0
	III	105	0	0.048	0.829	0.124
	IV	61	0	0	0.033	0.967
IV	I	0	0	0	0	0
	II	1	0	0	1	0
	III	19	0	0	0.684	0.316
	IV	75	0	0	0	1

五、结论与政策建议

本章基于新发展理念构建了中国高质量发展综合评价指标体系，并利用组合赋权法确定了指标权重，对 2000~2021 年全国 31 个省份的高质量发展水平进行了综合评价。基于此，综合运用核密度函数、空间莫兰指数、马尔可夫链状态转移概率矩阵等多种方法，探究了中国高质量发展的时空分布差异特征与动态演进。以 2000 年至 2021 年为区间，通过考察各省份高质量发展的综合测评结果，可以看出有以下几个方面的时空动态演进特征。

第一，2000~2021 年，我国各省份的高质量发展综合指数整体呈现显著上升趋势，高质量发展呈现持续性稳定增长的基本态势，但是由于部分分维度的制约和增长阻力，且经济增长的新动能尚未完全构建，使中国高质量发展水平增速较为缓慢，提升幅度仍然有限。第二，核密度曲线波峰垂直高度上升、水平宽度减小、波峰数量减小，则表明我国高质量发展的地区差距呈缩小态势，存在动态收敛性特征。第三，全局莫兰指数显示高质量指数存在正向的空间相关性，且我国各省份高质量发展的空间相关性总体呈现增强的趋势。局部莫兰指数图显示"高—高型"聚集的地区数量逐年增加，而"低—低型"聚集的省份数量逐年减少，说明我国各省份高质量的发展水平呈增长态势。第四，地理背景在中国省份高质量发展转移过程中发挥重要作用，在不同的地理背景下，中国各省份的高质量发展转移概率发生了明显的变化，地理背景使高质量发展的"马太效应"增强，高质量发展的空间黏性仍然显著。

根据上述结论，本章提出以下政策建议：第一，加快新动能的构建。虽然中国的高质量发展综合指数整体呈现上升趋势，但是受制于部分分维度的制约和增长阻力，高质量发展的提升幅度仍然有限。因此，政府需要进一步推进新动能的构建，加大对新兴产业和科技创新的支持力度，培育和壮大高质量发展的新动能。第二，加强地区间的协同发展。地区差距的缩小是中国高质量发展的重要任务之一。政府应该加强地区间的协同发展，发挥各地区的优势，加强资源的整合和共享，推动地区间经济的互补发展。第三，深化区域治理。地理背景在中国省份高质量发展转移过程中发挥着重要作用，地理背景使高质量发展的"马太效应"增强，高质量发展的空间黏性仍然显著。因此，政府需要深化区域治理，加强对不同地区的政策引导和支持，促进各地区的平衡发展。第四，加强高质量发展的空间相关性。全局莫兰指数显示高质量指数存在正向的空间相关性，而局部莫兰指数图显示"高—高型"聚集的地区数量逐年增加，说明我国各省份高质量的发展水平呈增长态势。政府应该加强各地区的交流合作，促进区域间的经济协同发展，提升中国高质量发展的整体水平。

第二篇

以发展数字经济重塑动力结构
推动高质量发展

第四章　以数字经济重塑高质量发展
动力结构的理论逻辑

自改革开放以来，中国高速的经济增长迅速改善了我国人民的生活水平，提升了我国国际影响力。但是在带来积极影响的同时，经济的高速增长也带来一些问题，资源过量消耗、生产效率低下、环境污染严重、不均衡不充分发展等问题的存在成为制约我国经济进一步发展的主要因素，我国进入了经济发展的结构调整时期，党的二十大报告强调"高质量发展是全面建设社会主义现代化国家的首要任务"。发展目标由高速发展转向了高质量发展，要求在经济数量增加的同时实现经济质量提升。在新的发展时期，高速增长阶段的动力体系已经不适用于新的发展环境和发展目标。在发展环境方面，劳动力成本不断上升，资源瓶颈的出现以及不断缩小的我国与发达国家的技术差距已经不能支撑原有动力体系的持续。在发展目标方面，传统的动力体系产生的是一种粗放型的增长，不符合高质量发展目标的要求。所以，在发展环境和发展目标已经改变的情况下，为了实现高质量发展，实现惠及全体人民的发展，实现可持续的发展，必须加快实现新旧动力体系的转换，重塑经济高质量发展动力结构。

一、从高速增长转向高质量发展的发展动力结构变化

党的十九大报告指出，"我国经济已由高速增长阶段转向高质量发展阶段"，这一转变意味着中国特色社会主义经济发展进入了新时期，是在社会主要矛盾发生改变的前提下，推进新发展理念、破除现阶段经济增长桎梏、实现我国经济可持续发展的必然要求。高质量发展是在我国经历40多年高速增

长之后的升级版。长期以来，我国经济增长的动力都来源于刺激性投资和低廉的要素成本，但这一动力正在不断消退，原有发展模式尚且难以维持，更何况以其推动经济高质量发展。要实现我国经济的可持续发展，解决在高速增长阶段造成的发展不均衡、不全面的问题，就必须立足新的发展目标，确定发展思路、重塑发展动力。

中国经济从高速增长转向高质量发展阶段，宏观上支持中国长期增长的体制转轨、自然资源、投资、人口、外资外贸等要素禀赋条件发生了新的变化。由于要素禀赋条件的新变化导致微观上企业原先熟悉的投资驱动、规模扩张、出口导向的发展动力结构也发生了重大转变。劳动力、资源、环境成本都在提高，原有的发展模式空间越来越小。单纯靠规模扩张推动发展会产生严重的产能过剩，依靠要素驱动的经济发展方式已经变得不可持续。因此，中国经济新常态，从要素禀赋条件上来说，是传统的要素禀赋条件发生了变化，因此要在认识到要素禀赋条件变化的基础上，通过寻求新的增长动力结构来支撑高质量发展。

（一）体制禀赋特征与制度驱动型发展的新变化

改革开放40多年来，中国成功地实现了从计划经济体制到社会主义市场经济体制的伟大转折，形成了经济增长的体制禀赋。在过去的计划经济体制下，人们的经济活动受到压抑和制约，经济增长缺乏动力，而市场化改革带来的体制转轨，则为中国经济40多年持续的高增长释放了巨大的动力空间。但伴随着中国从前改革时代步入后改革时代，体制改革已经基本就位：在宏观层面上，通过所有制体制、分配体制、调节体制的改革，市场已经取代计划成为资源配置的主体，多层次的市场体系已经形成；在中观层面上，通过金融体制改革、财政体制改革、税收体制改革、投资体制改革，已经基本建立起符合市场经济要求的经济运行机制；在微观体制层面上，通过国有企业改革、非公有制经济的二次创业，已经建立了多元化的微观体制结构。中国市场经济体制的基本确立和前改革时代的终结，已经标志着中国市场化改革对于资源配置效率提高的作用已达到顶点，现存的通过增量改革带来的体制转轨动力将逐步消退。

（二）人口禀赋特征与劳动要素驱动型发展的新变化

改革开放 40 多年来，中国人口结构出现了巨大变化。根据第七次全国人口普查的数据，在人口转变和计划生育政策背景下，中国生育率下降至 1.3 左右的水平，社会抚养比不断降低，大量的适龄劳动人口从农村转向城市，形成了经济增长的人口结构禀赋。从 1982 年到 2010 年，中国适龄劳动人口比重从 61.5% 上升至 74.5%，总抚养比从 62.6% 下降至 34.1%，充足的劳动力供给和低抚养比成为经济增长的动力，极大地加速了中国工业化进程。但人口结构所带来的动力只是人口转变过程中的一个短暂机遇期，随着中国逐渐步入老龄化社会，中国的人口结构出现了新变化：从劳动力供给角度看，中国适龄劳动人口比重 2010 年已经达峰，根据第七次人口普查数据，从 2010 年到 2020 年，中国劳动年龄人口比重从 74.5% 降低至 68.5%，而社会抚养比从 2010 的 34.2% 提升到 2020 年的 45.9%。从劳动力迁移角度，各地出现的"民工荒"现象也表明"刘易斯拐点"已经出现，劳动力无限供给的状况基本消失。这表明自 2010 年以来，适龄劳动人口比重将持续下降，劳动力成本不断提升，整个经济进入要素成本周期性上升阶段，需要考虑原有的人口要素条件还能否为经济高质量发展的新目标提供动力。

（三）投资禀赋特征与资本要素驱动型发展的新变化

改革开放 40 多年来，由于相对低廉的要素成本和分权带来的政府间竞争效应，中国经济发展呈现出高储蓄、高投资的结构性特征，形成了中国经济增长的投资禀赋。1978 年中国的投资率仅为 38.2%，2010 年中国的投资率高达 48.6%，投资率的不断上升表明过去的经济增长主要得益于低劳动力成本、高储蓄、高投资、高资本所带来的动力。但随着全球经济危机和供给冲击的影响，投资带来的经济增长的动力难以为继：一是依靠较低的劳动力成本、融资成本和土地成本形成的"投资成本洼地"效应正在逐步减弱，高投资所依赖的低要素价格将得到扭转；二是政府间竞争带来的高投资出现了政绩工程、重复建设等低效率问题，这种状况必将在进一步的改革中得到改变。根据国家统计局数据，从 2010 到 2021 年，中国的投资率已经从 48.6% 降至

43%。据此可以看出，在新常态背景下，以高投资作为动力进行驱动的增长模式已经变得不可持续，中国经济高质量发展所需的投资动力已经发生了新的变化。

（四）自然资源禀赋特征与资源驱动型发展的新变化

改革开放 40 多年来，自然资源大量开发加速了中国的工业化进程，形成了中国经济增长的自然资源禀赋。廉价的自然资源价格为中国制造业的发展提供了强大的比较优势基础，但也导致了经济增长中的高能耗、高污染和低效率现象，从而使中国经济增长中的自然资源禀赋也出现了新变化：一是由于多数自然资源具有不可再生的特性，而目前很多行业已经出现了较为明显的资源短缺状况；二是资源开采对生态环境的破坏，使当前经济增长承担了过度的生态环境代价。由此可见，以耗竭资源为动力的经济发展模式必将不可持续，不能实现中国经济的高质量发展。2020 年 9 月，习近平总书记在第七十五届联合国大会一般性辩论上郑重宣布："中国将提高国家自主贡献力度，采取更加有力的政策和措施，二氧化碳排放力争于 2030 年前达到峰值，努力争取 2060 年前实现碳中和。"① 随着"双碳"目标的逐步实施，中国必然面临从传统发展模式向绿色发展模式的转变，寻求新的发展动力以匹配高质量发展的新要求。

（五）外资和外贸禀赋特征和开放驱动发展的新变化

改革开放 40 多年来，中国利用自身的资源优势、成本优势、市场优势全面融入全球产业与贸易分工体系重组的浪潮，形成了中国经济增长的外资与外贸禀赋。中国 40 多年高速增长的源泉一定程度上来自外资与出口。然而从长期来看，外资与出口作为中国经济增长的核心动力难以维持，其对增长的贡献将步入递减区域，未来中国很难像入世前十年一样享有全球化对中国经济增长的拉动作用。主要原因在于全球经济和中国经济都在发生着调整和变化，一是由 2008 年美国次贷危机引发的世界金融和经济危机的复苏进程艰难

---

① 在第七十五届联合国大会一般性辩论上的讲话［EB/OL］. 光明网，https//m.gmw.cn/baijia/2020 - 09/23/34212535.html，2020 - 09 - 23。

曲折，2020 年以来的新冠疫情和外部地缘政治冲突等因素又导致世界经济处于衰退的阴影当中，外部需求扩张速度明显放缓；二是 2018 年美国对中国制造贸易摩擦以来，中美关系的竞争态势越发明显，在这样的国际环境下，中国对国际分工体系的深度参与必然受到影响；三是外部经济持续不平衡带来的汇率升值压力迫使中国主动实施贸易平衡战略。在这样的背景下，传统过度依赖外资与出口的经济发展方式难以为继，过去推动中国经济发展的外资和外贸要素的禀赋条件发生了新的变化，更难以推动经济的高质量发展。

二、新时代高质量发展中发展动力结构面临的制约因素

中国经济正处于从高速增长转向高质量发展阶段，原有要素禀赋条件的变化与当前转型阶段所需动力不相匹配，发展动力结构面临制约，具体而言，目前制约我国转向高质量发展的动力结构因素主要表现为以下三个层面。

（一）宏观层面制约我国发展动力的因素

实现我国高质量发展的动力变革，在宏观层面上要求完善现代化经济体系制度支持，但是目前我国在这一层面存在政策制度不系统、不合理这一问题。具体来说，构建全面的制度体系对于重塑我国动能体系转换具有重要意义，是实现我国经济高质量发展的根本保障。近年来，国家各部门为了推进发展动力结构转变提出了一系列的政策文件，但是由于现阶段我国还处于为动力变革积累经验、总结规律的阶段，所以这些政策设计在一定程度上缺乏统筹性和协调性，呈现出碎片化、不合理的特征，对制度体系的良好运行提出了挑战，导致企业内部运行无法正常运转，人为增加了政府负担，影响了现代化经济体系的完善。制度问题是根本性、全局性的问题，制度政策制定的不合理，会影响统一开放、有序竞争的全国市场建设，阻碍我国治理体系和治理能力的现代化，不利于高质量发展的动力结构。

实现我国经济高质量发展不能忽视生产要素的优化和生产率的提升，经济高质量发展要求从规模扩张转向效率提升，但是全球资本竞争日益激烈，我国劳动力、土地等要素的传统优势式微，全要素生产率的多个维度也在不

同程度地制约着我国经济的高质量发展，技术效率普遍较低、技术进步不足、配置效率低下。生产要素和生产率是经济增长的来源与动力，是宏观层面影响高质量发展的主要因素，生产要素的优化和生产率的提升程度直接影响到中观结构变动和微观机制传导，目前生产要素和生产率现状与我国经济高质量发展的目标不匹配，不能为高质量发展提供长足动力。

（二）中观层面制约我国高质量发展动力变革的因素

产业结构的不断优化是实现我国高质量发展的动力结构的必然要求。在国内层面，产业结构优化意味着主导产业向第三产业转移；在国际层面，则要求在全球价值链中由中低端加工制造向高附加值产品供给的转变，需要寻求新动力实现现代产业体系的建立。

产业结构高级化发展缓慢。产业结构的高级化是指主导产业和劳动力逐渐由第一产业、第二产业向第三产业转移的过程。现阶段，我国的产业结构仍以第二产业为主导产业，在第二产业内部存在着粗放型增长的问题，资源配置结构失衡，技术利用率低，环境污染严重，中低端产品供给过剩，面临着由中低端制造业向现代化制造业转变的难题；在主导产业向第三产业转变的过程中，存在着新兴产业发展不足，生产性服务业发展不充分，先进科学技术支撑不足等问题。而且产业间供给表现出失衡特征，不同产业的资源、发展能力和发展前景存在较大差异，在产业链上布局不均，产业结构失衡，导致部分产业发展受阻，难以产生持续发展动力。与此同时，经济转向高质量发展带来分工与专业化的问题，多样化生产得到越来越多的关注，传统的范围经济已不能满足产业间的多样化贸易，多样化的需求向市场结构提出新的要求。这些问题的存在，对我国高质量发展的动力结构造成了阻碍，不利于资源的合理配置和新型竞争优势的培育，不利于产业结构高级化的发展，更不利于现代产业体系的建立。

产业结构价值链低位锁定。一方面，随着贸易全球化与国际分工的发展，最终消费品生产的各个环节得以在全球不同国家进行，不断推进了全球价值链的形成与深化。我国自入世以来获得了嵌入全球价值链的契机，并借此提升了自身的技术水平，优化了产业结构；另一方面，发达国家仍是全球价值链的主导者，掌握着价值链的高端和战略核心环节，我国面临着被锁定在价值链中低端的风险。目前，我国劳动力结构发生较大变化，将较低生产成本作为动力来实现价值量攀升的目标已较难实现，正面临着被生产成本更加低廉的发展中国家所替代的危机，迫切需要寻找新的动力来源。如何在价值链主导者的打压下突破这一困境，实现我国在全球价值链中的攀升，在原有竞争优势削弱的情况下，延长全球价值链在国内的环节，分享到更多的发展利好，重塑发展动力结构，实现高质量的发展是我国面临的当务之急。

（三）微观层面制约我国高质量发展动力结构的因素

企业是经济运行中的微观主体，我国高质量发展的动力结构在企业层面要求企业摒弃粗放型的发展方式，实现内涵型发展。在新时代背景下，企业的内涵型发展面临着管理模式欠佳、新技术利用不足、企业生产效率低下等问题。

1. 企业管理模式创新不足

管理模式的创新进步是企业发展的重要方面，对一国企业发展具有重要意义，是提高企业国际竞争力的重要因素。经历过去 40 多年的发展，我国企业管理创新取得了显著成就，但是仍处于由传统管理模式向现代模式的转变阶段，距离全球先进水平还有一定的差距。具体来说，在巨大市场竞争压力的作用下，我国大多数企业都意识到通过改进管理模式提升企业整体竞争力的重要性，逐渐探索出以市场为导向，融合现代管理技术和信息技术的管理模式，提高了对市场的应变能力，但是多数企业并没有从根本上改变传统的管理模式，仍然存在机构臃肿、沟通迟缓、决策缓慢等问题，并且在管理信息化方面也存在较大问题，没有形成独特的现代化管理模式，与国际先进水平差距较大，还需要做出更多努力，提高现代化水平，重塑发展动力结构。

2. 企业技术创新效率不高，专利转化不足

专利转化是指从专利研发到专利应用的过渡，是对专利经济价值与技术价值的开发，是专利自身价值的实现过程。目前我国企业所面临的一个重要问题是专利转化速度缓慢，即专利研发与专利应用之间存在鸿沟。这一鸿沟的出现，主要是企业对专利转化认识滞后、资金短缺和市场匹配度不高等因

素导致的。现有的政策体系对专利的促进作用主要体现在专利申请方面，对专利的商业化缺少激励作用，而专利的转化过程需要大量的资金支持，这对企业而言是一种不确定的风险投资，在没有政府政策支撑的情况下，即使专利转化可以产生巨大的社会和经济效益，企业也不会有动力主动将专利转化为生产技术，这就产生了大量待转化的专利，造成了无谓损失。并且在专利转化的过程中还涉及对企业各部门的利益重新分配，在复杂多样、职责交错的企业内部难以整合成有效的专利转化力量，从而延缓了专利转化为新技术提高生产率的速度。总之，企业专利转化能力的不足阻碍了我国企业层面的动力结构。

3. 我国企业实际生产效率与期望值之间存在差距

企业的生产效率决定企业的生产力水平。但是近年来我国企业生产效率总体不高，产品附加值也较低。目前我国正转向高质量发展阶段，但是企业在网络部署、商业模式与运维操作上并不明晰，不能较好地应用新技术，导致企业整体生产效率低下。在企业生产交易的各个环节中，信息不对称对企业的决策产生负面影响，降低其效率，致使其发展受阻，难以产生持续发展动力，不能较好适应经济高质量发展目标。

三、数字经济重塑经济发展动力结构的理论逻辑

当前在宏观、中观、微观三个层面都出现了对经济发展的限制和约束，同时经济发展过程中传统的供给面和需求面都出现了下滑，在这种情况下，需要寻找新的发展动力。数字经济改变了生产要素供给体系，突破了要素的稀缺性制约，提升增长的可持续性，经济增长的动能正在从传统经济转向数字经济。

数字经济是以数字化信息为关键生产要素，以互联网平台为主要信息载体，通过数字经济与实体经济深度融合，逐步应用以人工智能为代表的新一代信息技术，加速变革生产生活方式与经济结构的新型经济形态，数字经济的内涵特征体现在"四化"，即数字化、网络化、智能化和平台化。

一是数字化，数字技术将生产过程中复杂多元的信息转变为可以度量、

储存、分析的数据，大大提高了通信和计算的效率，数据资本取代了实体资本，数字化的信息和知识成为关键生产要素，让企业从传统生产要素驱动转向数据生产要素驱动，进一步对企业组织形态、商业模式、运营方式进行赋能和重构，实现数字化与各个产业的广泛深度融合，数字化是数字经济的重要内容。

二是网络化，现代信息网络是数字经济的主要载体，我国信息基础设施全球领先，新一代信息通信技术通过与物理空间、信息空间和社会空间的互联互通，推动人、机、物、系统的无缝对接和高效协作，构建起了全新的制造和服务体系，网络化也是数字经济的题中应有之义。

三是智能化，人工智能是引领发展的战略性技术，人工智能技术可以带动传统应用场景的数字化转型和智慧化改造，以深度学习为代表的机器学习加速渗透到各行各业，产生了丰富的应用，提升了各企业的运行效率和经济效益，此外，引入人工智能所带来的对算法、算力、数据的持续需求可以带动相关产业链的发展，相关应用不断深化，为数字经济的创新发展提供强大动力。

四是平台化，随着大数据、云计算、物联网、人工智能成为基础性技术，以现代信息技术为驱动的平台正成为企业重要的资源配置和组织方式，不同地域、不同属性的用户群以平台的方式实现了再组织，平台将海量用户数据和第三方服务商链接起来，带来了组织的去中心化，促进源源不断的信息交互，推动线上线下资源整合，形成大规模社会化协作，互联网平台成为数字经济的重要组织形态。

近年来，随着大数据、区块链、人工智能、物联网等新兴数字技术的不断突破，数字经济已成为中国经济高质量发展的重要推动力。信息技术的深化引起了新一轮的产业革命浪潮，推动了以数字经济为代表的新经济模式的出现与繁荣。作为新经济的重要组成部分，数字经济对于重塑经济发展动力结构有着至关重要的作用，能够优化供给体系，提升增长潜力，降低交易成本，实现规模效应。具体而言，这种作用体现在宏观、中观和微观等不同层面。

（一）数字经济重塑发展动力结构的宏观逻辑

经济高质量发展对宏观维度的动力驱动提出了更深层次的要求，数字经济不仅有助于现代化经济体系制度支持，而且影响生产要素投入和产出效率，从而推动经济高质量发展。

第一，数字经济辅助国家制度体系的提升并努力营造更透明的制度运行环境。高质量发展需要高质量治理，需要国家治理体系和治理能力的高质量发展和相辅相成，也即制度和法律作为现代政治要素，不断地、连续地发生由低级到高级的突破性变革的过程。首先，数字经济涵盖主体越来越广泛，从经济领域传导至社会领域，对国家制度体系的完备、成熟、定型提出新的挑战，也逐步暴露出政治、经济、社会、文化、生态环境方面制度的问题，提供新的改革方向。其次，数字经济还具有复杂性，其诉求一个更加有效、更加透明、更加公平的环境，并提供广阔的数字经济平台，为制度改善提供信息和支撑，以期实现经济高质量发展。

第二，数字经济改变了生产要素供给体系，突破了要素的稀缺性制约，提升增长的可持续性。数据是新型生产要素，是"21世纪的新石油"。与传统的要素相比，数据要素具有新的特征。传统要素和资源的数量有限，但数据是海量的，并且随着生产过程的持续还会不断增加和膨胀。传统的要素和资源具有稀缺性，但数据则不受稀缺性的限制，数据可以被复制，可以被共享，可以被反复使用。农业经济时代的关键生产要素是土地和劳动，工业经济时代主要依靠石油，而在数字经济时代，数据成为关键生产要素，它打破了以往生产要素的稀缺性对经济增长的制约，从而为社会经济的持续性增长提供了可能，推动经济高质量发展。

第三，数字经济改变了"鲍莫尔成本病"中服务业低生产率的假设，突破"结构性减速"规律，形成高质量发展的动力，提升增长潜力。经济学在工业化不同阶段的结构转型方面有两大经验事实，一是工业化前中期的"库兹涅茨事实"强调产业结构会出现农业主导向工业和服务业主导的转型，二是工业化中后期的"贝尔事实"强调产业结构会出现工业主导向服务业主导的转型。[1] 但在向服务业转型的过程中，传统经济学理论认为会出现"鲍莫尔

---

[1] "库兹涅茨事实"指库兹涅茨（Kuznets, 1957）研究发现，随着一个经济体的经济增长，会出现劳动力从农业部门转移到非农业部门的现象，"贝尔事实"则是指贝尔（Bell, 1973）对后工业化时代的研究认为，随着经济结构转型和工业化的深入发展，到达后工业化时期后，会出现劳动力从制造业部门转向服务业部门的现象。

成本病"，即在劳动力转移到服务业部门的过程中，由于服务业生产率相对较低，经济增长会出现减速的情况。数字经济的发展可能有助于突破"结构性减速"规律，在数字经济时代，传统服务模式发生变化，服务业不再意味着低生产率，随着数字经济与实体经济深度融合，基于大数据、区块链、云计算和人工智能的新兴服务业快速扩展，线上教育、线上医疗等突破了时间、空间的限制，人们可以随时随地获取数字经济下服务业带来的方便与快捷，这导致服务业生产率显著提高，有助于经济增长潜力的提升，为经济高质量发展创造更多可能。

（二）数字经济重塑发展动力结构的中观逻辑

数字经济已经从数字技术创新与融合发展、数字技术应用与产业化发展转向数字经济与各个产业深度融合发展阶段，中观层面数字经济"赋能效应"明显，不断推进产业结构的优化，使范围经济与长尾效应得以扩张、市场结构得以扩张、实现产业体系的重构，突破中观层面来自国内外的双重封锁。

第一，数字经济使"范围经济"得以扩张和发展，生产和流通中的"长尾效应"得以发挥，分工专业化水平提升。依托网络的服务与传统服务业不同，其范围经济和长尾效应十分显著。同一个网络平台上可以销售多种产品或服务，消费者可以在平台上寻找到诸多商品或服务，节约了搜寻成本，企业可以利用平台资源降低成本提高效率。长尾效应在数字经济快速发展的背景下得以充分发挥，分工的极度细化形成了长尾产品的有效供给和需求。长尾产品是指一些小众冷门的产品，在传统工业化时代，由于规模经济的作用和需求的高度分散化，只有大众化产品才有相应的供给，但在数字经济时代下，完全可以实现定制化的设计和生产，这就使得大量小众产品集聚起来，消费者的需求创造了供给，形成一条可以与畅销产品相抗衡的长尾，长尾不断延伸，企业利润也就迅速扩大，从而使细分行业得以快速发展。从总体上看，在数字经济的作用下，整体经济发展由效率驱动逐渐向更高层次的创新驱动转变，这与高质量发展的目标高度契合。

第二，数字经济重构市场结构，平台企业成为新的自然垄断，为企业形成创新激励。随着互联网时代的到来，平台经济兴起，互联网的广泛应用使淘宝等平台企业得以诞生与迅速扩张，通过连接和协调平台上的生产者和消费者来创造价值（裴长洪、倪江飞和李越，2018）。网络具有外部性和规模效应，网络平台规模越大，聚集的用户越多，产品或服务的价值就越大，也就会吸引更多的用户，存在正反馈机制。近些年来涌现出大量的平台企业，通常这些平台企业的网络效应显著，这会导致巨型平台的产生，容易形成自然垄断。这种垄断地位带来的额外利润会激励企业自身投入大量资金等进行创新，研发新的系统和服务模式等，给予用户更好的使用体验，从而吸引大量用户，为消费者获得多样化服务或产品提供了可能性，经济高质量发展的理念。

第三，数字经济重构产业体系，通过产业数字化和数字产业化两条路径引领产业变革，为经济增长重塑动力结构和开辟新空间。最初人们比较关注信息产业的发展，但信息产业本身在 GDP 中的比重并不高，对经济增长的直接贡献也比较有限，这也就形成了生产率核算中的"索洛悖论"。但当信息技术应用到各个领域时，会引发生产力和生产关系发生变革，形成对经济发展的正外部性。产业数字化是数字经济增长的主引擎，产业数字化转型对于提高产业效率和培育经济新的增长点有着重要意义。加快发展物联网、云计算等数字技术，推进数字经济与实体经济深度融合，发展以数字经济为引领的现代产业体系，加快推动传统产业转型升级，促进产业向数字化、网络化、智能化转变，有助于实现经济高质量发展。

（三）数字经济重塑发展动力结构的微观逻辑

数字经济正不断渗透进各个微观主体，利用其信息及互联网技术对企业发展产生重大变革，为企业带来更多效益，形成不竭的发展动力。

第一，数字经济引导企业组织模式变革，提升管理效率。传统企业组织模式具有组织臃肿、层级过多、流程复杂、效率低下等弊端，目前正在阻碍企业的发展。数字经济时代内外部环境的变化会推动企业组织的运营管理方式发生深刻变革，企业组织模式向网络化、扁平化、柔性化转变，实现自身的高质量发展。企业组织模式变革的根本动因在于交易成本降低，交易成本的降低促使企业组织形态、业务流程、协调机制、参与主体发生改变。目前我国企业加紧探索新型组织模式，海尔"人单合一"、韩都衣舍"大平台＋小前端"、小米极致扁平化、华为"铁三角"等新型企业组织模式不断涌现。互联网、大数据、人工智能等新一代信息技术与实体企业相结合，使企业有效提高了供需双方的匹配效率，企业的运营管理更为精准便捷，企业管理效率显著提高，扩大了高质量的发展空间。

第二，数字经济重构价格机制，产品"免费"与数据"收费"融合，促进市场的交易和流通。传统企业利润通常来自产品本身，与传统企业不同的是数字企业的利润来源并不完全来自其产品或服务，在消费者消费产品和服务的过程中形成了有效数据，这些数据的汇集就形成了企业更为有价值的"资产"。例如，互联网企业通过提供免费产品或服务聚集了大量用户，通过用户的交易历史和交易习惯，对用户进行精准营销和广告投放，并向广告投放方收取费用，广告投放方则是通过销售产品从消费者身上收回广告成本并且获得利润（杨新铭，2017）。这种模式就使得市场中的交易和流通效率大大提升，为高质量发展提供更广阔的发展空间。

第三，数字经济重新定义了传统交易过程中的信任机制，消除信息不对称引起的市场失灵，减少交易费用。数字经济下，交易活动由线下转移到线上，从实体世界变为网络世界，大数据等信息技术使得交易成本大幅降低，交易信息更为公开透明，通过信用关系技术化建立买卖双方间的信任。特别是随着区块链技术的发展，去中心化使得经济交易中的成本和风险降低到最小。

四、以发展数字经济重塑中国发展动力结构的实现路径

数字经济作为一种新经济形态，是绿色的、开放的、共享的，其对传统产业造成了冲击，但其带来的新机遇将激发更大的生产潜力。因此，必须紧抓新一轮科技革命和产业变革的历史契机，以发展数字经济重塑动力发展结构，用新动能推动高质量发展。

第一，做好对数字经济的引导和规划，完善对数字经济的政策支持。加快完善对于数字经济发展的顶层设计，做好数字经济发展规划，培育壮大数

字经济新兴业态和模式,促进数字经济持续健康发展。完善数字经济时代的市场监管法规,打击网络不正当竞争行为,加大知识产权保护力度,对数字产业的侵权行为给予惩罚,维护良好的市场环境。继续加大投资网络基础设施建设,扩大网络覆盖率,加快建设 5G 时代的高速宽带网络,使"提速降费"落到实处,为数字经济大范围扩展提供前提条件。

第二,加快推动数字技术与实体经济的深度融合,推动产业数字化转型。利用数字技术对传统产业进行改造升级,构建数字化的生产、经营、管理体系,使传统产业焕发出新的生机,加快动力结构转换。鼓励制造企业与数字企业合作,运用数字技术降低企业成本,提升运营效率。加快发展工业物联网,借助数字技术的力量推进工业智能化,重塑经济发展动力结构。推进大数据、云计算、人工智能等新技术的发展和广泛应用,让智能化在家居、教育、医疗等各个方面给大众带来便捷,推进数字中国和智慧城市的建设,助力人民实现美好生活。加快建设数字政府,推行数字化治理模式,运用大数据等先进技术提高政府工作效率。

第三,全面加强数字技术领域自主创新,加快数字产业化的进程。聚焦数字技术前沿领域,增加数字技术研发投入,鼓励企业和研发机构进行研发活动,抢占数字经济领域制高点,获取先发优势,提升我国在数字经济产业竞争力。加快发展先进通信、大数据、区块链和人工智能等底层技术,同时引导科技创新成果的转化,促进数字经济更好地服务实体经济,为高质量发展提供动力。

第四,提高劳动力数字技能素养,为数字经济发展提供条件保障。数字经济对劳动者的数字素养提出了高要求,在推动产业数字化转型的同时,要推动劳动者的数字化转型。要建立数字人才培养机制,采取校企合作等方式培养数字技术人才,同时引进优秀数字人才。提高公众数字技术素养,促进数字技术更加广泛地应用到公众日常生活中。此外,在数字经济的测度方面,数字经济给相关统计系统和统计人员带来了巨大挑战。要完善统计方法,提高全体劳动者的数字素养,推动数据信息共享,提升数据收集效率,提高数字经济统计数据质量。

第五章　中国经济高质量发展中数字经济发展的测度与特征

数字经济是引领未来的新兴经济形态，是国民经济增长的重要贡献来源，是转向高质量发展过程中的新动能，是重构发展动能的关键，也即中国经济高质量发展动力结构重塑寻求的新增长动力来源是数字经济，因此需要在认识到数字经济发展变化的基础上，使其科学、合理地支撑经济的高质量发展。根据中国信息通信研究院 2023 年 4 月发布的《中国数字经济发展研究报告（2023 年）》，2011～2022 年，数字经济规模由 9.5 万亿元增加到 50.2 万亿元，占 GDP 的比重也由 20.3% 扩大到 41.5%。在"十四五"规划承上启下的关键一年，构建客观、科学评价我国数字经济综合水平的指标体系，量化分析各城市数字经济的最新态势，梳理我国数字经济发展的动态演进趋势及空间格局，对把握当前我国数字经济发展规律和趋势，厘清数字经济发展目标与战略方向，助力数字经济重塑高质量发展结构，进而推动高质量发展具有重要的理论意义和实践意义。

本章从数字经济的数字化、网络化、平台化和智能化特征出发，构建科学合理的数字经济评价指标体系，结合结构化数据与文本数据，对我国数字经济发展状况进行科学评价，并运用熵权法、莫兰指数法、核密度估计法和马尔可夫链分析方法来测度我国数字经济发展水平的时序变化与空间格局，从而为数字经济重塑高质量发展动力结构提供现实依据。

一、中国经济高质量发展中数字经济发展的理论维度与评价体系

以数字经济重塑高质量发展动力结构需要从时序分析维度研究我国数字

经济发展的趋势特征与演变规律。

(一) 数字经济指标体系

近年来，围绕数字经济的测度，学术界展开了一系列研究，按照研究方法的不同，关于数字经济测度的文献研究可划分为增加值测算研究和指数编制法研究两类。关于数字经济增加值测算法，弗里兹·马克卢普 (Fritz Machlup，1962) 通过 GNP 的计算公式最终测算出美国数字产业的规模；康铁祥 (2008) 利用非数字部门对数字产品的中间消耗占总投入的比重来对数字经济的规模进行核算；许宪春和张美慧 (2020) 在梳理数字经济演变历程的基础上，提炼了数字经济的内涵与形成要素，从而构建了数字经济规模核算框架与核算范围，结合行业增加值系数、数字经济调整系数等工具，对数字经济增加值进行了系统测算。

相较于增加值测算法，指数编制法更能够精确反映不同地区数字经济发展程度的差异。就指数编制法而言，现有文献主要聚焦于全国层面或省级层面数字经济的测度，金灿阳等 (2022) 基于经济系统的投入产出视角，从数字基础设施、数字创新、数字治理、数字产业化、产业数字化五个维度构建了数字经济发展的综合指标评价体系，编制了省域的数字经济发展指数；钞小静等 (2021) 利用"熵值—TOPSIS 法"从智能化、数字化、平台化、网络化四个方面对我国整体以及不同区域的数字经济进行测算；王军等 (2021) 基于省份数据，构建了包含数字经济发展载体、数字产业化、产业数字化、数字经济发展环境四个维度的数字经济发展水平评价体系；张帆等 (2022) 构建了包含数字基础设施、ICT 应用、数字技术人才、经济基础、数字产业发展五个维度的数字经济指标评价体系，从而研究数字经济对绿色全要素生产率的影响；万晓榆和罗焱卿 (2022) 从数字基础设施、数字产业、数字融合三个维度构建了数字经济测度指标体系，并构建计量模型验证数字经济对全要素生产率的影响效应。以上研究对以往文献进行了有益补充，但仍然存在指标体系不够完善和指标测度对象不够细致具体的问题。

本章对数字经济仍采用钞小静等 (2021) 的定义，认为数字经济的发展体现在"四化"，即数字化、网络化、智能化和平台化四部分。

　　一个科学、完整的数字经济发展评价指标体系是客观评价数字经济发展水平的基础，基于数字经济的理论内涵和已有研究，遵循合理性、科学性、完备性、多元性和可操作性的原则，本章从数字化、网络化、智能化、平台化四个维度构建了中国数字经济综合评价指标体系，总共包括 4 个一级指标和 16 个二级指标，考虑到数据可得性，本章选取了 2011～2020 年 282 个地级以上城市的数据，指标体系以及数据来源如表 5 - 1 所示。

表 5 - 1　　　　　　　　　中国数字经济综合评价指标体系

一级指标	序号	二级指标	数据来源
数字化	1	数字普惠金融指数	北京大学数字金融研究中心
	2	上市公司数字化相关词频占比	上市公司年报
	3	电子商务企业数	爱企查
	4	政府工作报告数字化相关词汇出现频率	基于文本爬取
网络化	5	信息化就业人员占比	城市统计年鉴
	6	电信业务收入/GDP	城市统计年鉴
	7	互联网宽带接入用户数	城市统计年鉴
	8	政府工作报告网络化相关词汇出现频率	基于文本爬取
智能化	9	人工智能专利数	大为 Innojoy 专利搜索引擎
	10	工业机器人专利数	大为 Innojoy 专利搜索引擎
	11	人工智能企业数	爱企查
	12	政府工作报告智能化相关词汇出现频率	基于文本爬取
平台化	13	有 App 的企业数量	爱企查
	14	淘宝村数量	阿里研究院
	15	数字经济创新创业指数	北京大学企业大数据研究中心
	16	政府工作报告平台化相关词汇出现频率	基于文本爬取

　　资料来源：笔者根据城市统计年鉴、爱企查网站、大为 Innojoy 专利搜索引擎、阿里研究院等数据自行整理得出，部分词频数据通过爬虫方法基于文本分析得出。

（二）数字经济的测度方法与研究方法

　　由于数字经济综合评价指标体系中的各个指标量纲、性质的差异，在对各个指标合成之前，需要对各基础指标进行无量纲化处理，为缓解极端值的影响，本章对数据进行了 5% 的缩尾预处理，对于部分年份和地级市的缺失值，采取线性插值法补齐数据。在无量纲化方法的选取上，本章采用了极差法对数据进行标准化处理，具体方法如下：

$$Z_{ij} = \begin{cases} (X_{ij} - B_{ij}) / (A_{ij} - B_{ij}), & X_{ij} \text{为正向指标} \\ (A_{ij} - X_{ij}) / (A_{ij} - B_{ij}), & X_{ij} \text{为负向指标} \end{cases} \quad (5-1)$$

其中，X_{ij}（$i=1, 2, 3, \cdots, n$）（$j=1, 2, 3, \cdots, m$）代表第 i 个城市的第 j 个原始指标数值，A_{ij} 与 B_{ij} 是 X_{ij} 的最大值和最小值，Z_{ij} 是标准化后的指标值。

由于地级市层面部分指标数据极端零值较多，不适合单一采用依赖原始数据信息量的客观赋权法，为了避免对高质量发展动力来源测量偏误，本章采用了主观和客观赋权相结合的方法来确定权重，先利用主观赋权法确定二级具体指标的权重，再通过熵权法求得一级指标的权重。在二级指标合成的过程中，由于难以量化各个具体指标的重要程度，本章采取了简单直接的均等赋权法，对二级指标各赋予 25% 的权重。在一级指标合成过程中，本章利用了熵权法，熵权法具体计算公式如下：

$$\alpha_j = \frac{1 + \dfrac{1}{\ln m} \sum\limits_{i=1}^{m} \left(\dfrac{x_{ij}}{\sum\limits_{i=1}^{m} x_{ij}} \ln \dfrac{x_{ij}}{\sum\limits_{i=1}^{m} x_{ij}} \right)}{\sum\limits_{j=1}^{q} g_j} \quad (5-2)$$

其中，x_{ij} 为标准化后的数据，$i=1, 2, 3, \cdots, m$，代表了不同的城市，m 即本章评价的城市数量 282，$j=1, 2, 3, \cdots, q$，代表了不同的指标，q 即指标个数。

除了数字经济发展的具体测度方法外，本章还运用了一些方法来考察中国经济高质量发展中数字经济发展的时序变化和空间分布特征，这些方法包括莫兰指数、Dagum 基尼系数法、核密度估计和马尔可夫链分析方法。

1. 莫兰指数

莫兰指数是用来衡量空间相关性的一个重要指标，莫兰指数分为全局莫兰指数和局部莫兰指数，莫兰指数取值范围为 -1~1，指数大于 0 时代表存在正的空间相关性，指数越大相关性越强，本章通过全局莫兰指数分析全国数字经济的空间聚集性情况，评价各地数字经济为高质量发展提供的动力强度。

全局空间自相关的莫兰指数统计可表示为：

$$Moran's\ I = \frac{\sum_{i=1}^{n}\sum_{j=1}^{n}w_{ij}(x_i - \bar{x})(x_j - \bar{x})}{s^2 \sum_{i=1}^{n}\sum_{j=1}^{n}w_{ij}} \qquad (5-3)$$

其中，x_i 表示第 i 个城市的数字经济综合指数，$\bar{x}$ 为样本均值，s^2 为样本方差，w_{ij} 为地级市空间权重矩阵中的 （i，j），表示城市 i、j 之间的邻近关系。

关于空间权重矩阵，本章借鉴邵帅等（2016）的研究，从经济特征和地理特征两个方面构建空间权重矩阵：

$$W = \theta W_1 + (1-\theta)W_2 \qquad (5-4)$$

其中，W_1 为城市地理权重矩阵，其元素为第 i 个城市与第 j 个城市地理距离的倒数；W_2 为经济距离权重矩阵，其元素为第 i 个城市人均 GDP 均值与第 j 个城市人均 GDP 均值绝对差值的倒数，为简化分析，θ 取 0.5。

2. Dagum 基尼系数法

本章采用 Dagum 基尼系数法探讨十大城市群数字经济发展水平的空间差异及其来源，Dagum 基尼系数法具体方法如下：

$$G = \sum_{j=1}^{k}\sum_{j=1}^{k}\sum_{h=1}^{k}\sum_{i=1}^{n_j}\sum_{r=1}^{n_h}|y_{ji} - y_{hr}|/2\ n^2\ \bar{y} \qquad (5-5)$$

$$G_{jj} = \frac{\frac{1}{2\bar{Y}}\sum_{i=1}^{n_j}\sum_{r=1}^{n_h}|y_{ji} - y_{hr}|}{n_j^2} \qquad (5-6)$$

$$G_w = \sum_{j=1}^{k}G_{jj}\ p_i\ s_j \qquad (5-7)$$

$$G_{jh} = \frac{\sum_{i=1}^{n_j}\sum_{r=1}^{n_h}|y_{ji} - y_{hr}|}{n_j\ n_h(\bar{Y}_j + \bar{Y}_h)} \qquad (5-8)$$

$$G_{nb} = \sum_{j=2}^{k}\sum_{h=1}^{j-1}G_{jh}(p_i\ s_h + p_h\ s_j)\ D_{jh} \qquad (5-9)$$

$$G_t = \sum_{j=2}^{k}\sum_{h=1}^{j-1}G_{jh}(p_i\ s_h + p_h\ s_j)(1 - D_{jh}) \qquad (5-10)$$

$$G_{jh} = \frac{d_{jh} - p_{jh}}{d_{jh} + p_{jh}} \qquad (5-11)$$

$$d_{jh} = \int_0^\infty d\,F_j(y) \int_0^y (y-x)\,d\,F_h(x) \qquad (5-12)$$

$$p_{jh} = \int_0^\infty d\,F_h(y) \int_0^y (y-x)\,d\,F_j(x) \qquad (5-13)$$

其中，G 为总体的基尼系数，k 为划分的地区数量，n 为城市的数量，$\bar{y}$ 是不同地区数字经济发展水平的均值，y_{ji}、y_{hr} 分别是 j、h 地区的数字经济发展水平。基尼系数 $G = G_w + G_{nb} + G_t$，其中 G_w 为某个地区内差距的贡献度，代表了地区内各城市发展差异的来源；G_{nb} 为地区间差距的贡献度，衡量地区之间差异和地区间的交叉效应，G_t 为超变密度的贡献。

3. 核密度估计

核密度估计（kernel density estimation）是在概率论中用来估计未知的密度函数，属于非参数检验方法之一，可以分析数字经济的动态演进趋势，更好地解构各个阶段数字经济对重塑发展动力结构的作用。通过核密度估计图可以比较直观地看出数据样本本身的分布特征。核密度曲线的分布位置表示数字经济发展水平的高低；分布形态反映数字经济发展水平的区域差异大小和极化程度，其中波峰高度和宽度反映数字经济差异大小，波峰数量反映空间极化程度。

假设 f（x）为数字经济发展水平的密度函数：

$$f(x) = \frac{1}{Nh} \sum_{i=1}^N K\left(\frac{X_i - x}{h}\right) \qquad (5-14)$$

其中，h 为带宽，N 为观测值个数，x 为均值，X_i 表示独立同分布的观测值，K（·）为核函数，本章采取高斯函数为内核进行估计，高斯核密度函数为：

$$K(x) = \frac{1}{\sqrt{2\pi}} \exp\left(-\frac{x^2}{2}\right) \qquad (5-15)$$

4. 马尔可夫链分析方法

本章运用马尔可夫链分析数字经济发展水平的动态演进特征。传统的马尔可夫链将连续数据离散为 K 种类型，在时间和状态均为离散的条件下，计算每种类型的概率分布和演变趋势。马尔可夫链是一个随机过程 {X（t），t∈T}，其取值为状态空间 I，对于所有时期 t 和所有状态 j，i 满足式（5 - 16）。

$$P\{X(t) = j \mid X(t-1) = i, X(t-2) = i_{t-2}, \cdots, X(0) = i_0\} = \{X(t) = j \mid X(t-1) = i\} \tag{5 - 16}$$

其中，$p_{ij} = p\{X_t + 1 = j \mid X_t = i, i, j \in I\}$ 表示过程由状态 i 转变为 j 的状态转移概率，所有的转移概率 p_{ij} 组成的矩阵就是状态转移概率矩阵，具体计算根据式（5 - 17）：

$$p_{ij} = \frac{n_{ij}}{n_j} \tag{5 - 17}$$

n_{ij} 表示在样本期内，由 t 年份属于 i 类型的区域在 t + 1 年转移到 j 类型的城市数量之和，n_j 是所有年份中属于 j 类型的城市数量之和。

二、中国经济高质量发展中数字经济发展的测度与特征

（一）中国经济高质量发展中数字经济发展的测度结果

由于篇幅原因，此部分并未报告全部地级市的测算结果，而是选取了 50 个代表性城市的部分年份进行报告（见表 5 - 2），代表性城市的选取原则包括：2011～2020 年数字经济发展水平稳定保持前列的城市、直辖市、省会城市、一级指标各维度排名前列的城市、排名位次上升较多的城市，以其为代表分析经济转型期中数字经济发展的特征。

表 5 - 2　　　　　　　　代表性城市的数字经济综合发展指数

城市	2011 年	2012 年	2013 年	2014 年	2015 年	2016 年	2017 年	2018 年	2019 年	2020 年
北京	0.57	0.63	0.60	0.63	0.65	0.72	0.79	0.76	0.85	0.75
天津	0.29	0.49	0.36	0.45	0.67	0.68	0.68	0.74	0.75	0.73
石家庄	0.23	0.22	0.24	0.31	0.25	0.34	0.32	0.41	0.60	0.50
太原	0.28	0.22	0.20	0.37	0.39	0.33	0.39	0.30	0.57	0.49
呼和浩特	0.06	0.25	0.35	0.12	0.33	0.15	0.37	0.37	0.43	0.38

续表

城市	2011 年	2012 年	2013 年	2014 年	2015 年	2016 年	2017 年	2018 年	2019 年	2020 年
沈阳	0.29	0.33	0.29	0.57	0.38	0.68	0.68	0.57	0.58	0.79
长春	0.15	0.18	0.33	0.25	0.32	0.38	0.32	0.49	0.50	0.53
哈尔滨	0.37	0.24	0.37	0.47	0.45	0.52	0.57	0.54	0.62	0.65
上海	0.55	0.77	0.79	0.71	0.87	0.80	0.83	0.86	0.83	0.87
南京	0.27	0.31	0.60	0.59	0.72	0.91	0.71	0.86	0.86	0.68
无锡	0.16	0.25	0.27	0.51	0.44	0.57	0.63	0.74	0.81	0.88
徐州	0.30	0.22	0.28	0.20	0.25	0.52	0.42	0.47	0.56	0.52
盐城	0.22	0.12	0.08	0.26	0.19	0.18	0.25	0.24	0.28	0.60
扬州	0.27	0.11	0.29	0.15	0.21	0.32	0.35	0.33	0.28	0.51
杭州	0.61	0.63	0.76	0.69	0.82	0.72	0.92	0.72	0.74	0.92
宁波	0.30	0.24	0.28	0.51	0.48	0.55	0.65	0.56	0.75	0.54
温州	0.20	0.45	0.33	0.39	0.42	0.50	0.57	0.66	0.47	0.62
嘉兴	0.30	0.30	0.17	0.36	0.22	0.33	0.28	0.32	0.37	0.51
湖州	0.10	0.09	0.20	0.21	0.13	0.33	0.31	0.46	0.35	0.47
绍兴	0.14	0.24	0.13	0.16	0.16	0.31	0.44	0.40	0.33	0.56
金华	0.30	0.31	0.21	0.34	0.20	0.42	0.45	0.54	0.47	0.62
合肥	0.29	0.46	0.37	0.58	0.61	0.68	0.78	0.87	0.69	0.88
芜湖	0.19	0.15	0.16	0.20	0.19	0.42	0.31	0.54	0.39	0.61
福州	0.38	0.34	0.52	0.56	0.45	0.71	0.75	0.56	0.60	0.69
泉州	0.23	0.40	0.30	0.37	0.49	0.56	0.61	0.55	0.52	0.57
南昌	0.11	0.19	0.20	0.33	0.30	0.56	0.35	0.31	0.47	0.77
宜春	0.05	0.04	0.14	0.08	0.32	0.10	0.12	0.13	0.19	0.53
济南	0.37	0.36	0.50	0.43	0.56	0.71	0.68	0.75	0.78	0.83
海口	0.10	0.19	0.22	0.34	0.42	0.37	0.35	0.31	0.56	0.63
郑州	0.26	0.41	0.36	0.48	0.63	0.82	0.74	0.82	0.91	0.81
洛阳	0.18	0.14	0.36	0.37	0.36	0.25	0.41	0.30	0.52	0.54
武汉	0.41	0.50	0.34	0.64	0.69	0.63	0.73	0.67	0.75	0.68
长沙	0.39	0.26	0.48	0.37	0.34	0.73	0.58	0.62	0.64	0.67
广州	0.53	0.53	0.63	0.72	0.78	0.89	0.89	0.89	0.85	0.84
深圳	0.60	0.64	0.68	0.84	0.76	0.89	0.93	0.92	0.93	0.85
珠海	0.17	0.31	0.22	0.45	0.52	0.63	0.57	0.62	0.66	0.77
佛山	0.43	0.47	0.34	0.53	0.58	0.59	0.52	0.77	0.68	0.68

续表

城市	2011 年	2012 年	2013 年	2014 年	2015 年	2016 年	2017 年	2018 年	2019 年	2020 年
东莞	0.33	0.30	0.41	0.51	0.52	0.60	0.77	0.77	0.79	0.85
中山	0.13	0.27	0.40	0.24	0.26	0.42	0.34	0.40	0.42	0.61
南宁	0.24	0.40	0.34	0.22	0.45	0.58	0.34	0.65	0.63	0.71
柳州	0.20	0.11	0.16	0.30	0.30	0.31	0.26	0.38	0.37	0.53
重庆	0.44	0.59	0.60	0.70	0.78	0.81	0.80	0.77	0.86	0.73
成都	0.25	0.40	0.58	0.61	0.76	0.69	0.80	0.69	0.75	0.73
贵阳	0.38	0.36	0.23	0.41	0.45	0.35	0.38	0.43	0.54	0.79
昆明	0.30	0.18	0.18	0.21	0.21	0.35	0.34	0.43	0.46	0.54
西安	0.28	0.48	0.53	0.60	0.65	0.64	0.72	0.86	0.68	0.80
兰州	0.14	0.13	0.15	0.19	0.20	0.32	0.27	0.25	0.36	0.34
西宁	0.17	0.10	0.19	0.11	0.21	0.24	0.16	0.19	0.31	0.26
银川	0.30	0.08	0.30	0.36	0.28	0.37	0.16	0.35	0.17	0.42
乌鲁木齐	0.25	0.18	0.25	0.20	0.21	0.17	0.17	0.26	0.24	0.31

资料来源：笔者根据原始数据运用熵权法计算整理。拉萨市部分年份数据缺失，故表中并未列示。

就总体发展态势而言，2011～2020 年，我国各地级市的数字经济综合发展指数整体呈现显著上升趋势，数字经济发展水平随着时间逐年提升，以其重塑高质量发展动力结构具有可行性，2011 年地级市数字经济综合指数均值为 0.14，2020 年为 0.29，十年来指数平均每年增长 8.69%，2011 年各地级市数字经济发展中位数为 0.22，到 2020 年这一值为 0.53，由此可以看出我国各地级市数字经济的快速发展趋势。就各城市数字经济发展水平而言，各地数字经济发展都取得了新的突破，2020 年综合指数突破 0.6 的城市有 35 个，较 2011 年增加了 33 个，综合指数低于 0.2 的城市减少了 94 个，可见各城市加大数字经济布局力度成效显著。就数字经济极化程度而言，2020 年城市综合指数极差为 0.88，较 2011 年的 0.6 增加了 0.22，纵向极化程度增加主要是因为先锋城市数字经济的强势上升趋势，而尾部城市的数字经济指数提升幅度有限，从而使得数字经济各城市极化差异呈现上升趋势，在评估重塑高质量发展动力结构中须注意这一特征。

（二）中国经济高质量发展中数字经济发展分维度发展特征

分维度来看，中国经济高质量发展中数字经济指数都得到显著提升，如图 5-1 所示。

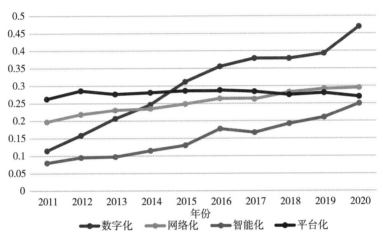

图 5-1　2011～2020 年各城市数字经济分维度指数平均值

资料来源：笔者根据熵权法的计算结果整理得出。

1. 数字化维度

在本章测度的样本期内，数字化维度不仅始终保持高速增长，指数上也实现了大幅度提升，是各城市数字经济发展重塑高质量发展动力结构中最具活力与潜力的维度。2011 年数字化维度指数为 0.115，而到 2020 年这一值为 0.469，十年内上升幅度达到了 307.8%，是推动数字经济发展的主要动力。尤其在 2011～2015 年，增速最高达到了 38.31%，成功实现了对其他维度的超越，并且逐渐与其他维度拉开差距，优势十分突出。2015 年后，数字化稳居第一，遥遥领先其他维度，2020 年即使在新冠疫情的影响下，数字化维度仍然实现了 19.49% 的高速增长，可见各城市数字化发展势头的强劲，也说明各城市在数字经济发展的过程中对数字化的关注，未来数字化维度的优势地位有望进一步巩固，成为数字经济发展更深层次的强大动力，进一步优化高质量发展动力结构。

2. 网络化维度

2011～2020 年，网络化维度始终维持稳定增长的态势，未来有望"补位"数字化维度，成为各城市数字经济发展重塑高质量发展动力结构的新核心。以 2017 年为界，2011～2016 年，虽然网络化维度指数低于平台化维度，但仍然保持着平均 6.05% 的高位平均增速，2017 年，指数有小幅波动，2017 年后，实现了对平台化维度的超越，成为仅次于数字化维度的增长引擎。这也说明了各城市电信业务收入、网络基础设施能力的不断提升和积极建设网络强国政策的成效，未来网络化的经济价值会进一步凸显，在推动数字经济发展的过程中迸发蓬勃力量，为经济高质量发展提供网络化能力支持。

3. 智能化维度

2011～2020 年，智能化维度不断释放潜力，上升幅度远超网络化、平台化，2011 年智能化维度指数仅为 0.08，到 2020 年就已上升为 0.25，上升幅度达到了 212.5%。智能化由于早期应用场景的缺乏，除省会城市、直辖市的城市智能化发展水平普遍较低，但企业和政府数字化转型的需求也为智能化维度的发展提供了机遇，智能化在各领域、各城市加速推广，样本期内增加最多的无锡、东莞、珠海在 2011～2020 年指数分别上升了 0.92、0.88、0.87，增长势头领先全国，可见各城市智能化广阔的成长空间，未来随着数字化的进一步升级，智能化维度的地位有望进一步提升，成为各城市数字经济发展的有力支撑，并为经济高质量发展的智能创新创造广阔空间。

4. 平台化维度

2011～2020 年，平台化维度有小幅波动，发展态势平稳，各城市的平台化指数波动幅度也远小于其他维度，平台化指数上升最多的宜春市、青岛市、绍兴市分别上升了 0.44、0.36、0.36。平台化是数字经济重塑高质量发展动力结构的重要载体，部分城市未将平台化纳入数字经济建设的范畴，忽视了平台化发展的重要性，导致平台化发展效果并不显著。未来要发挥平台化的潜力，实现平台化发展的效益最大化，需要进一步展开平台化的创新型探索，释放平台化对各城市数字经济的重要拉动力量，充分利用其重塑高质量发展动力结构的平台空间。

各维度进步最多的城市及其指数增加值如表 5－3 所示。

表 5 – 3   各维度进步最多的城市及其指数增加值

	数字化		网络化		智能化		平台化	
1	南宁	0.89	南昌	0.71	无锡	0.92	宜春	0.44
2	合肥	0.78	无锡	0.56	东莞	0.88	青岛	0.36
3	成都	0.72	珠海	0.47	珠海	0.87	绍兴	0.36
4	中山	0.72	合肥	0.47	沈阳	0.78	安顺	0.35
5	贵阳	0.71	廊坊	0.39	郑州	0.78	无锡	0.34
6	南昌	0.71	郑州	0.38	南昌	0.76	开封	0.31
7	无锡	0.70	厦门	0.37	济南	0.71	长治	0.31
8	玉林	0.69	苏州	0.37	成都	0.71	包头	0.30
9	枣庄	0.69	南阳	0.36	合肥	0.71	徐州	0.29
10	石家庄	0.68	济南	0.35	海口	0.70	南宁	0.28

资料来源：笔者根据熵权法的计算结果整理得出。

三、中国经济高质量发展中数字经济的空间格局与区域差异

高质量发展是贯彻落实新发展理念的发展，为了落实对协调发展的要求，不可忽视各城市数字经济发展中的空间相关性，尤其是在两个城市地理上邻近或经济特征相似时，这种相关性就显得更加突出。因此，本章首先通过莫兰指数初步检验数字经济的空间相关性，其次重点讨论我国数字经济综合指数分布地图反映出的地区间数字经济差距问题，描述我国数字经济发展的空间格局，评估其协调发展程度。在上述分析的基础上，进一步选取我国数字经济发展最具活力的十大城市群，分析各城市群数字经济发展的态势和结构。

1. 数字经济空间相关性分析——莫兰指数

为了初步检验数字经济发展指数的空间相关性，本章通过莫兰指数对我国各城市的数字经济指数进行计算，计算结果如表 5 – 4 所示。

表 5 - 4 基于地理经济距离的莫兰指数

年份	I	E (I)	sd (I)	z	p - value*
2011	0.095	- 0.004	0.031	3.231	0.001
2012	0.059	- 0.004	0.031	2.051	0.02
2013	0.078	- 0.004	0.031	2.662	0.004
2014	0.099	- 0.004	0.031	3.329	0
2015	0.061	- 0.004	0.031	2.114	0.017
2016	0.081	- 0.004	0.031	2.765	0.003
2017	0.079	- 0.004	0.031	2.704	0.003
2018	0.041	- 0.004	0.031	1.447	0.074
2019	0.066	- 0.004	0.031	2.267	0.012
2020	0.101	- 0.004	0.031	3.402	0

资料来源：笔者根据原始数据运用空间计量分析计算整理。

由表 5 - 4 可以看出，从 2011 年到 2020 年，莫兰指数始终为正，并且都通过了 10% 的显著性检验，说明我国各城市的数字经济指数与空间分布存在正的相关性，存在显著的空间聚集特征，意味着一个城市的数字经济发展在一定程度上依赖于与之具有相似空间分布特征的城市，地理位置的相邻有助于各城市数字经济发展空间集聚的形成，凝聚高质量发展动力。面对新一轮科技革命和产业变革带来的重要的数字经济发展机遇，各城市纷纷加快数字经济布局，依托自身的资源禀赋和发展优势，与周边区域协同发展，共同打造数字经济优势产业集群，形成了各具特色的数字经济区域发展模式，衍生出经济高质量发展的多样化动力来源。同时，数字经济的莫兰指数随着时间推移不断增加，说明空间集聚性整体上呈现增加的态势，可以看出各城市数字经济综合指数与空间分布的相关性逐渐增强，区域间数字经济联动发展，形成优势互补、有的放矢的区域发展模式，区域间的发展差距也会逐步缩小，未来我国各城市数字经济区域协同发展的趋势也会不断加强，推动我国数字经济联动发展进入新阶段，进入重塑高质量发展动力结构的机遇期。

2. 数字经济中心城市的等级与空间分布

习近平总书记在中央财经委员会第五次会议上指出，"我国经济发展的空间结构正在发生深刻变化，中心城市和城市群正在成为承载发展要素的主要空间形式"。① 数字经济在全国各城市的非均衡发展是客观现象，由于中国城

① 习近平. 推动形成优势互补高质量发展的区域经济布局 [J]. 求是, 2019 (24).

市分布空间广，资源禀赋差异大，更多的数字经济关键生产要素向条件优越的城市聚集，导致数字经济的非平衡扩张，这种聚集一旦形成，会持续加大数字经济发达城市与落后城市的数字鸿沟，不利于经济高质量发展，可能形成不均衡、不协调的经济地理空间格局。为考察我国数字经济的地理空间格局，本章利用 ArcGIS 软件对 282 个地级以上城市 2011～2020 年的平均得分情况进行计算。根据计算结果，我国数字经济发展存在巨大的空间异质性。数字经济发达城市"东倾"现象十分明显，各城市数字经济的发展保持着胡焕庸线规律的空间格局，优势地区在胡焕庸线以东集中，东部各城市数字经济综合指数普遍较高，数字经济发展优势突出，2020 年全国排名前 50 的城市全部位于胡焕庸线以东，同时数字经济中心城市在长三角、珠三角地区聚集，反映出上述地区数字经济规模的庞大，展示出作为高质量发展动力的巨大潜力。另外，全国范围形成了数字经济发展的多个核心城市，全国性数字经济中心包括北京、上海、深圳、苏州、广州、杭州、重庆、青岛、南京、成都、郑州、西安、合肥、武汉、济南共计 15 个城市，这 15 个全国性中心城市在本章考察的样本期内得分情况稳定保持前列，平均得分远远高于其他城市，其数字经济影响力具有全国性的意义，全国性数字经济中心城市的地位无可争议。值得注意的是，全国性数字经济中心城市既包括北京、上海、苏州、杭州等数字经济持续活跃城市，也包括西安、郑州、青岛等新秀城市，新秀城市的崛起打破了江浙沪沿海地区垄断排名的格局，这些城市作为数字经济发展的新兴力量，利用各自的区位优势，采取不同的发展策略，不断拓展数字经济的发展空间，不断突破新时代高质量发展中动力结构面临的制约，重塑高质量发展动力结构。

3. 我国十大城市群数字经济空间非均衡分析

由于地级市层面评价对象数量较多，为了更好地展现我国数字经济发展的不同区域结构对重塑高质量发展动力结构的影响，借鉴李泽众和沈开艳（2020）的研究，选取中国十大城市群，包括辽中南城市群、京津冀城市群、山东半岛城市群、中原城市群、关中城市群、长三角城市群、长江中游城市群、川渝城市群、海峡西岸城市群、珠三角城市群，共计 125 个城市，具体所辖城市如表 5 - 5 所示。

表 5 - 5 　　　　　　　　　　　十大城市群及所辖城市

城市群	所辖城市
京津冀城市群	北京、天津、石家庄、保定、唐山、沧州、廊坊、张家口、承德、秦皇岛、邯郸、衡水、邢台
辽中南城市群	沈阳、大连、鞍山、营口、抚顺、铁岭、丹东、盘锦、本溪、辽阳
中原城市群	郑州、洛阳、许昌、平顶山、新乡、开封、焦作、漯河、济源
关中城市群	西安、咸阳、宝鸡、渭南、铜川、商洛
长三角城市群	上海、南京、无锡、常州、苏州、南通、盐城、扬州、镇江、泰州、杭州、宁波、嘉兴、湖州、绍兴、金华、舟山、台州、合肥、芜湖、马鞍山、铜陵、安庆、滁州、池州、宣城
长江中游城市群	武汉、信阳、黄冈、孝感、九江、岳阳、荆州、黄石、咸宁、荆门、随州、鄂州、长沙、株洲、湘潭、南昌
山东半岛城市群	济南、青岛、潍坊、烟台、淄博、威海、日照、东营
珠三角城市群	广州、深圳、珠海、佛山、江门、肇庆、惠州、东莞、中山
川渝城市群	成都、重庆、德阳、绵阳、广元、宜宾、乐山、泸州、南充、自贡、内江、遂宁、广安、雅安、资阳、巴中、眉山、达州
海峡西岸城市群	福州、泉州、厦门、漳州、莆田、宁德、潮州、汕头、上饶、鹰潭

资料来源：以上十大城市群研究对象的划分是结合"十四五"规划和 2035 年远景目标纲要，借鉴李泽众和沈开艳（2020）、郭晗和全勤慧（2023）的研究，考虑数据可得性，以京津冀城市群、长三角城市群、珠三角城市群、成渝城市群、长江中游城市群、山东半岛城市群、海峡西岸城市群、中原城市群、关中城市群、辽中南城市群十个城市群为研究对象。济源行政区类别为县级市，故未纳入中原城市群结果分析。

莫兰指数说明我国数字化进程中集群效应正不断放大，大型城市群是未来数字经济区域发展的重要地理单元和主要空间形式，城市群数字经济的发展能够辐射和带动整个区域的数字经济。2011～2020 年，全国数字经济指数均值前 20 名都分布在十大城市群中，并且十大城市群城市年平均增幅是其余城市的 1.8 倍，足以说明大型城市群已经成为数字经济发展的新高地，也是经济高质量发展探索地。

根据对上述十大城市群数字经济发展水平的分析结果（见表 5 - 6），可以看出，样本期内十大城市群的数字经济发展不断朝着更高水平迈进，各大城市群的数字经济整体实现了跨越式发展，指数增长最多的关中城市群，十年内指数增幅高达 200%，指数始终排名前列的长三角、珠三角城市群，十年内数字经济指数分别增长了 112.5% 和 93.5%，可见各城市群数字经济发展的强势劲头和重塑高质量发展动力结构的巨大力量。同时，各大城市群数字经济的发展存在"一超多强，中部崛起"的数字经济空间格局，2011～2020年珠三角城市群数字经济发展始终领军全国城市群，并且增长势头也遥遥领先。此外，长三角城市群、山东半岛城市群、海峡西岸城市群也成为各区域发展的核心力量，紧随珠三角城市群之后，有望成为未来数字经济发展的"新高地"。但是，各城市群数字经济综合水平仍然存在梯度现象，各城市群的排名基本固定，表现出显著的梯度特征，川渝城市群、关中城市群、辽中南城市群与长三角城市群、珠三角城市群的差距一直存在，并且2011～2020年以来差距逐步拉大，出现了数字经济综合指数的明显断层，说明不同城市群之间仍然存在明显的"数字鸿沟"，须在高质量发展过程中给予关注。

表 5 - 6　　　　　　中国十大城市群数字经济综合评价指数平均值

城市群	2011年	2012年	2013年	2014年	2015年	2016年	2017年	2018年	2019年	2020年
珠三角城市群	0.31	0.35	0.37	0.42	0.49	0.54	0.56	0.58	0.58	0.60
长三角城市群	0.24	0.27	0.27	0.31	0.32	0.42	0.41	0.46	0.44	0.51
山东半岛城市群	0.21	0.20	0.24	0.29	0.35	0.40	0.35	0.39	0.43	0.45
海峡西岸城市群	0.23	0.24	0.23	0.29	0.25	0.34	0.37	0.36	0.39	0.41
中原城市群	0.16	0.17	0.23	0.21	0.26	0.27	0.29	0.27	0.35	0.38
京津冀城市群	0.15	0.23	0.20	0.24	0.27	0.31	0.29	0.31	0.36	0.34
长江中游城市群	0.15	0.18	0.19	0.18	0.23	0.26	0.25	0.24	0.28	0.33
辽中南城市群	0.11	0.14	0.13	0.17	0.17	0.22	0.21	0.17	0.22	0.27
关中城市群	0.09	0.15	0.15	0.16	0.19	0.22	0.25	0.29	0.23	0.27
川渝城市群	0.10	0.12	0.16	0.14	0.20	0.20	0.20	0.20	0.20	0.22

资料来源：笔者根据熵权法的计算结果整理得出。

为进一步探讨十大城市群数字经济发展水平的空间差异及其来源，本章采用 Dagum 基尼系数测度了中国十大城市群数字经济发展的空间差异及其贡献率，结果如表 5 - 7 所示。

表 5 - 7   中国十大城市群数字经济水平的差异来源及其贡献

年份	总体	区域内		区域间		超变密度	
		来源	贡献率（%）	来源	贡献率（%）	来源	贡献率（%）
2011	0.419	0.044	10.496	0.207	49.506	0.167	39.998
2012	0.399	0.045	11.221	0.177	44.372	0.177	44.407
2013	0.399	0.046	11.475	0.158	39.703	0.195	48.822
2014	0.435	0.052	12.063	0.189	43.510	0.193	44.428
2015	0.407	0.050	12.324	0.175	42.981	0.182	44.695
2016	0.399	0.042	10.410	0.190	47.565	0.168	42.025
2017	0.399	0.053	13.299	0.191	47.786	0.155	38.916
2018	0.410	0.042	10.141	0.212	51.633	0.157	38.226
2019	0.391	0.041	10.536	0.180	46.145	0.169	43.319
2020	0.350	0.035	10.130	0.177	50.588	0.138	39.282

资料来源：笔者根据熵权法的计算结果运用 Dagum 基尼系数整理得出。

表 5 - 7 描述了中国十大城市群数字经济发展水平的区域差异及来源的演变趋势。在 2011～2020 年，十大城市群总体的基尼系数均值为 0.401，整体呈现"上升—下降"的波动趋势，在 2014 年达到峰值（0.435）后总体呈下降趋势，但下降幅度不大，各地区数字经济水平总体存在显著差异。具体来看，2011～2014 年基尼系数呈上升趋势，年均升幅为 3.9%；2014～2020 年基尼系数呈下降趋势，年均降幅为 19.4%。区域间差异来源总体呈下降趋势，具体表现为：2011～2017 年波动下降，2018 年出现轻微抬升，2019 年后又表现为逐年下降的趋势。区域内的差异来源也呈波动下降的趋势，具体表现为：2011～2014 年逐步提升，2015～2017 年轻微波动，2018 年后逐年下降。虽然各地级市数字经济发展水平差异依然显著，但无论是区域内差异还是区域间差异整体在样本期均呈下降趋势，各地区数字经济差异在逐渐减少，其原因可能在于：一方面，信息技术的发展、数字化融合的推进、数字基础设施的建立与完善使数字经济的正外部性得到更好发挥，区域内的差异不断降低；另一方面，区域合作的进一步加强，高水平地区的辐射带动作用得以发挥，区域间差异不断下降。

图 5 - 2 描述了区域差异来源和贡献率情况,具体来看:第一,整体上 2011~2020 年中国十大城市群数字经济发展水平的区域间差异平均贡献率为 46.38%,是造成区域差异的主要原因,超变密度次之,组内差异的贡献率最小。第二,从演变趋势来看,区域间差异的贡献率波动较大,总体呈现"下降—上升"趋势;超变密度的贡献率波动也比较明显,呈"M"型变动趋势;而区域内差异的贡献率相对平稳,且总体呈轻微下降的变化趋势。总的来说,区域间差异是造成各地区数字经济发展水平差异的主要来源,重塑经济发展动力结构需要降低区域间数字经济发展水平的差异。

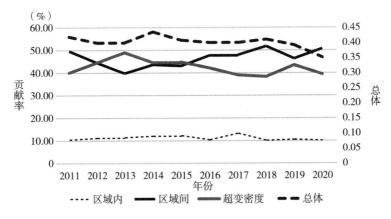

图 5 - 2   中国十大城市群数字经济发展水平的差异来源贡献的变化态势

资料来源:笔者根据熵权法的计算结果运用 Dagum 基尼系数整理得出。

四、中国经济高质量发展中数字经济的时序变化与动态演进

在以上分析的基础上,为了进一步讨论我国不同城市数字经济发展过程的演化趋势,分析其可能产生的对重塑高质量发展动力结构的影响,本章运用核密度估计、α 收敛模型和马尔可夫转移概率矩阵对测算结果进一步分析。

1. 核密度分析

为求图形清晰简化,图 5 - 3 中仅展示了 2011 年、2013 年、2015 年、2018 年、2020 年五年的核密度曲线。由图 5 - 3 可知,在本章的样本考察期内,核密度的波峰随着时间逐渐右移,说明我国各城市数字经济发展水平整

体呈上升趋势，与经济转型期的特征相吻合，但核密度曲线的波峰处于（0，0.2），说明我国各城市数字经济存在一定的低水平扎堆现象，不利于重塑高质量发展动力结构。从核密度曲线分布形态来看，曲线峰值不断降低、宽度有所加大，表明我国各城市之间数字经济指数离散程度逐渐扩大，各城市的综合指数也逐渐拉开差距。从分布延展性来看，核密度曲线右拖尾逐渐拉长，头部城市的数字经济综合指数逐年上升，分布延展性在一定程度存在拓宽趋势，意味着全国各城市数字经济发展水平的空间差距在逐步扩大，分化程度有所增加，城市间也存在一定的纵向差距。同时，核密度曲线呈左偏态分布，多峰现象并不明显，波峰垂直高度下降，水平宽度增加，虽然不存在严重的两极分化现象，但动态收敛性特征也并不鲜明。

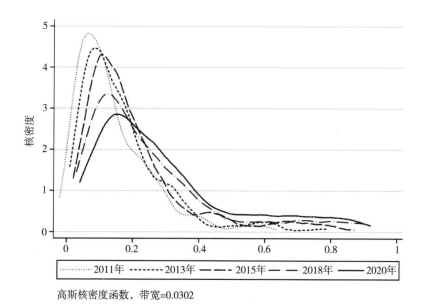

高斯核密度函数，带宽=0.0302

图 5 – 3　我国各城市数字经济综合指数核密度

资料来源：笔者根据熵权法的计算结果运用核密度估计法整理得出。

2. 时间收敛性研究

核密度曲线给出了我国数字经济发展的动态演进趋势的整体描述，以便进一步讨论数字经济重塑高质量发展动力结构的时间趋势，但是无法对各地区标准差的分布状况进行分析，故采用了 α 收敛模型分析我国数字经济指数随时间变化的趋势。α收敛是指不同城市数字经济指数偏离整体平均水平的差异程度，是针对存量水平而言的，如果α收敛系数随着时间的推移越来越小，说明不同城市的数字经济指数具有收敛性，反之则意味着不具备收敛性。本章采用α收敛系数来计算整体以及东中西部数字经济的α收敛性，具体计算公式为：

$$\alpha_t = \sqrt{\frac{1}{n}\sum_{i=1}^{n}\left(\text{lnscore}_{it} - \frac{1}{n}\sum_{i=1}^{n}\text{lnscore}_{it}\right)^2} \qquad (5-18)$$

其中，score_{it}代表第 i 个城市第 t 年的数字经济综合评价指数，n 代表城市数量，α_t代表 t 年的 α 收敛系数，将结果制成折线图，如图 5-4 所示。

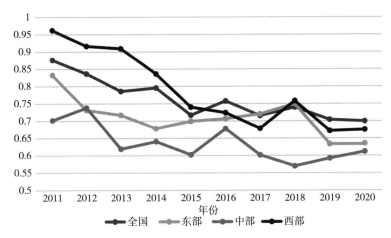

图 5-4　我国各城市数字经济综合指数的 α 收敛系数

资料来源：笔者根据熵权法的计算结果自行整理得出。

由图 5-4 可以看出，全国以及各地区的数字经济存在 α 收敛，从 α 收敛系数的变化趋势来看，全国层面的 α 收敛系数有小幅阶段性波动，但是整体上存在 α 收敛趋势，在本章考察的样本期内，收敛系数由 2011 年的 0.88 下降到 2020 年的 0.7，尤其在 2015 年下降速度最高达到了 9.89%，说明各城市数字经济水平的差异存在逐渐缩小的态势，我国数字经济的趋异性态势不断减弱，有利于高质量经济的协调、稳定发展。2015 年后，全国层面的 α 收敛系数仍然保持着下降的整体趋势，但是系数有所反弹，下降速度也明显放缓，为了考察放缓的具体原因，本章也绘制了东中西三大区域的 α 收敛系数曲线，从图中可以看出东中西部三大地区数字经济同样存在 α 收敛趋势，区域内各城市的差距逐渐缩小，但是 2015 年后三大地区的 α 收敛系数都出现了不同阶段的明显增加，导致全国范围内收敛系数的波动，这也说明随着数字经济发展逐渐深入，各地区的发展仍然存在较大的弥合空间。值得注意的是，西部地区的 α 收敛系数明显高于东部和中部地区，说明西部地区的"数字鸿沟"现象更为明显，主要是因为西部地区既包括重庆、西安、成都等数字经济排名前列的城市，也存在大部分数字经济发展滞后的尾部城市，所以内部差距大于其他两个区域。

3. 马尔可夫转移概率矩阵分析

核密度曲线和 α 收敛系数虽然刻画了收入分布的整体形态和动态演进过程，但并未反映出各地区数字经济水平的内部动态性和状态转移特征，因此，本章将采用马尔可夫转移概率矩阵进一步分析各地级市数字经济发展水平的动态演变，讨论数字经济重塑高质量发展动力结构的动态趋势。

将 282 个地级市数字经济发展水平分为四个等级（k = 4），分别为低水平 L（数字经济指数低于 0.3）、中低水平 ML（数字经济指数介于 0.3 和 0，5 之间）、中高水平 MH（数字经济指数介于 0.5 和 0.7 之间）、高水平 H（数字经济指数高于 0.7）。四种类型分别用 k = 1，2，3，4 表示，k 越大表示数字经济水平越高。据此得到一阶马尔可夫概率矩阵如表 5 - 8 所示。

表 5 - 8　　　　　　　2011 ~ 2020 年数字经济指数的马尔可夫转移概率

等级	L	ML	MH	H
L	0.932	0.064	0.004	0.000
ML	0.321	0.553	0.117	0.007
MH	0.018	0.154	0.619	0.209
H	0.000	0.000	0.228	0.772

表 5 - 8 中对角线上的元素表示区域数字经济发展水平在一定程度上保持不变的概率，非对角线上的元素表示区域数字经济发展水平在不同等级之间发生转移的概率。由表 5 - 8 可得：（1）位于对角线上的元素数值均大于非对角线上的元素数值，对角线元素最大值为接近于 1 （为 0.932），最小值为

0.553，均值为0.719，这表明地区的数字经济发展水平会受到原有数字经济发展水平和存量的限制，类型保持不变的概率约为70%，呈现增长惯性和路径依赖的状态。（2）非对角线上的元素不全为零，表明在连续两个年份之间，区域的数字经济发展等级存在向更高层次转移的可能性，但是实现跨阶段的数字经济等级提升的可能性较低，大部分地区只是向上或向下转移最多两个阶段。原因在于数字经济发展本身具有连续性、积累性，在发展规律的限制下，短期内很难实现数字经济水平的跨越式发展。（3）各区域数字经济发展存在显著"俱乐部趋同"的现象。数字经济发展处于低水平的区域，保持不变的概率大于90%，向上发展的概率仅为6.4%，数字经济发展水平等级更难突破，数字经济发展水平较低的地区更容易陷入数字经济的"贫困陷阱"；数字经济发展处于高水平的区域，保持不变的概率为77.2%，向下发展的概率为22.8%，高水平的区域具有内部趋同的趋势；而对于中低、中高水平的区域来说，其发生转移的概率相对较大，这表明数字经济发展空间布局整体变动不大，需要通过中等水平的区域数字经济水平的提升来促进整体数字经济的发展，保障数字经济对高质量发展动力结构重塑的力量。

五、结论与政策建议

本章基于数字经济的特点和内涵构建了中国地级市数字经济发展的评价指标体系，并利用"主观—熵权法"确定了指标权重，对2011～2020年全国282个地级市的数字经济发展水平进行测度，评估经济从增长转向高质量发展过程中数字经济可能产生的正向作用。基于此，综合运用空间莫兰指数、σ收敛系数、马尔可夫链状态转移概率矩阵、Dagum基尼系数分解等多种方法，探究了中国数字经济发展的空间分布差异特征与动态演进，准确定位中国各地级市的数字经济发展水平，从而为数字经济重塑高质量发展动力结构提供现实依据。以2011～2020年为区间，通过考察地级市数字经济的发展，可以看出有其以下四个方面的时空动态演进特征。

一是各城市推动数字经济战略政策成效显著，各地级市的数字经济普遍高速增长。2011～2020年，各城市数字经济综合指数逐年提升，平均增速为

8.69%，综合指数突破 0.6 的城市十年内增加了 33 个，说明我国数字经济重塑高质量发展动力结构的发展潜力得到充分释放。同时，城市间最大值与最小值的差值上升了 0.22，核密度曲线也显示各城市数字经济发展水平的空间差距在逐步扩大，分化程度有所增加，各市之间的差异也有所加大，说明研究期内，整体数字经济指数呈上升态势，各地级市数字经济水平有所提升，可以为数字经济重塑高质量发展动力结构提供可行支撑，但地级市间差距依然存在，呈现强者更强的"马太效应"。

二是各城市的数字经济存在显著空间聚集特征，并且城市协同联动发展的趋势不断加强。全局莫兰指数显示我国数字经济存在正的空间相关性，各城市数字经济发展空间聚集的格局基本形成，主要表现在数字经济优势地区在"胡焕庸线"以东集中；在全国范围内形成了北京、上海、深圳、苏州、广州、杭州、重庆、青岛、南京、成都、郑州、西安、合肥、武汉、济南共计 15 个中心城市，核心城市的发展有力牵引带动了周边城市的升级，实现了区域内数字经济的全面升级，有助于数字经济重塑高质量发展动力结构。

三是各城市借助不同维度的专长优势，形成了各具特色的数字经济区域发展模式。全国数字化维度排名前三的南宁、贵阳、合肥借助数字技术专长优势，不断提升自身数字经济竞争力；智能化维度进步最多的无锡市、东莞市、珠海市利用智能化应用的推广，促进了数字经济的高水平发展，进一步地，为数字经济重塑高质量发展动力结构带来强劲支撑；平台化指数上升最多的宜春、青岛、绍兴聚焦关键力量，实现平台化发展的效益最大化。

四是我国数字经济发展最具活力的十大城市群整体实现了跨越式发展，全国十大城市群所辖城市的年平均增幅是其余城市的 1.8 倍，但城市群之间仍然存在非均衡发展的模式，城市群发展呈现"一超多强，中部崛起"的数字经济空间格局，珠三角城市群领先全国，长三角城市群、山东半岛城市群、海峡西岸城市群形成多强格局。同时，辽中南、关中、川渝城市群的数字经济虽然高于全国平均，但与长三角、珠三角等高梯度城市群仍然存在一定差距，但城市间的差异存在总体呈现降低趋势，未来有望打破地域限制，为数字经济科学布局开辟新的渠道，实现高质量发展的均衡目标。

基于上述分析，本章提出以下三点政策建议。

一是加快推进各地数字化改革。以产业数字化和数字产业化双向驱动，数字化、网络化、智能化、平台化四维度平衡推进，推动传统产业的数字化转型以及新兴数字产业的快速发展，形成以数字经济为驱动的新业态、新模式，与经济高质量发展的要求相适配。

二是坚持推动构建区域极核式发展模式。针对区域间数字经济发展水平的差异，应当以中心城市作为增长极，带动周边地区数字经济水平的提升，积极发挥数字化的正外部性。坚持推进城市群建设，保持数字经济水平高的城市对周围城市的辐射带动效应，重塑动力结构推动经济高质量发展。

三是落实差异化发展战略。针对数字经济水平薄弱的地区，需要进一步完善其数字基础设施建设，为城市数字化发展奠定基础，同时通过政策完善引导企业数字化转型、积极与数字经济高水平地区建立合作。针对数字经济水平较高的地区，需进一步发挥优势，增强对数字发展的投入，更好发挥数字经济重塑高质量发展动力结构的带动作用。

第六章　数字经济提升生产率推动中国经济高质量发展的机制与路径

　　发展数字经济是把握新一轮科技革命和产业变革新机遇的战略选择。数字经济是在农业经济、工业经济之后出现的主要经济形态，且已然成为国民经济发展的核心增长极之一，其广泛影响了经济向高质量发展的各个领域全过程。党的十九大报告作出"我国经济已由高速增长阶段转向高质量发展阶段"的重大判断，党的二十大报告指出需"着力提高全要素生产率"。针对数字经济与实现高质量发展的问题，学术界和理论界进行了积极探讨，本书拟从全要素生产率这一关键核心变量，在梳理数字经济重塑高质量发展动力结构和测度我国数字经济发展特征的基础上，从实证方面分析数字经济如何推动生产率提升从而形成经济增长的动力，重塑高质量发展动力结构。

一、数字经济提升生产率的研究背景与研究现状

　　目前，中国经济已由高速增长阶段向高质量发展阶段转变，关于数字经济如何影响经济高质量发展，学术界当前的研究主要分为三种思路。一是从数字经济的特征出发，从整体层面研究数字经济驱动高质量发展的机制和效应。二是基于经济高质量发展的不同维度，研究数字经济发展所带来的影响，如数字经济发展与全要素生产率的关系。三是从不同产业或行业部门的角度，论证数字经济与产业高质量发展的关系。现有文献为本章后续分析提供了坚实基础。

　　面对数字技术的"渗透性""替代性""协同性"特征，如何在数字经济高速发展的进程中获取经济效益成为需要深入思考的重要问题（蔡跃洲和牛

新星，2022）。在我国经济增长由传统要素驱动转向创新驱动的高质量发展阶段，提升全要素生产率不仅是帮助企业缓解双重发展困境的关键途径，更是突破当前高质量发展阶段我国发展所面临动力约束的关键路径，为我国高质量发展把握新机遇和拓宽新空间提供启示。

关于数字经济对全要素生产率的影响，学术界当前的研究主要有如下思路，数字经济被认为是经济增长的主要驱动力，它提高了资本和劳动生产率，降低了交易成本，推动了经济的可持续发展。而且数字技术这项通用技术在企业中的全面运用，促使企业发生一系列变革与创新，有效促进了政务电子化发展，不仅提高了企业的绩效，而且提高了企业的竞争力，有助于企业实现循环经济的商业模式。总的来说，数字经济契合创新、协调、绿色、开放、共享的新发展理念，将有力推动我国经济实现高质量发展。

综合上述来看，现有相关文献尚存在继续深入的空间。首先，现有文献虽然已经较多方面对生产率的影响进行研究，但未能结合区域数字经济发展情况开展分析。数字经济具有高度的渗透性及融合性，已辐射到社会经济生活的各个方面，实现机制的概念不应限于具体数字技术应用这一狭义范畴，须从更宏观的角度研究数字经济与全要素生产率的关系。其次，现有数字经济文献更多从理论层面进行分析，为数不多的实证分析也集中在宏观层面，所研究的问题很难全面反映出实际经济事实。最后，现有文献在探讨数字经济对生产率的影响时，较少剖析其中的影响机制。实体企业作为构成"数字经济"微观层面的重要内容，以市场中单个经济组织"数字化"行为及经济后果为考察重点，最能体现数字经济实际运行状况。本章重点研究数字经济发展对全要素生产率的影响及对形成新增长动力、重塑经济发展动力结构的影响。因此，本章运用2014～2020年中国制造业上市公司数据，实证检验区域数字经济发展对全要素生产率的影响，并从多个角度探究其中的影响机制及实现路径。

二、数字经济提升生产率的理论逻辑与研究假设

回顾各国经济发展发现，全要素生产率在分析一个国家经济发展水平发

挥不可或缺的作用，被视为长期经济增长的最重要来源。具体而言，我国各阶段经济发展状况对比，也提示出全要素生产率的关键作用。目前，全要素生产率过低是制约我国经济高质量发展的不容忽视的问题，若想实现从经济增长向经济高质量发展，全要素生产率的提升至关重要。

中国经济从高速增长转向高质量发展过程中动力结构正在发生变化，原本以资本、劳动力、资源等要素投入为主，通过规模的扩大实现经济增长的动力结构后劲不足、不可持续。目前，我国在宏观层面上存在政策制度不系统、不合理和生产率偏低的限制，在中观层面上需要不断优化产业结构，在微观层面上企业的内涵型发展面临着管理模式欠佳、新技术利用不足、企业生产效率低下等问题。在各个维度都需要找到一个推动经济高质量发展的新动力，以解决转向经济高质量发展动力不足的问题，实现转型升级和可持续发展。

中国高质量发展的内涵是基于新发展理念的五个关键词，即创新、协调、绿色、开放、共享，旨在实现经济、社会和环境的协调发展，需要质量、效率、产品和服务的供给顺应需求的升级，这就决定了实现高质量发展必须在提高全要素生产率上下功夫，需要依靠数字经济重塑发展动力结构，也即从依赖要素投入扩大、不可持续的旧动力，转变为主要依靠提高全要素生产率的可持续新动力。提高全要素生产率是提高经济发展质量、保持经济中高速增长的动力所在。因此，提升全要素生产率，其最终目的为经济高质量发展服务。全要素生产率的提升是经济整体效率提高和高质量发展的重要来源。

数字经济所具有的"四化"的特征也有助于其全面渗透到经济整个链条的全过程。因此，本章从数字化、平台化、网络化和智能化四个维度来梳理城市数字经济发展驱动全要素生产率进而推动经济高质量发展的理论逻辑。

第一，数字化。数字技术可以将生产过程中产生的大量信息转化为可以度量、存储的数据要素。在大量数据积累的基础上，数字技术能够转化为经济体的生产经验和知识，形成个性化的生产模型，基于大数据及其挖掘利用获取的信息，借助机器学习的算法能够帮助各经济主体更好地预测未来的经济活动。首先，从数据要素利用角度来看，与劳动、资本、土地等传统要素不同，数据具有的独特的经济属性造就了数字经济直接赋能经济的高质量发

展：数据使用的非竞争性、零边际成本以及同时具有资源和资产的双重属性
（Jones and Tonetti，2020），使得数据具有显著的递增规模收益和增长倍增效
应（徐翔等，2021；Schaefer and Sapi，2020）。将数据要素作为生产产品融入
生产过程中（于立和王建林，2020），尤其对于互联网而言，数据要素生产的
边际成本很低几乎为零，经济体可以持续扩大其生产规模，直接赋能于生产
率增长。其次，数字经济驱动传统生产要素数字化转型。数据作为生产要素，
其本身就具有很强的渗透性、高关联性以及高创新的特点，使其参与在生产
过程中还改善了劳动、资本等传统生产要素的配置效率（张昕蔚和蒋长流，
2021；王梦菲和张昕蔚，2020）。在数据可视化的前提下，能够在生产过程中
能够更有效地利用劳动力、资本以及土地，使其他传统要素能够得到充分利
用，实现了更高效率新组合的创新发展，即熊彼特所称的创造性破坏的过程
（陈国青等，2021），实现了质量变革，推动了经济高质量发展。数据本身的
融合协同作用，增加了与其他传统要素之间的协同性，提高资源生产效率。
由此，数据与其他生产要素的融合越全面深入，则其带来的总产出增长贡献
就越大，整个经济的全要素生产率提升幅度就越大，就越能进一步推动经济
高质量发展。因此，本章认为数字经济的数字化发展能够促进全要素生产率
的增长。

第二，平台化。双边或多边的数字平台提供的匹配与协调能力，能够向
消费全域和生产全链赋能（江小涓和黄颖轩，2021）。一是数字化消费平台能
够协同消费者与生产者，生产者能够提供多元化定制以满足海量消费者个性
化需求，实现高效率、零库存的生产模式，提升全要素生产率，有助于形成
更完善的价格机制，由此提高经济的均衡水平，助力经济高质量发展。二是
依托产品互联网平台，数字技术能够贯穿工业生产所有环节形成多业务响应
能力，可以实现对制造过程的立体监测，提升资源能源利用效率与生产安全
水平，提升全要素生产率，创新商业模式，使整体经济发展由效率驱动逐渐
向更高层次的创新驱动转变。综上分析，本章认为数字经济的平台化发展能
够提升全要素生产率，从而为经济高质量发展提供动力。

第三，网络化。不同于传统经济，数字经济下的网络化更加凸显万物互
联、高效互通与知识溢出效应，资源、知识、能力等能够借助通信网络的发

展扩张其范围，构建大规模生产和应用场景，实现远距离、大规模的分工与协作（Goldfarb and Tucker，2019），有效提升生产率。网络技术的发展不仅能带来制造业广泛的产品内分工效率提升，同样能够赋能服务业生产效率的提升。网络技术极大拓展了可获得服务的时空规模，许多服务无须以有形载体的形态传输，并且在互联网普及后，服务业的规模效率和贸易效率得以急剧飙升。以职业体育表演业为例，在互联网经济未出现时竞赛表演仅能提供给现场观众，劳动生产率几近停滞难以提升，但借助数字经济的网络化发展后，体育竞赛能够打破只能现场提供的约束，通过互联网进行远距离传播或是错峰欣赏，高效率地提升了服务业规模效率，有效克服了"鲍莫尔病"带来的影响（江小涓，2017；江小涓和孟丽君，2021）。

第四，智能化。伴随着智能应用场景落地和应用范围的扩大，人工智能技术正在全面融入生产的各个环节，塑造智能化环境，并且通过不断地自我学习与迭代应用，提高供需双方的信息匹配、沟通和生产效率（Furman and Seamans，2019），激励创新要素提升并驱动其规模扩张（方明月和聂辉华，2008）。以人工智能为代表的新一代信息技术对于经济社会的渗透作用与以往的自动化技术存在一定差异，人工智能对于就业岗位替代更多的是对人类脑力的替代，而以往技术是对人类体力的替代，这意味着人工智能技术的应用推广并非以往"自动化进程"的简单延续（蔡跃洲和陈楠，2019），能够畅通劳动力流通机制（郭凯明，2019），营造新优势。基于此，本章认为数字经济的智能化发展能够提升全要素生产率，从而为经济高质量发展提供动力。

综上所述，本章提出以下理论假说。

假说1：数字经济的发展能够促进全要素生产率增长。

城市数字经济的发展除了能够直接推动全要素生产率的提升，还能够通过影响生产规模间接作用于全要素生产率。城市数字经济的发展对数字产品、技术、平台和服务提出了更高的需求。数字原生企业具有运用先进技术和创新商业模式的能力，且能够更快地将新型数字技术应用到产品中，满足城市数字经济的需求。因此，在城市数字经济发展的过程中，数字原生企业能够先发制人，抢占市场份额，实现规模扩大。同时，数字原生企业在发展过程中也会带动数据次生行业、传统经济体充分利用现有资源实现数字化转型，扩大生产规模以及优化、产出（Goldin and Katz，1998）。因此本章认为，城市数字经济发展将扩大企业生产规模，从而推动全要素生产率的提升。

从提升研发创新能力角度而言，创新活动高投入、高风险、长周期、投资不可逆等特点使创新产出及潜在收益面临较高的成本和不确定性，成为制约创新能力提升的关键因素。数字经济与传统产业的深度融合，提高了创新能力、优化了创新体系以及创新模式，进而促进生产率提升。首先，针对创新流程来说，经济体可以在创新活动中应用新型技术，降低创新活动的试错成本，有利于优化整个创新流程，进而提高全要素生产率。其次，针对创新模式来说，数字化的研发管理系统有利于从封闭的创新模式转变为开放式创新模式，参与度由单个部门扩展到所有部门乃至整个产业链，进而减少创新的市场风险。最后，大数据、云计算等手段能提高了经济体通过互联网等途径获取信息的能力，打破了供求双方之间的信息不对称壁垒。也可以利用大数据平台对数据进行深度挖掘和解读，发掘消费者的潜在需求，进而有针对性地开展创新活动，减少创新活动的市场风险带来的收益不确定性，进而促进全要素生产率提升。基于此，城市数字经济发展将提升研发创新能力，从而推动全要素生产率的提升。

从升级人力资本角度而言，数字经济意味着云计算、大数据、人工智能等数字技术与实体经济融合，代表着以数据为驱动要素的新经济形态和产业发展规律，不仅包括硬件资产升级，也包括劳动力等软件资源支持（袁淳等，2021；黄勃等，2023）。而此类数字技术的广泛使用具有技能偏向性，在生产管理过程中要求工人具有很强的使用计算机化系统进行工作的能力，因此数字经济的发展创造了新的高技能就业岗位，对高端劳动者的需求提高，在一定程度上会挤出低技能劳动者。人力资本的增加会在一定程度上促进企业在研发上投入，进而加大对新技术的采用，实现全要素生产率的提升。吴建新和刘德学（2010）研究了人力资本与国内全要素生产率之间的关系，结果显示只有高级人力资本对全要素生产率产生促进作用。同时，随着数字经济的逐渐发展渗透入各个市场，数字技术以及互联网在劳动力市场得到应用及推广，能够降低劳动力市场的信息不完全，进而优化劳动要素的配置效率，劳动资源效率的匹配在微观层面上能够促进全要素生产率。因此本章推测，城市数字经济发展将升级人力资本，从而推动全要素生产率的提升。

从缓解融资约束角度来看，数字经济发展有助于缓解融资约束，改善融资环境，进而提升全要素生产率。数字经济的发展为融资带来了更多元化、更高效的融资渠道，并使金融机构在信贷融资资源配置和投资决策方面具备更高的精准性和准确性，这些都有助于破除融资限制。一是数字经济的发展可以帮助金融机构更加全面地获取信息，包括其经营情况、信用记录、风险水平等。同时，数字技术可以支持对这些数据进行快速、准确的风险评估，从而帮助金融机构更好地进行信贷融资资源的配置，提供合适的融资产品和服务（张勋等，2019）。二是数字经济时代，互联网金融、供应链金融、区块链融资等新型融资方式的出现带来了更多元化、更灵活的融资渠道。三是大数据、人工智能、云计算等数字技术正在被广泛应用于金融领域，这样一来，投资者可以更加准确地进行投资决策，降低投资风险，提高全要素生产率（唐松等，2020；傅秋子和黄益平，2018）。本章进一步推测，城市数字经济发展将缓解融资约束，从而推动全要素生产率的提升。

假说2a：数字经济能够通过扩张生产规模，驱动全要素生产率提升。

假说2b：数字经济能够通过提升研发创新，驱动全要素生产率提升。

假说2c：数字经济能够通过升级人力资本，驱动全要素生产率提升。

假说2d：数字经济能够通过缓解融资约束，驱动全要素生产率提升。

三、数字经济对生产率提升的实证分析

（一）模型设定

1. 实证模型设定

为了检验数字经济发展对于生产率的影响效果，本章设定如下基本模型：

$$TFP_{i,d,t} = a_0 + a_1 Score_{c,t} + a_2 \Sigma Controls + \lambda_t + \delta_i + \vartheta_i + \varepsilon_{i,t} \qquad (6-1)$$

i 表示为个体，t 代表年份，TFP_{it} 表示个体 i 在 t 年的生产率，$Score_{c,t}$ 为个

体 i 所在的城市 c 在 t 年数字经济发展指标，ΣControls 表示为控制变量，λ_t 为年份固定效应，δ_i 为省份固定效应，ϑ_i 为行业固定效应，$\varepsilon_{i,t}$ 为误差项。

2. 变量说明

（1）被解释变量：全要素生产率（TFP$_{it}$）。本章利用通过企业的全要素生产率进行测度。常见的企业全要素生产率的计算方法有最小二乘法（OLS 法）、固定效应法（FE 法）、广义矩估计法（GMM 法）、Olley - Pakes 法（OP 法）、Levinsohn - Petrin（LP 法）。传统的 OLS 法和 FE 法存在损失有效信息量、不足以解决内生性问题等缺点。参考鲁晓东和连玉君（2012）对企业全要素生产率研究方法的总结，LP 方法使用中间品投入指标作为代理变量，而 OP 方法所要求的代理变量为投资额，从数据获取角度来说，中间品投入的数据更易获得，因此可有效避免企业样本的损失。综合考虑之下，本章最终选择了 LP 方法来计算企业全要素生产率，以 LP 计算结果为基准进行分析。此外，本章采用 OP、OLS、FE 和 GMM 等方法的计算结果作适当稳健性分析。

（2）核心解释变量：城市数字经济指数（Score$_{c,t}$、Index$_{c,t}$）。涉及数字经济测算的相关研究多集中于国家与省级层面，然而城市层面的数字经济测度至今较少。本章在第五章构建的数字经济发展评价体系基础上，从数字化、网络化、智能化、平台化四个维度构建中国城市经济综合评价指标，包括 4 个一级指标和 16 个二级指标，指标体系及数据来源如表 6 - 1 所示。通过熵值法对上述指标数据进行计算处理，得到城市层面的数字经济指数（Score$_{c,t}$）。由于数字经济测度相关指标的限制，为了保证数据的可比性、完整性和可获得性，选取中国 282 个地级市及以上城市的数据进行测度。

表 6 - 1　　　　　　　　　中国数字经济综合评价指标体系

一级指标	序号	二级指标	来源
数字化	1	数字普惠金融指数	北京大学数字金融研究中心
	2	上市公司数字化相关词频占比	上市公司年报
	3	电子商务企业数	爱企查
	4	政府工作报告数字化相关词汇出现频率	爬虫

续表

一级指标	序号	二级指标	来源
网络化	5	信息化就业人员占比	城市统计年鉴
	6	电信业务收入/国内生产总值	城市统计年鉴
	7	互联网宽带接入用户数	城市统计年鉴
	8	政府工作报告网络化相关词汇出现频率	爬虫
智能化	9	人工智能专利数	大为专利搜索引擎
	10	工业机器人专利数	大为专利搜索引擎
	11	人工智能企业数	爱企查
	12	政府工作报告智能化相关词汇出现频率	爬虫
平台化	13	有应用程序（App）的企业数量	爱企查
	14	淘宝村数量	阿里研究院
	15	数字经济创新创业指数	北京大学企业大数据研究中心
	16	政府工作报告平台化相关词汇出现频率	爬虫

资料来源：笔者根据城市统计年鉴、爱企查网站、大为 Innojoy 专利搜索引擎、阿里研究院等数据自行整理得出，部分词频数据通过爬虫方法基于文本分析得出。

与此同时，本章借鉴赵涛等（2020）的研究，选择了互联网普及率、互联网相关从业人员、互联网相关产出和移动互联网用户数和数字金融发展五个维度来构建城市层面的数字经济指标体系，重新测算城市数字经济发展水平，作为数字经济的代表变量替换核心解释变量。在具体计算过程中，本章将五个指标进行标准化处理，在此基础上采用主成分分析法进行降维处理，综合为一个指标代理数字经济指数，记为 $Index_{c,t}$。

（3）控制变量：借鉴已有研究，考虑到其他因素对实证结果稳健性带来的潜在影响，本章选取了一系列控制变量（controls）。包括企业规模（企业人数自然对数）、资产负债率（总负债与总资产之比）、流动比率（流动资产与总资产之比）、所有制性质（国有企业为 1，否则为 0）、净资产收益率（净利润与所有者权益之比）、托宾 q 值（资本的市场价值与其重置成本之比）。

3. 数据来源及处理方法

本章选取 2014～2020 年 A 股上市公司为研究对象，研究城市数字经济发展对全要素生产率的影响及其机制。企业层面的财务数据来源于国泰安数据库（CSMAR），参考现有文献的通用做法，对于原始数据进行了如下的处理：

（1）剔除了金融类企业；（2）剔除了上市状态为 *ST、ST、退市整理期、暂停上市以及终止上市的企业；（3）剔除了在样本选择期内上市的企业；（4）剔除了主要财务数据缺失的企业。最终得到样本 9261 个。同时为了避免极端值对回归结果的影响，对于所有连续变量进行了双边 1% 缩尾（winsorize）处理。

（二）实证结果与分析

1. 描述性统计

本章主要变量的描述性统计结果如表 6-2 所示。采用 LP 法（TFP_LP）的均值为 8.956，标准差为 1.030，说明企业间的全要素生产率存在一定的差异。比较表 6-2 的被解释变量，发现选择不同的计算方法得出的计算结果也存在较大的不同，其余变量均在合理区间内。

表 6-2　　　　　　　　　　变量的描述性统计结果

变量类型	变量名称	变量符号	样本量	均值	标准差	最小值	最大值
被解释变量	企业生产率—LP 法	TFP_LP	9261	8.956	1.030	5.663	12.502
	企业生产率—OP 法	TFP_OP	9261	8.121	0.906	4.486	11.699
	企业生产率—GMM 法	TFP_GMM	9261	3.361	0.685	0.356	9.034
	企业生产率—OLS 法	TFP_OLS	9261	11.020	1.226	7.313	15.059
	企业生产率—FE 法	TFP_FE	9261	11.527	1.281	7.742	15.732
解释变量	城市数字经济指数	Score	9261	0.509	0.271	0.020	0.930
控制变量	企业规模	Size	9261	3.139	0.049	3.041	3.280
	资产负债率	Lev	9261	0.399	0.192	0.060	0.907
	流动比率	Liq	9261	2.419	2.216	0.400	14.434
	所有制性质	Soe	9261	0.282	0.450	0.000	1.000
	净资产收益率	ROE	9261	0.055	0.142	0.773	0.349
	托宾 q 值	Tobin	9261	2.170	0.713	0.693	3.258

2. 基准回归结果

本章使用 Stata 软件根据基准模型（6-1）检验假说 1，表 6-3 列示了检验结果。表 6-3 以城市数字经济指数作为解释变量，企业全要素生产率

（TFP_LP）作为被解释变量。列（1）结果显示，在初步控制时间、省份和行业固定效应，发现城市数字经济指数的回归系数在1%的统计水平上显著为正，说明数字经济对于全要素生产率具有正向影响。系数值α_1为0.149意味着城市数字经济每提升1点，所在地区的生产率将增加14.9%。列（2）～列（7）结果显示在逐步加入控制变量之后，发现数字经济对生产率依旧存在显著的正向促进效应，均在1%的水平上通过检验，城市数字经济发展水平越高，全要素生产率就越高，证实了假说1的基本成立。

表6-3 数字经济影响生产率的基准回归结果

变量	（1）	（2）	（3）	（4）	（5）	（6）	（7）
	TFP_LP	TFP_LP	TFP_LP	TFP_LP	TFP_LP	TFP_LP	TFP_LP
Score	0.149***	0.108***	0.101***	0.103***	0.109***	0.087***	0.092***
	(3.04)	(4.05)	(3.79)	(3.88)	(4.11)	(3.44)	(3.63)
Size		17.353***	17.009***	16.987***	16.764***	15.714***	15.573***
		(149.00)	(131.63)	(131.39)	(127.81)	(120.59)	(115.89)
Lev			0.198***	0.110***	0.069*	0.449***	0.439***
			(6.09)	(2.67)	(1.67)	(10.85)	(10.62)
Liq				-0.012***	-0.012***	-0.006*	-0.005*
				(-3.55)	(-3.83)	(-1.86)	(-1.71)
Soe					0.121***	0.136***	0.115***
					(8.86)	(10.43)	(8.23)
Roe						1.155***	1.176***
						(29.51)	(29.84)
Tobin							0.039***
							(4.24)
年份固定效应	控制	控制	控制	控制	控制	控制	控制
省份固定效应	控制	控制	控制	控制	控制	控制	控制
行业固定效应	控制	控制	控制	控制	控制	控制	控制
常数项	9.478***	-46.021***	-45.014***	-44.884***	-44.235***	-41.236***	-40.880***
	(21.89)	(-104.61)	(-95.96)	(-95.45)	(-93.33)	(-88.84)	(-86.74)
R^2	0.178	0.6823	0.654	0.761	0.763	0.784	0.784
观测值	9261	9261	9261	9261	9261	9261	9261

注：*、**、***分别表示在10%、5%、1%的水平上显著；括号内为t统计量；主要变量的回归结果若为小数，则保留至小数后三位有效数字，否则精确至小数点后三位。

3. 稳健性检验

（1）内生性讨论。由于影响生产率的因素众多，基准回归方程（6-1）难以运用固定效应模型充分控制异质性因素。为了克服可能存在的遗漏变量所导致的内生性问题，本章在前文基准回归中控制了一系列变量，但仍可能面对其他内生性问题。考虑到数字经济与生产率之间可能存在的逆向因果关系，即城市数字经济发展对全要素生产率产生影响的同时，全要素生产率也可能通过知识溢出效应等路径逆向影响城市数字经济发展的程度，本章试图采用工具变量法进一步缓解这一内生性问题。借鉴黄群慧（2019）、孙伟增和郭冬梅（2021）的思路，选取各城市1984年的邮电历史数据作为城市数字经济发展指标的工具变量。

首先，现有的互联网信息基础设施是传统通信技术的延续以及发展，各地区对传统通信技术的发展差异会影响到后续阶段各城市互联网技术的应用，从而影响地区的数字经济应用与发展，从这个角度来说，选择固定电话和邮局数量作为工具变量满足了相关性的条件。其次，对于数字经济的发展，固定电话以及邮局的数量对于生产率的影响几乎是不存在的。在此角度上来说，选取的工具变量满足外生性的要求。需要阐明的是，选取的工具变量原始数据为横截面数据，不能够直接用于面板数据的计量分析。参考努恩和钱（Nonn and Qian，2014）的研究，引入随时间变化的变量以此构建面板工具变量。最后，本章采用1984年各个城市的固定电话数量、各城市邮局数量与当年全国互联网普及率的交互项作为工具变量（IV1、IV2），并采用二阶段最小二乘法（2SLS）重新对模型进行检验，结果如表6-4所示。

表6-4 稳健性分析——二阶段回归

变量	(1)	(2)	(3)	(4)
	Score	TFP_LP	Score	TFP_LP
Score		0.3970*** (0.077)		0.0934** (0.037)
Size	0.1713** (0.070)	15.9265*** (0.147)	0.0318 (0.059)	15.9833*** (0.146)
Lev	0.0230 (0.022)	0.4524*** (0.046)	0.0129 (0.018)	0.4672*** (0.045)

续表

变量	（1）	（2）	（3）	（4）
	Score	TFP_LP	Score	TFP_LP
Liq	0.0040** (0.002)	−0.0092*** (0.003)	−0.0014 (0.001)	−0.0081** (0.003)
Soe	−0.0256*** (0.007)	0.0770*** (0.015)	−0.0643*** (0.006)	0.0607*** (0.015)
Roe	0.0447** (0.021)	1.1310*** (0.045)	0.0359** (0.018)	1.1471*** (0.044)
Tobin	−0.0337*** (0.005)	0.0454*** (0.010)	−0.0326*** (0.004)	0.0336*** (0.010)
IV1	0.0048*** (0.000)			
IV2			0.3035*** (0.005)	
Kleibergen – Paap rk LM 值	598.960***		2493.639***	
Kleibergen – Paap Wald F 值	876.026***		5382.351***	
Constant	−0.1082 (0.213)	−41.5778*** (0.447)	0.2992* (0.180)	−41.5767*** (0.445)
R²	0.102	0.732	0.355	0.735
N	9261	9261	9261	9261

注：*、**、*** 分别表示在10%、5%、1%的水平上显著；括号内为稳健聚类标准误；主要变量的回归结果若为小数，则保留至小数后三位有效数字，否则精确至小数点后三位。

　　从一阶段回归结果看，IV1 和 IV2 两个工具变量都与城市数字经济发展呈现正相关关系，且在1%的统计水平上显著，说明在历史上城市的固定电话和邮局数量越多，城市数字经济发展越好，与理论的预期一致。同时，由 Kleibergen – Paap rk 的 LM 统计量和 Kleibergen – Paap Wald F 统计量的结果可知，不存在工具变量识别不足和弱工具变量问题，表明工具变量的选择是合适的。第二阶段的回归结果显示，使用工具变量后全要素生产率的系数仍然在1%~5%的水平上显著为正。

　　（2）其他稳健性检验。替换被解释变量，为了避免单一生产率度量方法对实证估计结果可能造成的偏误，本章进一步采用 OP 法、GMM 法、OLS 法和 FE 法对生产率进行重新测算，并分别进行回归，结果如表6-5列（1）~列（4）所示。由这四列的结果可知，无论是使用哪种方法测算的全要素生产率，Score 变量的估计系数均为正，尤其使用 OP 和 GMM 法结算结果在 1% 水平上显著为正。再次验证了本章的假说 1，进一步验证了基本结论具有稳健性。

（3）替换核心解释变量。为了避免前文使用熵权法测度的城市数字经济发展指数与城市真实的数字化水平存在偏差，导致实证检验结果受到干扰，本章借鉴赵涛等（2020）的做法，更换核心解释变量（Score），使用主成分分析法得出的城市数字经济指数（Index1）与北京大学数字普惠金融指数（Index2），重新对 LP 法测算的全要素生产率进行回归估计，结果如表 6-5 列（5）与列（6）所示，系数估计值均在 1% 显著性水平上拒绝零假设。这表明，城市数字经济对 TFP 仍有显著为正的边际效用，进一步验证了结论的稳健性。

表 6-5 其他稳健性分析

变量	(1)	(2)	(3)	(4)	(5)	(6)
	TFP_OP	TFP_GMM	TFP_OLS	TFP_FE	TFP_LP	
Score	0.063 ***	0.200 ***	0.038	0.0809 *		
	(2.67)	(6.75)	(1.55)	(0.044)		
Index1					0.018 ***	
					(2.91)	
Index2						0.283 ***
						(4.04)
Constant	-33.781 ***	-7.253 ***	-86.526 ***	-169.453 ***	-41.012 ***	-42.259 ***
	(-76.98)	(-13.14)	(-66.50)	(2.605)	(-85.77)	(-71.09)
Controls	是	是	是	是	是	是
年份固定效应	控制	控制	控制	控制	控制	控制
省份固定效应	控制	控制	控制	控制	控制	控制
行业固定效应	控制	控制	控制	控制	控制	控制
R^2	0.758	0.331	0.853	0.862	0.783	0.784
N	9,261	9,261	9,261	9,261	9,212	9,211

注：*、**、*** 分别表示在 10%、5%、1% 的水平上显著；括号内为 t 统计量；主要变量的回归结果若为小数，则保留至小数后三位有效数字，否则精确至小数点后三位。

4. 异质性分析

为了深入分析数字经济对生产率的影响效应，本章分别从地区、企业规模和企业创新三个层面进行异质性分析：基于企业所在的省份，将样本分为东、中、西三个子样本；基于企业规模，将样本分为大型企业、中小型企业两个子样本；基于企业创新异质性，将样本分为高技术创新能力、低技术创新能力两个子样本。

（1）地区异质性。由于我国不同区域资源禀赋和发展阶段的不同，无论是数字经济发展水平还是经济发展质量，在区域分布上目前都还存在着较为明显的异质性特点。因此，数字经济对于生产率的影响可能存在着地区层级上的异质性，有必要对此进行深入的研究。借鉴沈小波等（2021）的研究、将样本省份按其地理位置分为东、中、西三个组，分别进行回归分析。结果如表6-6列（1）～列（3）所示，东部地区的 Score 系数在1% 的水平上显著为正，而中西部的 Score 系数并不显著但仍然为正，表明东部地区数字经济对于促进生产率增长具有显著作用，在中西部地区并不太显著。这一结果产生的原因可能是：与中西部地区相比，我国东部地区基础通信技术发展较早，处于数字经济发展加速发展阶段，城市所占有的数据要素已达到效率释放的数量级，数字技术在各领域的渗透作用更高，这无疑更有利于数字经济牵引生产力变革，在生产率的增长中发挥作用。因此本章推测，数字经济对生产率的促进作用在我国不同地区存在异质性。由表6-6列（3）可以看出，在西部地区，数字经济对生产率促进效应不显著，可能出现的原因：由于西部地区 ICT 技术基础较为落后，尚处于数字经济发展起步阶段，区域数据要素的掌握并未达到规模经济和网络效应的效率规模门槛，对于西部地区企业来说，利用数字经济进行技术迭代创新、实现生产效率提升的动力较弱并且成本较高，由此可能导致数字经济对于西部地区的企业发展促进效应较弱。

表6-6　　　　　　　　　　　　　　　异质性检验

变量	（1）	（2）	（3）	（4）	（5）	（6）	（7）
	东部	中部	西部	大型企业	中小企业	高创新	低创新
Score	0.166***	0.109*	0.011	0.156***	0.007	0.098***	0.068
	(6.68)	(1.87)	(0.11)	(3.86)	(0.20)	(2.98)	(1.54)
控制变量	是	是	是	是	是	是	是

续表

变量	（1）	（2）	（3）	（4）	（5）	（6）	（7）
	东部	中部	西部	大型企业	中小企业	高创新	低创新
年份固定效应	控制	控制	控制	控制	控制	控制	控制
行业固定效应	控制	控制	控制	控制	控制	控制	控制
省份固定效应	控制	控制	控制	控制	控制	控制	控制
常数项	−41.066*** (−73.80)	−39.287*** (−31.26)	0.000	−44.423*** (−52.29)	−37.505*** (−35.46)	−40.126*** (−62.66)	−40.458*** (−50.98)
R^2	0.787	0.790	0.711	0.706	0.525	0.744	0.857
观测值	6392	1651	1005	4325	4936	6714	2547

注：*、**、*** 分别表示在10%、5%、1%的水平上显著；括号内为 t 统计量；主要变量的回归结果若为小数，则保留至小数后三位有效数字，否则精确至小数点后三位。

（2）企业规模异质性。考虑到数字经济对于不同规模企业全要素生产率的影响可能也存在差异，将企业规模（Size）连续变量变成虚拟变量（median_size），如果 Size 指标大于年度行业的平均数取值为1，表示企业规模较大（median_size = 1），否则取值为0，表示企业规模较小（median_size =0）。表6-6列（4）和列（5）为企业规模异质性的回归结果，从结果中可以看出，无论是规模大小，数字经济都能够在一定程度提升全要素生产率。但从回归系数大小来看，相较于企业规模较小的企业，数字经济更能够提升大规模企业的全要素生产率。究其原因，数字经济的发展虽然有助于生产率的提高，但需要以一定的技术、劳动和资本等要素为前提（谢康等，2020）。由于受限于人才、资金等要素禀赋结构的天然约束，多数中小型企业只能够进行简单的信息化应用，很难在短时期内受益于数字化发展所带来的红利。因此，数字经济对中小规模企业全要素生产率的提升效应小于大规模企业。

（3）企业技术创新能力异质性。企业自身创新能力的差异也会导致其受数字经济发展的影响不同。本章以企业专利申请数量的中位数作为分界线，将样本分为高创新能力与低创新能力两组，以进一步考察数字经济的激励效应。结果如表6-6列（6）和列（7）显示，高创新能力组在1%的水平上显著为正。相较于高创新能力组，低创新能力组受数字经济影响的经济效应并不显著。可能的原因：在作为新兴的经济形态的数字经济中，数字技术成为新通用技术，其自身具有巨大的技术突破并且不断派生出新业态、新模式（张文魁，2022），高技术创新企业通常在技术积累方面具有相应优势，更有助于数字技术创新应用于生产并转化为经济收益。因此，数字经济对高技术创新能力企业全要素生产率的提升效应大于低技术创新能力企业。

（三）进一步分析：作用机制检验

前文初步验证了数字经济发展能够促进全要素生产率水平的提升，而数字经济发展究竟通过哪种路径来提升生产率，需要进一步进行研究。前文理论分析认为，促进生产规模扩张、提升研发创新能力、促进人力资本升级以及缓解融资约束是数字经济助力全要素生产率提升具体的实现路径。因此，本章借助中介机制检验方法用于机制检验。具体模型如下：

$$Md_{c,t} = \beta_0 + \beta_1 Index_{c,t} + \beta_2 controls + \lambda_t + \delta_i + \varepsilon_{i,t} \qquad (6-2)$$

$$Tfp_{it} = \eta_0 + \eta_1 Index_{c,t} + \sigma_1 Md_{c,t} + \eta_2 controls + \lambda_t + \delta_i + \varepsilon_{i,t} \qquad (6-3)$$

其中，$Md_{c,t}$ 为中介变量，分别为假设 2 中的管理、创新与人力资本，其他变量与式（6-1）相同。借鉴温忠麟等（2014）的研究方法，对于上述式子分别进行回归，并对上述式子进行 Sobel 检验，验证是否存在中介效应。

1. 生产规模

根据前文的理论分析，城市数字经济的发展将会影响生产规模作用于生产率。由于缺乏直接的生产产出信息，本章借鉴孙伟增和郭冬梅（2021）的研究方法，使用主营业收入作为生产范围的代理变量，命名为 M1，用于考察城市数字经济发展通过影响生产规模来影响全要素生产率的传导路径。

表 6-7 报告了中介效应检验结果。通过模型（2）的检验，在表 6-7 列（1）的结果中，城市数字经济发展指数 Score 越高，生产规模也将提升。城市数字经济指数每增加 1，生产规模将提升 2.02%。通过模型（3）的检验，中介变量生产规模 M1 对 TFP_LP 的回归系数显著为正，与基准回归的系数方向相同。根据以上结果可知，城市数字经济的发展具有扩张生产规模的功能，有助于提升全要素生产率。与此同时，对数据进行 Sobel 检验，发现 Goodman-

1 的 P 值为 0.00008，严格小于 0.05，所以拒绝原假设，证明此时存在中介效应；Bootstrap 检验的置信区间也不包含 0，进一步验证了假说 2a 的成立。

2. 研发创新

数字经济发展能为研发产品创新提供良好的创新环境和信息基础设施条件，各创新主体在获取知识与合作的过程中，能借助数字技术实现更低的搜索成本与分享成本，形成分布式的创新机构，从而助力全要素生产率发展。因此，本章参考现有文献做法，选择企业发明专利作为研发创新能力的代理变量，并将该变量加 1 后取对数，命名为 M2（唐松等，2020）。技术创新作用机制的检验结果如表 6 - 7 列（3）和列（4）所示。通过模型（2）的检验，城市数字经济指数 Score 对于中介变量研发创新能力 M2 的系数较显著为正，城市数字经济指数每增加 1 单位，研发创新能力将提升 7.55%，表明城市数字经济的发展能够提升企业新产品新发明的产出，有助于创新能力的提升。通过模型（3）的检验，中介变量 M2 对全要素生产率指标的系数显著为正，与本章的理论预期一致。以上结果表明，城市数字经济发展通过激励促进企业研发创新，进而提升了生产率，这一结果支持了前述的相关理论分析。

3. 人力资本

本章在上述理论分析中，讨论了数字经济优化人力资本升级从而提升生产率的路径，参考郭金花等（2021）的研究以当期支付给职工以及为职工支付的现金来作为人力资本的代表变量，对于该变量取对数，命名为 M3。人力资本升级作用机制的估计结果见表 6 - 7 列（5）和列（6）。经过模型（2）的检验，城市数字经济指数 Score 对于中介变量人力资本 M3 的系数显著为正，意味着城市数字经济的发展能够提升企业所拥有的人力资本，列（6）中人力资本 M3 对于生产率具有在 1% 的显著水平上具有促进作用，这意味着数字经济通过减少低技能岗位、增加高技能岗位等方式升级企业人力资本，从而使生产率更高。验证了升级人力资本是城市数字经济赋能生产率提升的重要传导路径，验证了假说 2c。在进行 Sobel 检验之后，发现 Goodman - 1 的 P 值为 0.00008，严格小于 0.05，所以拒绝原假设，此时进一步证明存在中介效应；Bootstrap 检验的置信区间也不包含 0，验证了人力资本升级机制的稳健性。

4. 融资约束

本章的理论分析指出，城市数字经济发展有助于优化金融资源配置，有助于缓解融资约束问题，进而提升全要素生产率。借鉴经典文献的方法（Hadlock and Piece，2010；余明桂等，2019；潘越等；2019），构建 SA 指数来刻画企业融资约束，对计算出来的指数取绝对值，作为中介变量 M4 来衡量融资约束程度，M4 越小说明面临的融资约束越小。融资约束中介效应检验结果如表 6-7 列（7）和列（8）所示。经过模型（2）的检验，由列（7）回归结果可见，估计系数在 1% 的水平上显著为负，表明城市数字经济的发展能显著缓解融资约束问题。城市数字经济的发展能有效改善金融机构信贷资源的配置与利用问题，数字技术的应用可得缓解传统信贷过程存在的信息不对称问题。根据模型（3）与表 6-7 列（8）可得，中介变量 M4 对 TFP_LP 的回归系数为负，与基准回归中 Score 的系数方向相反。以上结果表明，城市数字经济发展有助于缓解融资约束，进而提升生产率。

表 6-7　　　　　　　　　　　　　机制检验

变量	（1）M1	（2）TFP_LP	（3）M2	（4）TFP_LP	（5）M3	（6）TFP_LP	（7）M4	（8）TFP_LP
Score	0.0202 (0.0269)	0.0744*** (0.0103)	0.0755* (0.0549)	0.0903*** (0.0252)	0.204*** (0.0293)	0.0223 (0.0233)	-0.0406*** (0.0101)	0.0901*** (0.0253)
M1		0.856*** (0.00401)						
M2				0.0179*** (0.00480)				
M3						0.341*** (0.00826)		
M4								-0.0382 (0.0261)
Controls	是	是	是	是	是	是	是	是
常数项	-52.08*** (0.503)	3.686*** (0.284)	-23.73*** (1.025)	-40.45*** (0.485)	-44.61*** (0.547)	-25.65*** (0.567)	4.735*** (0.189)	-40.70*** (0.487)

续表

变量	(1)	(2)	(3)	(4)	(5)	(6)	(7)	(8)
	M1	TFP_LP	M2	TFP_LP	M3	TFP_LP	M4	TFP_LP
省份固定效应	控制	控制	控制	控制	控制	控制	控制	控制
年份固定效应	控制	控制	控制	控制	控制	控制	控制	控制
行业固定效应	控制	控制	控制	控制	控制	控制	控制	控制
观测值	9261	9261	9261	9261	9261	9261	9261	9261
R^2	0.865	0.964	0.147	0.785	0.794	0.680	0.278	0.784

注：*、**、*** 分别表示在 10%、5%、1% 的水平上显著；括号内为稳健聚类标准误；主要变量的回归结果若为小数，则保留至小数后三位有效数字，否则精确至小数点后三位。

四、结论与政策建议

本章分析了数字经济发展对于生产率增长的影响及其微观机制，并通过实证研究得到如下结论：第一，数字经济发展对全要素生产率具有显著的正向增长作用，能够为经济高质量发展提供动力。在替换全要素生产率多种计算方法、更换核心解释变量以及采用工具变量法进行稳健性检验后，该结论依旧成立。第二，作用机制检验结果表明，数字经济发展能够促进生产规模的扩张以及研发创新能力的提升、人力资本的升级和融资约束的缓解，数字经济通过这四条传导路径间接带动全要素生产率提升并推动经济高质量发展。第三，数字经济发展对于全要素生产率的影响存在显著的异质性特征。相比于中西部地区企业，数字经济对于东部地区全要素生产率的激励效应更大，其推动经济高质量发展的效果更强；对于企业规模来说，数字经济对于不同企业的规模都有正向促进作用；相较于低技术创新的企业，数字经济发展对于低技术创新企业的全要素生产率提升作用更大，可以更好地填补其在经济高质量发展过程中的不足之处。

随着数字技术的迅速发展和应用，数字经济已经渗透到了经济生活的各个环节，成为经济发展不可或缺的一部分，而且数字经济带来的影响并不是平衡的，因此，制定有针对性的政策来促进数字经济与生产率的良性互动，发挥全要素生产率对经济高质量发展的动力作用是十分必要的。

故本章提出以下五条建议。

第一，加强东部地区的数字经济发展。研究结果表明，数字经济发展对于东部地区全要素生产率影响更大，需要进一步加强东部地区的数字经济发展，充分发挥其对高质量发展的正向作用。具体来说，政府可以在以下几个方面加大投入：加大数字基础设施建设，出台相关政策，鼓励和引导相关企业加大对数字基础设施的投资。推动科技创新，加强对数字经济领域的基础和前沿科学研究的支持，建立专项资金，吸引更多的科技创新人才和企业参与数字经济领域的创新和研发。促进数字经济产业集聚，鼓励数字经济相关企业、高校、科研机构等在一定区域内形成产业集聚效应，形成数字经济的产业链、价值链和创新链。

第二，支持中西部地区加速数字化转型。虽然数字经济发展对东部地区具有更大的影响，但是中西部地区也面临数字化转型的巨大压力，需要政府给予更多支持和帮助，保障数字经济重塑动力结构、促进经济高质量发展机制的运行。针对中西部地区，政府可以采取以下措施：加大政策支持力度，出台相关政策鼓励中西部地区企业加速数字化转型。组织数字经济交流活动，引导中西部地区企业参加数字经济领域的学术会议、展览会等活动，帮助企业了解最新的技术和趋势，进一步提高数字化转型的速度和质量。

第三，针对不同规模的经济个体制定差异化的数字经济政策。数字经济对于不同规模的经济个体影响程度不同，因此政府需要针对不同规模的经济个体制定差异化的数字经济政策。具体来说，对于小微企业，政府可以建立数字技术咨询服务平台，向企业提供数字化转型的咨询、技术和人才支持；同时可以推广数字经济的典型案例和技术应用，为小微企业提供可借鉴的经验和方法。对于中等规模的企业，政府可以鼓励其加速数字化升级，并提供相应的财税优惠政策、人才支持等方面的帮助；同时可以进一步推进数字化管理，提高经营效率和创新能力。对于大型企业，政府可以制定一系列数字经济发展促进政策，以帮助这些企业更好地适应数字经济发展的趋势，提升全要素生产率和创新能力。

第四，支持企业数字领域研发创新投入。数字经济领域需要不断进行技术创新和应用创新，因此政府应该进一步支持研发创新投入，提高创新能力和人力资本水平。具体来说，可以从以下几个方面入手：建立科技创新对接平台，鼓励企业与高校、科研机构等建立合作关系，加强科技成果转化和产业化，提高企业创新能力和竞争力。减少企业研发成本，加大财政补贴力度、减少企业研发成本等方式，鼓励企业加大研发创新投入，并促进科技成果的产生和转化。加强知识产权保护力度，打击侵权行为，为企业创新提供更好的保障，走创新驱动的发展之路。

第五，减轻融资约束。数字经济发展需要充足的资金支持，因此政府可以出台一系列措施，减轻融资约束，为企业提供更加优质的融资服务。具体来说：建立风险共担机制，吸引更多社会资本进入数字经济领域，为企业提供更加灵活、多样化的融资渠道。优化融资环境，建立完善的融资服务体系，提高融资渠道的透明度和效率，为企业提供更加优质的融资服务。支持金融创新，加强对金融机构的监管和支持，促进金融机构开展数字化业务创新，为企业提供更加个性化、定制化的融资服务，保障经济高质量发展。

综上所述，数字经济发展对于全要素生产率的提升具有重要影响，政府应该制定相应的政策措施来增加数字经济与生产率的良性互动，并进一步促进数字经济发展进而推动经济高质量发展。

第三篇

以结构优化和要素重置调整
供求结构推动高质量发展

第七章　新时代中国经济高质量发展中的需求结构

2020 年以来，习近平总书记多次强调，要"构建以国内大循环为主体、国内国际双循环相互促进的新发展格局"。①构建新发展格局是根据我国当前发展阶段、环境和条件变化，提升经济发展水平、塑造国际经济合作，基于我国比较优势的变化审时度势作出的重大战略决策，也是"十四五"期间乃至2035 年基本实现现代化阶段的主旋律。构建新发展格局，首要任务就是要培育完整内需体系，形成强大国内市场。换言之，优化需求结构是构建新发展格局、实现经济高质量发展的重要因素。党的十九大报告指出，我国经济已由高速增长阶段转向高质量发展阶段，正处在优化经济结构的攻关期。这就意味着，传统发展过程中高投资低消费的需求结构在新时代已经面临终结，形成与新发展格局相匹配的需求结构成为经济高质量发展的重要任务。因此，本章侧重通过经济增长理论模型，论证需求结构优化路径的存在性以及实际与最优需求结构的偏离对高质量发展的影响，探寻优化需求结构、构建新发展格局、促进经济高质量发展的路径。

一、需求结构的研究背景与研究现状

（一）研究背景

回顾新中国成立以来的经济增长历程，可以发现在我国"经济增长奇迹"

---

① 构建新发展格局——一项关系我国发展全局的重大战略任务（学术圆桌）［EB/OL］. 人民日报，http：//paper. people. com. cn/rmrb/htul/2024 – 07/08/nw. D110000renmrb_20240708_1 – 09. htm，2024 – 07 – 08.

的形成过程中伴随着快速的经济结构变迁，其中，以投资为主导的需求结构是发展中最重要的结构性特征。从 1949 年新中国成立到 1978 年改革开放，为了实现优先发展重工业的发展战略，我国逐渐形成了"高积累，低消费"的发展格局。1978 年改革开放后，我国实行了以发展劳动密集型产业和出口导向为特征的"比较优势"发展战略，产业体系从重化工业主导转向了劳动密集型产业为主导，但在地方政府财政分权和"晋升锦标赛"的背景下，以投资为主导的需求结构并未得到改变，而出口导向的发展战略又使得外需迅速扩张，通过"两头在外，大进大出"的国际大循环发展模式，很大程度弥补了内需不足，实现了总供给与总需求的阶段性平衡。但近年来，随着外部经济环境的变化，这种国际大循环模式遭到了挑战，逐渐变得不可持续。而在这种发展模式下形成的高投资低消费的需求结构，也引发了诸多问题，例如增长效率降低，资源过度消耗，环境质量恶化，收入分配不均等，一定程度上影响了我国经济发展质量的提升，也成为我国实现高质量发展的制约因素。

因此，对于最优需求结构与经济高质量发展的理论与经验研究，是当前经济理论与发展实践都亟待解决的重大问题。目前的文献大多使用理论模型和国际经验比较的抽象方法来判断中国消费投资结构处于失衡状态，然而最优需求结构会随着不同国家处于不同发展阶段而不断变化，这些方法未考虑到发展的动态性，且缺乏与现实数据的联系。因此，本章通过理论与实证方法结合来探索对最优需求结构的偏离会如何影响我国的经济发展质量，并在此基础上提出优化需求结构以构建新发展格局和促进经济高质量发展的现实路径。

（二）研究现状

关于最优需求结构的文献，目前主要集中在对于消费与投资之间比例结构的研究，特别是对于需求结构失衡的理论与实践探索。其中，与本章高度相关的文献主要有以下三个方面。

第一，文献主要关注需求结构失衡的原因。首先，与我国的经济体制有关。邹卫星和房林（2008）、李永友（2010）等研究表明，在工业化发展过程中，我国正由计划经济转向市场经济，对地方政府实行的绩效考核机制导致官员出于晋升激励形成对投资的过度依赖和重复建设，对国有企业和重工业的偏向性信贷政策也导致投资率过高。其次，与经济发展战略造成的要素价格扭曲有关。蔡跃洲和王玉霞（2010）、王宁和史晋川（2015）、张斌和茅锐（2016）等学者认为，改革开放以来我国处于工业化、城市化快速推进阶段，实行与我国要素禀赋结构不相符的"投资先行"赶超发展战略，会造成对劳动力价格的长期压低，收入分配结构扭曲，直接刺激消费投资结构的失衡。最后，技术结构扭曲导致消费投资结构失衡。魏婕（2016）发现在工业化初期，为迅速改变基础技术薄弱的状况，我国通过技术引进、技术模仿等途径使得中国企业能够参与全球分工，造成市场的低端锁定和技术结构的失衡，制约了消费结构的提升。

第二，文献关注如何衡量需求结构失衡。研究思路主要分为两类：其一，依据"钱纳里标准模式"及国际经验进行判断，钱纳里（Chenery，1975）通过对100多个国家的2万多个数据进行回归，计算出不同经济发展阶段国家的标准需求结构，从而为各个国家判断消费投资结构是否失衡提供了可供操作和比对的方法。在此基础上，再结合我国的经济发展阶段确定我国消费率、投资率的合意区间（卢中原，2003；贺铿，2006）。但李永友（2012）等学者通过研究发现，其不足之处在于，同处一个发展阶段的两个经济体，可能因为其内部结构差异，造成投资率和消费率不同，仅靠单纯的国际对比得出的合意区间有误导之嫌。其二，通过经济理论模型数理求导出投资率和消费率的合意水平。费尔普斯（Phelps，1961）根据索洛增长模型提出了著名黄金律法则，根据该法则，在一个经济体内，如果资本边际生产率恰好等于人口增长率与劳动生产率增长率之和，该经济体资本存量就处于最优水平。黄金律法则意味着，在假定储蓄能够转换为投资的情况下，社会最优资本存量水平一旦确定，社会最优储蓄率和消费率也就相应被确定。根据费尔普斯的黄金律规则，阿贝尔（Abel，1989）将不确定性引入代际交叠模型，提出了一个更简便的经济最优资本积累率判断标准，即资本净收益大于总投资的 AMSZ 准则。基于黄金律规则和 AMSZ 准则，我国学者荆林波和王雪峰（2011）、吴忠群和张群群（2011）、纪明和刘志彪（2014）以及王宁和史晋川（2015）

等进行了大量研究来推导估算最优消费率和投资率。相比前一种方法，此种方法考虑了国家内部经济结构，但也存在局限性，一方面，决定消费率、投资率的模型多种多样，莫衷一是；另一方面，黄金律法则中含有一系列严格的假定，现实情况难以满足这些假定。尽管如此，已有文献为观察我国消费投资结构具有很大价值的参考意义。

第三，文献关注需求结构失衡对经济增长的影响。随着我国的消费投资结构比例失调，商品供给过多造成了产能过剩问题，国内学者开始了需求结构失衡与经济增长的研究。主要分为两类：其一，研究需求结构变动对经济增长的影响，纪明和刘志彪（2014）研究表明，在经济赶超阶段一定程度的需求结构不合理实现了经济增长，但当需求结构不合理程度较大时，则会对经济增长产生明显的负面影响。其二，研究需求结构如何影响产业结构从而对经济增长产生影响，沈利生（2011）研究发现消费投资结构与产业结构之间是相互促进的关系，我国产业结构难以调整的根源在于需求结构的失衡。当今我国经济已由高速增长阶段转向高质量发展阶段，关于需求结构失衡与经济增长关系的研究较多，而关于其对经济发展质量特别是高质量发展的影响的研究文献比较匮乏，金碚（2018）、余泳泽等（2019）等学者对经济高质量发展的含义、特征、内在机理、实现途径等方面进行了定性探讨，但对于需求结构与经济高质量发展之间的实证分析研究尚不多见。

综上所述，已有研究关于需求结构失衡问题大致可以分为三个方面：需求结构失衡的原因、需求结构失衡程度的衡量以及需求结构失衡对经济增长的影响，这三方面的文献为研究需求结构失衡对我国经济高质量发展的影响提供了良好的基础。同时也可以发现，一方面，研究消费投资结构失衡背后原因的文献较多，而研究其对我国经济发展影响的文献较少；另一方面，我国经济已步入高质量发展阶段，研究消费投资结构失衡对高质量发展的影响意义重大。此外，在研究我国消费投资两者合意区间的问题上，推导理论模型和与钱纳里"标准值"比较两种方法都存在一定缺陷，理论模型的推导往往缺乏相应数据经验验证，而现有基于合意区间的经验分析，往往是基于对发达国家的经验数据进行借鉴参照，并不能真正反映"最优"。缺乏需求结构的"最优"，则无法定义对"最优"的偏离，缺乏对"结构均衡"的定义，则无法界定"结构失衡"，这是现有研究需求结构失衡问题普遍存在的问题。

鉴于此，本章参照陈斌开和林毅夫（2013）对于最优技术选择指数的设计思路，尝试开展如下方面的拓展研究：一是考虑从消费率和投资率的比率关系入手，在假定存在最优消费投资比的基础上，构建一个偏离最优消费投资比的程度系数；二是实证检验实际消费投资比偏离最优消费投资比是否会对经济高质量发展产生显著的负向影响。

二、需求结构影响中国经济高质量发展的理论机制

经济结构包括消费投资结构、产业结构、金融结构、区域经济结构和国际收支结构。其中体现需求结构的主要是投资消费结构，即一国经济中积累率和消费率之间的关系。如果投资率不足，将影响到一国经济积累水平，进而影响到经济发展的可持续性；如果投资率过高而消费率不足，那么将可能出现过剩投资产能无法被有效消化，投资效率逐渐降低，进而出现总需求与总供给的失衡，也即经济发展过程中出现了过度储蓄或过度投资所引发的"动态无效率"，经济中资源配置无法实现帕累托有效。在这种情况下，尽管短期经济实现了由于投资需求扩张推动的增长，但居民消费水平长期处于较低水平，增长的可持续性不足，而居民的福利水平也难以提升，从而造成经济增长数量和质量的"双重损失"。

因此，从经济增长理论出发，我们可推理出经济中存在着一个最优的"投资—消费"路径，即在每一个时点上都存在着一个最优的需求结构比例关系。这一最优结构将能够实现居民长期福利总水平的最大化，经济资源配置达到帕累托有效，最优消费投资比将能够实现最优的资本边际产出水平，实现经济高质量发展。

（一）最优需求结构研究的基准模型

我们可以基于一个 Ramsey – Cass – Koopmans 一般均衡框架来论证这一理论命题。假定经济中存在着大量厂商和相同家庭，家庭成员在每一时点供给一单位劳动，并将所拥有资本租给厂商，家庭拥有企业，所以企业产生的利

润均归于家庭。那么，在这一框架下，我们需要求解的社会最优化问题为：

$$\underset{C_t}{\text{Max}} \ U_0 = \int_{t=0}^{\infty} u(C_t) \ e^{-\theta t} dt \qquad (7-1)$$

其中，社会瞬时效用函数为 CRRA 型：$u(C) = \dfrac{C^{1-\eta}}{1-\eta}$，$\eta > 0$，代表相对风险规避系数，消费的跨时替代弹性 $\sigma_c = 1/\eta$。个人消费的时间偏好率为 θ。

$C = c \times A_L L$ 将代入式（7-1），则社会最优化问题种的目标函数可表述为以下集约形式：

$$\underset{c}{\text{Max}} \ U_0 = \int_{t=0}^{\infty} \{ \dfrac{c_t^{1-\eta}}{1-\eta} \times \exp[-\theta + (1-\eta)(n+g_L)]t\} dt \qquad (7-2)$$

收入约束条件可写为：

$$\dfrac{dk}{dt} = f(k_t) - c_t - (n + g_L + \delta) k_t \qquad (7-3)$$

非蓬齐条件（NPC）可写为：

$$\lim_{t \to \infty} k_t \exp\{ - \int_0^t [f'(k_v) - (n + g_L + \delta)] dv \} = 0 \qquad (7-4)$$

由于 U_0 积分需要实现收敛，因此要求 $\theta > (1-\eta)(n+g_L)$。

（二）模型求解与最优需求结构的证明

根据求接动态最优的方法，由收入约束条件和目标函数，直接写出以下汉密尔顿方程：

$$
\begin{aligned}
H(c_t, \lambda_t) &= \dfrac{c_t^{1-\eta}}{1-\eta} \times \exp[-\theta + (1-\eta)(n+g_L)]t \\
&\quad + \lambda_t [f(k_t) - c_t - (n + g_L + \delta) k_t]
\end{aligned} \qquad (7-5)
$$

分别通过对式（7-5）中的 c_t 和 λ_t 求导并令其等于零，可得到实现动态最优的一阶条件。结合横截性条件，就构成动态最优的充要条件。

首先令 $\dfrac{\partial H}{\partial c_t} = 0$，整理后得到：

$$c_t^{-\eta} \times \exp[-\theta + (1-\eta)(n+g_L)]t = \lambda_t \qquad (7-6)$$

在式（7-6）中，公式左边代表的经济含义是 t 时刻一单位消费品的边际效用的贴现值。结合收入约束条件：

$$\frac{dk}{dt} = f(k_t) - c_t - (n + g_L + \delta) k_t \qquad (7-7)$$

公式的右边代表的经济含义是 t 时刻一单位资本品的影子价格,当其等于 t 时刻一单位消费品的边际效用的贴现值时,消费和投资之间达到了均衡状态。此时,意味着在 t 时刻的需求结构是最优的,经济中用于积累和消费的资源配置状况实现了帕累托最优。

其次令 $\frac{\partial H}{\partial k_t} = -\dot{\lambda}$,即欧拉方程。通过整理可得到:

$$\frac{\dot{c}}{c} = \sigma_c [f'(k_t) - \theta - \delta - \eta(n + g_L)] \qquad (7-8)$$

式(7-8)即消费的动态方程,也称为拉姆齐最优储蓄规则,它给出了最优化条件下一国消费(或储蓄)的动态变化路径。通过这一公式可看出,影响最优消费投资比例的因素包括人口增长率、技术增长率、资本折旧率、相对风险规避系数、个人对消费的时间偏好率以及消费的跨期替代弹性等多种因素影响。同时,最优消费投资比例也不是固定不变的,为了实现长期的效用最大化以达到帕累托最优,经济中的最优消费投资比例会随着时间呈现出动态的演变路径。

除了以上两个动态最优的一阶条件外,还有一个横截性条件为:

$$\lim_{t \to \infty} \lambda_t k_t = 0 \qquad (7-9)$$

横截性条件中的 λ_t 是 t 时刻一单位资本品在当前的影子价格,$\lambda_t k_t$ 就是 t 时刻资本存量的现值。横截性条件意味着无限远期资本的价值应当渐进地趋于零,否则一个正的资本品终值就可以被转而用于消费,以提高总效用水平,这与"最优"相矛盾。此外可证,由基准模型中的非蓬齐条件可以推得上述横截性条件,即 NPC 是横截性条件的充分条件。

我们将消费动态方程和投资动态方程并列,可以解出最优时间路径上的 k^* 与 c^*。其中最优的 k^*,也即是资本积累的"修正的黄金律"水平为:

$$k^* = f^{-1'}[\theta + \delta + \eta(n + g_L)] \qquad (7-10)$$

资本积累的"黄金律"水平仍然要求 $f'(k_{gold}) = n + g_L + \delta$,但由于效用贴现效应的存在,资本积累的"修正的黄金律"水平 k^* 将小于 k_{gold}。

此时,当有效劳动人均资本 k 确定位于修正的黄金律水平 k^* 上,最优消费则为：

$$c^* = f(k^*) - (n + g_L + \delta)k^* \tag{7-11}$$

此时我们定义一个最优的消费投资比 RCI^*，即可用式（7-12）来进行表示：

$$RCI^* = \frac{f(k^*) - (n + g_L + \delta)k^*}{(n + g_L + \delta)k^*} \tag{7-12}$$

（三）最优需求结构的动态分析及其对经济高质量发展的影响

我们将以上消费的动态方程和资本的动态方程在相图中进行分析，具体如图 7-1 所示：

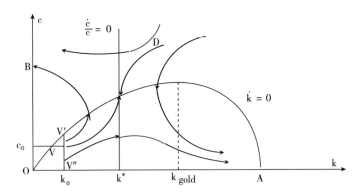

图 7-1　最优需求结构证明的相图分析

如图 7-1 所示，消费的动态方程与投资的动态方程形成了两条曲线，两条曲线的交点处决定了一般均衡的模型求解结果，也即经济处于最优需求结构下，将通过鞍点路径实现经济最优的均衡增长，进入平衡增长路径。两条动态方程曲线将这个象限分为了四个区域，观察相图可以发现，只有左下区域和右上区域才可能达到这个平衡增长路径。

结合相图分析，假定一个经济体初始的有效劳动人均资本存量水平为 k_0，那么在这一资本存量水平下，经济中每个同质的代表性个体可以选择自己的消费水平，进而决定了自身的消费投资比例，而整个经济体的需求结构也将被确定。如果个体在此时选择了消费水平 c_0，那么经济将沿着鞍点路径 V 最终实现经济向均衡增长的收敛，达到最优的（c^*，k^*）结果。如果代表性个体选择了高于 c_0 的消费水平，也即此时的消费投资比高于最优的消费投资比，那么经济将沿着另一条路径 V' 向左上逐渐发散到结果 B，此时随着时间的演进，经济中的积累率将逐渐降低，暂时的高消费水平也将受限于总产出的下降而变得不可持续。反之，如果代表性个体选择了低于 c_0 的消费水平，也即此时的消费投资比低于最优的消费投资比，那么经济将沿着另一条路径 V'' 向右下逐渐发散至结果 A，此时，尽管从有效劳动人均资本存量水平来看是增加的，但此时代表性个体的消费水平和效用水平都低于平衡增长路径，经济中出现了过度储蓄的动态无效率情况。沿着这一路径长期持续下去，需求侧的疲软会形成对供给侧的严重桎梏，资本的投资效率逐渐降低，造成经济发展质量的下降。

同时，投资不仅具有需求效应，还具有生产效应，因为生产性固定资产会再投入生产，为生产提供劳动资料，并与流动资金相结合，通过生产劳动，再生产出产品供给社会，产生一系列与之相关联的刺激其他产品生产增加的效应。而消费只具有需求效应，那么需求结构的失衡就会造成供需结构的失衡，进而影响经济的可持续性。

结合以上分析，我们可以提出以下四点理论推论。

推论 1：在一个一般均衡经济中存在着最优需求结构，最优需求结构由合意的投资和消费比例构成，最优需求结构能够使经济收敛至平衡增长路径。

推论 2：各个经济体的最优需求结构可能是不同的，最优需求结构受到人口增长率、技术进步率、折旧率、相对风险规避系数、消费时间偏好率等多重因素影响。同时，一个经济体在经济发展的不同时间阶段，最优需求结构也可能是不一样的，会随着时间发展呈现动态演变路径。

推论 3：实际需求结构偏离最优需求结构，将对经济增长形成负向影响。一方面，对最优需求结构的偏离，会使经济难以收敛至平衡增长路径，影响经济可持续性；另一方面，由于过度偏向投资而对最优需求结构的偏离，会使经济趋于动态无效，影响投资效率进而降低经济增长的效率，也会对经济增长质量造成负向影响。

结合中国近些年的发展历程，可以发现，我国"高积累，低消费"的发展格局最初形成于新中国成立之后到改革开放前的 30 年，由于赶超战略采取了资本密集型的重工业优先发展战略，人为地压低了劳动力价格，同时政府通过对各级地方政府以及国有企业的控制力实现了特定的技术投资，加之出于招商引资目的对工业用地价格的压低，从而形成资本偏向型的技术进步，从而抑制了就业机会的增加，劳动收入占比长期处于较低水平，也抑制了消费水平的提升。基于此，我们结合前述理论分析，提出一个现实层面的推论：

推论4：我国长期以来的发展战略，形成了"高投资，低消费"为特征的需求结构，这一结构对最优需求结构的偏离，对我国的经济发展质量形成了负向影响。未来要实现经济高质量发展，需要优化需求结构，强大国内市场，助力新发展格局的构建和经济发展质量的提升。

三、需求结构影响中国经济高质量发展的实证检验

根据前述分析，一个经济体在一定的时期内存在一个由各种影响因素共同决定的最优需求结构，若实际的需求偏离最优需求结构，我们称之为需求结构处于失衡状态。因此，本章建立在假定我国在一定的时期内存在一个稳定的最优消费投资比的基础上，用实际消费投资比与最优消费投资比的偏离程度来衡量需求结构失衡的程度。

（一）最优需求结构偏离系数的构建

多数文献对于消费投资结构的度量采用的是消费率和投资率之比得出消费投资比（RCI），本章在此基础上，基于实际的消费投资比和最优消费投资比，构建一个偏离系数，用来度量实际消费投资比偏离最优消费投资比的程度，即：

$$D = | RCI^* - RCI | \qquad (7-13)$$

其中，RCI 代表实际消费投资比，RCI^* 代表最优消费投资比，二者差的绝对值 D 就衡量了实际消费投资比与最优消费投资比之间的偏离，D 越大，表明偏离程度越大。结合我国现阶段消费投资结构的失衡状况，RCI 是小于 RCI^* 的，所以本章仅考虑 $RCI < RCI^*$ 的情形，这种情况下，t 时期 i 地区的 D 就进

一步演变为：

$$D_{it} = RCI_{it}^* - RCI_{it} \qquad\qquad (7-14)$$

然而，在现实数据中，我们只能观察到实际消费投资比，观察不到最优消费投资比。本章借鉴陈斌开和林毅夫（2013）对于最优技术选择指数的处理方法，对最优消费投资比 RCI^* 作出以下 3 个假设，从而使其进入回归方程的常数项，使得估计消费投资结构失衡的影响成为可能。

假设 1：最优的消费投资比 RCI_{it}^*，为一个正常数。

假设 2：最优的消费投资比 RCI_{it}^*，在给定时间点上，为一个正常数。

假设 3：最优的消费投资比 RCI_{it}^*，在给定时间点和给定区域上，为一个正常数。

假设 1 假设 RCI_{it}^* 为一个正常数，即所有样本的最优消费投资比相同。假设 2 是对假设 1 条件的放松，允许 RCI_{it}^* 在不同时点上取不同的值，即样本在同一时点上的最优消费投资比相同。假设 3 则是对假设 2 的进一步放松，允许 RCI_{it}^* 在同一时点和不同区域上取不同的值，即样本在同一时点和同一区域内的最优消费投资比相同。

（二）实证模型构建

本章构造的基准模型如下：

$$Y_{it} = C + \alpha D_{it} + \beta X_{it} + \varepsilon_{it} \qquad\qquad (7-15)$$

Y_{it} 代表被解释变量，C 为常数项，D_{it} 为最优需求结构的偏离系数，代表消费投资结构失衡的度量，α 为待估计系数，X_{it} 为控制变量，β 为控制变量的系数，ε_{it} 为残差项。

$$Y_{it} = C + (RCI_{it}^* - RCI_{it}) + \beta X_{it} + \varepsilon_{it} = C - \alpha RCI_{it} + \beta X_{it} + \alpha RCI_{it}^* + \varepsilon_{it}$$
$$(7-16)$$

在假设 1 满足的情形下，αRCI_{it}^* 为常数，从而可以与常数项 C 合并，计量模型为：

$$Y_{it} = C_1 - \alpha RCI_{it} + \beta X_{ti} + \varepsilon_{it} \qquad\qquad (7-17)$$

在假设 2 满足的情形下，αRCI_{it}^* 是时间的函数，引入时间虚拟变量 d_τ，以控制最优消费投资比随时间变化的影响。计量模型为：

$$Y_{it} = C - \alpha RCI_{it} + \alpha RCI_t^* + \beta X_{ti} + \varepsilon_{it} \qquad (7-18)$$

$$Y_{it} = C_2 - \alpha RCI_{it} + \sum_{\tau=1}^{T-1} \gamma_t d_\tau + \beta X_{it} + \varepsilon_{it} \qquad (7-19)$$

其中，$\gamma_t = C + \alpha RCI_t^* - C_2$，若 $\tau = t$，则 $d_\tau = 1$，否则 $d_\tau = 0$。从而，在假设 2 满足的前提下，通过引入时间虚拟变量 d_τ 以一致地估计 α。

在假设 3 满足的情形下，αRCI_{it}^* 同时是时间和区域的函数。根据中国资源禀赋的分布，我们将中国分为东部、中部和西部三大区域，并假设各区域内部在给定时间点上的最优消费投资比是相同的。引入区域虚拟变量 d_s，以控制最优消费投资比随区域变化的影响。计量模型为：

$$Y_{it} = C - \alpha RCI_{it} + \alpha RCI_{jt}^* + \beta X_{ti} + \varepsilon_{it} \qquad (7-20)$$

$$Y_{it} = C_3 - \alpha RCI_{it} + \sum_{\tau=1}^{T-1} \sum_{s=1}^{2} \gamma_{jt} d_\tau \times d_s + \beta X_{it} + \varepsilon_{it} \qquad (7-21)$$

其中，$j = 1, 2, 3$ 分别代表中国东部、中部和西部。$\gamma_t = C + \alpha RCI_{jt}^* - C_3$，若 $\tau = t$，则 $d_\tau = 1$，否则 $d_\tau = 0$；若 $s = j$，则 $d_s = 1$，否则 $d_s = 0$。从而，在假设 3 满足的前提下，通过引入时间虚拟变量 d_τ 和区域虚拟变量 d_s 以一致地估计 α。

（三）数据与变量选取

本章选取 2005~2020 年中国大陆除西藏外 30 个省、自治区、直辖市平衡面板数据为研究对象，数据来源于历年各省份统计年鉴、《中国统计年鉴》《新中国 60 年统计资料汇编》、《中国能源统计年鉴》以及《中国科技统计年鉴》，具体变量的选取和解释如下。

1. 经济高质量发展指数（QGI）

本章采用师博、任保平（2018）构建的衡量经济高质量发展的指标体系，对相关数据进行搜集整理计算，得到经济高质量发展指数。此种方法构建了包括发展的基本面和社会成果两个维度的中国省际经济高质量发展指标体系，其中发展的基本面包括强度、稳定性、合理化、外向性四个维度，社会成果包括人力资本和生态资本两个维度，如图 7-2 所示。

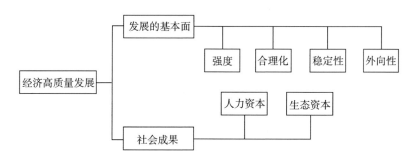

图 7 - 2　经济高质量发展指标体系

具体而言，经济发展的强度采用地区实际人均 GDP 来衡量，稳定性采用 GDP 增长率变异系数的倒数来衡量，合理化采用 1 与产业结构泰尔指数的差值来衡量，外向性采用净出口占 GDP 比重来衡量，社会成果的人力资本采用人均受教育年限来衡量，生态资本采用实际 GDP 与二氧化碳排放量的比值来衡量。对这六个指标采用"最小—最大标准化"方法将原始数据转换为无量纲化指标测评值，再用均等权重法进行赋值并加总进而获得经济高质量发展指数。

测算方程为：经济高质量发展 = 0.5 × 发展基本面 + 0.5 × 社会成果

发展基本面 = 0.25 × 强度 + 0.25 × 稳定性 + 0.25 × 合理化 + 0.25 × 外向性

社会成果 = 0.5 × 人力资本 + 0.5 × 生态资本

2. 消费投资比（RCI）

用消费率与投资率之比代表消费投资比，消费率为最终消费额占 GDP 的比重，投资率为资本形成总额占 GDP 的比重。

3. 控制变量

（1）城市化率（urban）。在城镇化过程中，人口不断从生产率较低的第一产业向生产率较高的第二产业、第三产业转移，提升经济增长的结构化效率，因此促进经济的高质量发展。本章用各省份城镇人口数占总人口比重来衡量该地区的城镇化水平。

（2）对外开放水平（openness）。通过对外开放，我国得以充分融入国际分工体系，充分提升我国各行业的专业化效率，同时在对外开放过程中充分发挥"干中学"的效应,通过引进、消化和吸收到先进的知识和技术,从而促进经济的高质量发展。本章用各省份进出口总额占 GDP 的比重来衡量各省份的对外开放水平。

(3) 信息化水平 (information)。随着互联网的不断发展,信息得以突破时空的限制在全球高速传播与整合,从而加快人力资本的积累,推动技术进步,促进经济的高质量发展。本章用信息传输、计算机服务和软件业固定资产投资占全社会固定资产投资比重来衡量各省份的信息化水平。

(4) R&D 投入 (RD)。技术进步是生产效率提高的主要因素,而 R&D 投入是技术创新的基础,因此 R&D 投入与经济高质量发展存在着正向的相关关系。本章用各省份规模以上工业企业的 R&D 投入经费占 GDP 比重来衡量该地区的 R&D 投入水平。

各变量的定义、计算方法及描述性统计如表 7-1 所示。

表 7-1 数据变量定义和计算方法

变量含义	具体计算方法	样本容量	均值	标准差	最小值	最大值
经济高质量发展 QGI	基于无量纲化的综合评价法	450	0.3774	0.1167	0.0991	0.8062
消费投资比 RCI	消费率/投资率	450	0.9086	0.2621	0.3842	1.7083
城市化率 Urban - ratio	城镇人口/总人口	450	0.5358	0.1390	0.2687	0.9189
对外开放水平 Openness	进出口总额/GDP	450	0.3827	0.6399	0.0001	7.1066
信息化水平 Information	信息传输、计算机服务与软件业固定资产投资/全社会固定资产投资	450	0.0128	0.0082	0.0004	0.0497
R&D 投入 RD	规模以上工业企业 R&D 经费/GDP	450	0.0088	0.0052	0.0001	0.0221

(四) 实证结果分析

本章先利用最小二乘法 (OLS) 对消费投资结构与经济高质量发展的关系进行估计。按照理论推断,对于基准线性计量模型,实际消费投资比越小,其偏离最优消费投资比的程度越大,即消费投资结构失衡程度越大,经济发展质量水平越低,所以我们预期 α 为负值。那么对于三种不同假设下的具体模型来说,RCI_{it} 的系数 $-\alpha$ 是我们关心的待估计系数,所以预期 $-\alpha$ 为正值,即 RCI 的系数为正值,表明若实际消费投资比增长,经济发展质量会提升。

表 7-2 汇报了假设 1、假设 2、假设 3 条件下的 OLS 基准回归结果。

表 7-2 OLS 基准回归

被解释变量 QGI	(1)	(2)	(3)
RCI	0.073 ***	0.070 ***	0.061 ***
	(5.20)	(4.69)	(4.41)
urban	0.539 ***	0.479 ***	0.404 ***
	(15.62)	(13.43)	(12.70)
openness	0.009 *	0.020 ***	0.027 ***
	(1.65)	(2.73)	(2.84)
information	0.450	0.799	0.555
	(0.89)	(1.36)	(1.03)
RD	5.366 ***	5.133 ***	2.325 ***
	(7.79)	(7.61)	(3.23)
_cons	-0.034 *	-0.029	0.070 ***
	(-1.88)	(-1.33)	(3.38)
模型假设	假设 1	假设 2	假设 3
N	450.000	450.000	450.000
r2	0.804	0.816	0.860

注:括号中为 t 统计量,***、** 和 * 分别代表在 1%、5% 和 10% 的显著性水平上显著不为 0。

从表 7-2 中可以看出,在不同假设条件下,RCI 的系数均在 1% 的显著性水平上显著为正,即实际消费投资比偏离最优消费投资比对经济高质量发展的影响在 1% 的显著性水平上显著为负,支持了本章提出的假说。

比较不同假设条件下的系数估计值可见,假设 1 的 RCI 系数最大,假设 3 的 RCI 系数最小,说明不同时间、不同区域的最优消费投资比是不同的。从时间角度来说,随着中国经济发展的战略目标从追求经济增长到逐步满足人民日益增长的美好生活需要的转变,人民的消费观念和生活水平得到了提升,最优消费投资比会随时间而变得越来越大，因此不考虑最优消费投资比时间变化的假设 1 会导致 RCI 回归系数的高估；从区域角度来说，我国同一时间上的区域间的经济发展水平是存在差异的，东部地区的商业环境等较中西部更为成熟，消费水平会更高，因此不考虑最优消费投资比区域变化的假设 2 也会导致 RCI 回归系数的高估。在控制变量中，信息化水平对经济高质量发展的影响为正向但不显著，城镇化水平、对外开放水平和 R&D 投入对经济高质量发展均在 1% 的显著性水平上显著为正，说明城镇化水平、对外开放水平以及创新水平的提高对经济发展质量的提升具有正向促进作用。

尽管 OLS 基准回归中加入了一些控制变量，但仍可能存在因遗漏变量带来的内生性问题，因此本章进一步采用基于面板数据的工具变量法和系统 GMM 估计方法对模型进行估计。其中，工具变量法中以滞后一期的解释变量即 RCI_lag 作为工具变量，采用两阶段工具变量模型（2SLS）对方程（7 - 17）、方程（7 - 19）和方程（7 - 21）进行估计；系统 GMM 估计方法则利用被解释变量和内生性变量的滞后项即滞后一期 QGI 和滞后一期 RCI 作为工具变量，对方程（7 - 17）、方程（7 - 19）和方程（7 - 21）进行估计。结果如表 7 - 3 所示，列（1）～列（3）分别汇报了 2SLS 方法中假设 1、假设 2、假设 3 条件下的估计结果，列（4）～列（6）分别汇报了 GMM 方法中假设 1、假设 2、假设 3 条件下的估计结果。

表 7 - 3   2SLS 和 GMM 回归

被解释变量 QGI	(1)	(2)	(3)	(4)	(5)	(6)
	2SLS			GMM		
RCI	0.085***	0.083***	0.082***	0.053***	0.046***	0.051***
	(5.45)	(5.16)	(5.42)	(3.23)	(2.70)	(3.38)
urban	0.540***	0.487***	0.429***	0.413***	0.363***	0.368***
	(15.07)	(13.22)	(13.83)	(11.91)	(10.33)	(11.98)
openness	0.008	0.018**	0.017***	0.011*	0.021***	0.020***
	(1.46)	(2.52)	(2.67)	(1.68)	(2.91)	(2.95)

续表

被解释变量 QGI	(1)	(2)	(3)	(4)	(5)	(6)
	2SLS			GMM		
information	0.404	0.622	0.331	0.940	1.820***	0.405
	(0.72)	(0.97)	(0.57)	(1.58)	(2.72)	(0.67)
RD	5.143***	4.949***	2.396***	7.092***	6.624***	3.693***
	(7.19)	(7.09)	(3.41)	(9.98)	(9.57)	(5.30)
_cons	-0.041**	0.012	0.109***	0.029	0.092***	0.152***
	(-2.20)	(0.50)	(5.23)	(1.54)	(3.87)	(7.01)
模型假设	假设1	假设2	假设3	假设1	假设2	假设3
N	420.000	420.000	420.000	420.000	420.000	420.000
r2	0.810	0.821	0.856	0.795	0.808	0.850
AR (1) P 值				0.140	0.161	0.154
AR (2) P 值				0.359	0.429	0.526
Hansen 检验 P 值				1.000	1.000	1.000
	一阶段结果					
RCI_lag	0.932***	0.957***	0.958***			
	(57.11)	(53.26)	(52.95)			
F	1240.26	462.60	425.07			
N	420.000	420.000	420.000			

注：括号中为 t 统计量，***、** 和 * 分别代表在1%、5%和10%的显著性水平上显著不为0。

从 2SLS 一阶段回归结果可以看出，三个假设条件下，滞后一阶消费投资比（RCI_lag）的系数均在1%的显著性水平上显著为正，F 值大于 10，表明不存在弱工具变量风险，总体来看，工具变量的选取是合理的。二阶段回归结果中，RCI 的系数均在1%的显著性水平上显著为正，支持了本章提出的假说。

GMM 估计方法中，AR（2）P 值不显著，表明模型有效地克服了内生性问题，Hansen 检验是工具变量有效性检验，P 值大于0.1，表明估计中选择的工具变量不存在过度识别问题，三个假设条件下的 RCI 系数均在1%的显著性水平上显著为正，支持了本章提出的假说。各个控制变量对经济高质量发展的影响与 OLS 基准回归的结果也基本保持一致，所以三种回归方法均支持了本章提出的假说：对最优需求结构的偏离对我国经济高质量发展具有显著的负面影响。

（五）稳健性检验与影响机制分析

1. 异质性分析

（1）基于东中西部区域划分的异质性分析。考虑到我国区域经济发展的不平衡，东部、中部和西部地区间在消费投资水平、城市化水平、对外开放水平、信息化水平以及 R&D 投入水平等方面都存在差异。各个区域的需求结构对最优需求而结构的偏离程度也有所不同，对经济高质量发展造成的影响可能也存在区域间的差异。为了检验结果的稳健性，本章将研究样本按照区域进行划分，其中东部地区包括北京、天津、河北、辽宁、上海、江苏、浙江、福建、山东、广东、海南；中部地区包括山西、吉林、黑龙江、安徽、江西、河南、湖南、湖北；西部地区包括广西、内蒙古、重庆、四川、贵州、云南、西藏、陕西、甘肃、宁夏、青海、新疆。

（2）基于市场化水平划分的异质性分析。新中国成立之后，我国在实行计划经济体制，实行重工业优先发展战略，因此形成"高积累，低消费"的需求结构。改革开放以来我国市场化水平不断提升，市场经济体制已成为我国的基本经济制度。但各地的市场化程度有所差异，对于市场化高的地区而言，企业可能受到地方政府的"援助之手"作用更大，相应的投资效率可能高于低市场化地区。那么从理论逻辑上可以推导，对于高市场化地区而言，其需求结构对最优结构的偏离对经济高质量发展造成的负向影响应当低于低市场化地区。为了检验这一可能性，以及验证本章研究结果的稳健性，本章利用樊纲教授领先测度的中国市场化指数作为市场化水平的衡量指标，以所有省份在 2015～2020 年的市场化指数平均数 6.5 作为分界点，将研究样本划分为两组，低于 6.5 为低市场化水平地区，高于 6.5 为高市场化水平地区。所有省份的分组结果为：始终大于 6.5 的地区有北京、天津、辽宁、上海、江苏、浙江、福建、山东、广东；从 2013 年左右开始大于 6.5 的地区有安徽、江西、河南、湖北、湖南、重庆、四川；从 2017 年左右开始大于 6.5 的地区有河北、吉林、黑龙江、广西、陕西；始终低于 6.5 的地区有山西、内蒙古、海南、贵州、云南、甘肃、青海、宁夏、新疆。

由于假设 3 对模型的约束最松，也更符合现实，所以这里基于假设 3 采用系统 GMM 方法进行分组回归，结果如表 7 - 4 所示，列（1）~ 列（3）为按地理位置划分的三组子样本，列（4）~ 列（5）为按市场化水平划分的两组子样本。

表 7 - 4　　　　　　　　　　异质性分析

被解释变量 QGI	按区域划分			按市场化水平划分	
	（1）	（2）	（3）	（4）	（5）
	东部地区	中部地区	西部地区	低市场化指数	高市场化指数
RCI	- 0.004	0.032 *	0.125 ***	0.050 ***	0.033 *
	(- 0.19)	(1.79)	(4.08)	(2.59)	(1.77)
urban	0.376 ***	0.103 *	0.638 ***	0.301 ***	0.388 ***
	(9.78)	(1.86)	(7.60)	(5.55)	(11.13)
openness	0.028 ***	- 0.068	0.157 ***	0.093 ***	0.017 ***
	(3.34)	(- 1.60)	(3.70)	(2.91)	(2.85)
information	2.591 ***	2.047 ***	- 1.942 ***	0.924 *	1.800 **
	(2.59)	(3.89)	(- 2.77)	(1.73)	(1.96)
RD	2.670 ***	3.820 ***	1.104	3.373 **	1.319
	(3.21)	(2.89)	(0.48)	(2.23)	(1.21)
_cons	0.202 ***	0.298 ***	- 0.115 **	0.139 ***	0.196 ***
	(7.29)	(10.14)	(- 2.07)	(3.65)	(8.17)
N	154.000	112.000	154.000	216.000	203.000
r2	0.879	0.674	0.639	0.626	0.874
AR (1) P 值	0.275	0.757	0.448	0.014	0.224
AR (2) P 值	0.294	0.649	0.276	0.333	0.287
Hansen 检验 P 值	1.000	1.000	1.000	1.000	1.000

注：括号中为 t 统计量，*** 、** 和 * 分别代表在 1% 、5% 和 10% 的显著性水平上显著不为 0。

根据结果显示，列（1）~ 列（5）AR（2）P 值均不显著，表明模型有效地克服了内生性问题，Hansen 检验是工具变量有效性检验，P 值大于 0.1，表明估计中选择的工具变量不存在过度识别问题。列（1）~列（3）显示，东部地区 RCI 系数为很小的负数 -0.004 且不显著，中部地区和西部地区的 RCI 系数分别在 10% 和 1% 的显著性水平上显著为正，支持本章的假说；从 RCI 系数的大小上来看，西部地区较中部地区系数大，表明在经济发展水平相较更落后的地区，消费投资结构失衡对经济高质量发展的负面影响会更大，也就是说，在西部地区消费投资比的提升会对经济高质量发展会有更显著的提升效果。列（4）~列（5）显示，低市场化水平地区和高市场化水平地区的 RCI 系数分别在 1% 和 10% 的显著性水平上显著为正，支持本章的假说；从 RCI 系数的大小上来看，低市场化水平地区较高市场化水平地区系数大，表明在市场化水平较低的地区，消费投资结构失衡对经济高质量发展的负面影响会更大，也就是说，在市场化水平较低的地区消费投资比的提升会对经济高质量发展有更显著的提升效果，这进一步验证了我们在基于市场化水平异质性分析中提出的推论。

2. 分位数回归

OLS 回归关注的是因变量的条件均值函数，以残差平方和最小化为目标，容易受极端值的影响，分位数回归估计的是解释变量与被解释变量的分位数之间的线性关系，可以看到各个分位数水平的结果，使用残差绝对值的加权平均作为最小化的目标函数，因此也不易受极端值影响。本章将 OLS 回归结果和比较有代表性的 7 个分位点的估计结果列在了一张表上，如表 7 - 5 所示，为了进一步观察参数变化情况，将 RCI 随着分位点的变化绘制在图 7 - 3 中。

表 7 - 5 分位数回归结果

被解释变量 QGI	（1）	（2）	（3）	（4）	（5）	（6）	（7）	（8）
	OLS	QR_10	QR_20	QR_25	QR_50	QR_75	QR_80	QR_90
RCI	0.061***	0.026	0.042***	0.034**	0.028**	0.087***	0.089***	0.101***
	(5.60)	(1.52)	(2.98)	(2.43)	(2.10)	(6.61)	(6.65)	(5.04)

续表

被解释变量 QGI	（1）	（2）	（3）	（4）	（5）	（6）	（7）	（8）
	OLS	QR_10	QR_20	QR_25	QR_50	QR_75	QR_80	QR_90
urban	0.404***	0.407***	0.374***	0.357***	0.353***	0.285***	0.309***	0.309***
	（13.56）	（8.82）	（9.65）	（9.39）	（9.67）	（7.86）	（8.40）	（5.64）
openness	0.027***	0.034***	0.031***	0.030***	0.031***	0.034***	0.031***	0.020
	（3.78）	（3.16）	（3.43）	（3.41）	（3.61）	（4.00）	（3.64）	（1.53）
information	0.555	−0.287	0.103	0.639	0.848*	1.285***	1.066**	2.352***
	（1.37）	（−0.46）	（0.20）	（1.24）	（1.71）	（2.61）	（2.14）	（3.16）
RD	2.325***	2.233**	2.491***	2.098**	2.958***	4.246***	4.253***	4.676***
	（3.26）	（2.02）	（2.68）	（2.30）	（3.38）	（4.89）	（4.83）	（3.56）
_cons	0.070***	0.060*	0.067**	0.080***	0.117***	0.102***	0.095***	0.081**
	（3.31）	（1.83）	（2.43）	（2.99）	（4.56）	（3.98）	（3.66）	（2.09）
N	450.000	450.000	450.000	450.000	450.000	450.000	450.000	450.000

注：括号中为 t 统计量，***、** 和 * 分别代表在 1%、5% 和 10% 的显著性水平上显著不为 0。

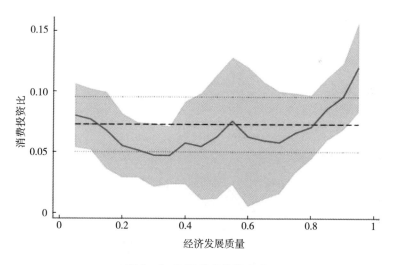

图 7 - 3 RCI 随分位数变动

从估计结果可以看出，分位数回归得到的系数符号与 OLS 回归模型的结论基本一致，所有回归系数都显著为证，证明了最优需求结构的偏离会对中国经济高质量发展造成比较显著的负向影响。但在分位数回归模型中，可以观察到 OLS 回归模型无法反映的信息。随着分位数的增加，RCI 的分位数回归系数总体呈现出先下降再上升的过程，在 10% 分位点以下呈现一个较高水平，随后开始下降，到 80% 分位点之间都处于系数均值以下，而突破 80% 分位点后系数剧烈上升。这表明，最优需求结构的偏离对经济高质量发展的影响系数呈现比较明显的"微笑曲线"效应，即对于经济发展质量处于最低和最高的地区，其负向效应更加明显。而特别是经济发展质量排序在前 1/5 的省份，偏离最优消费投资比造成的需求结构失衡对经济高质量发展的负向影响更大。

3. 变量替换

考虑到消费投资结构的失衡对经济高质量发展的影响可能存在滞后效应，所以本采用滞后一期实际消费投资比即 RCI_lag 作为解释变量，对模型结果的稳健性进行检验，结果如表 7-6 所示。

表 7-6   滞后一期解释变量稳健性检验

被解释变量 QGI	（1）	（2）	（3）
RCI_lag	0.079***	0.080***	0.070***
	(5.48)	(5.13)	(4.84)
urban	0.557***	0.502***	0.431***
	(15.44)	(13.28)	(12.76)
openness	0.008	0.017**	0.025**
	(1.49)	(2.31)	(2.52)
information	0.387	0.630	0.301
	(0.69)	(0.97)	(0.50)
RD	5.184***	4.971***	2.139***
	(7.27)	(7.04)	(2.94)
_cons	-0.046**	-0.044**	0.042**
	(-2.42)	(-2.00)	(2.18)
模型假设	假设1	假设2	假设3
N	420.000	420.000	420.000
r2	0.809	0.822	0.864

注：括号中为 t 统计量，***、** 和 * 分别代表在 1%、5% 和 10% 的显著性水平上显著不为 0。

将表 7 - 6 结果与表 7 - 2 对比可以看出，当解释变量滞后一期时，在不同模型设定下，RCI_lag 系数均在 1% 的显著性水平上显著为正，各个控制变量的回归系数与 OLS 基准回归基本保持一致，表明本章模型的结果是比较稳健的；同时可以看出，RCI_lag 的系数大于基准回归中 RCI 的系数，说明需求结构的失衡对经济高质量发展的影响确实存在滞后效应，其影响具有持续性。

4. 偏离最优需求结构对我国经济高质量发展的影响机制分析

现代经济增长理论和国际经验已经证实，赶超基本上是以结构失衡为"常态"的，其可持续性一定会受到挑战。我国的经济高速增长阶段是通过政府干预资源配置将资源集中在高增长的工业部门，从而产生规模收益递增实现赶超的，但依靠投资规模扩张的生产模式帮助产业实现快速成长的同时，高投资低消费造成的供给和需求不匹配问题逐渐凸显，规模增长效率开始快速递减，对规模偏向、低端市场和模仿创新的路径依赖导致自主创新意识较弱，生产效率难以提升，从而阻碍经济转向高质量发展，因此消费投资结构失衡可能会通过降低生产效率从而对经济高质量发展产生负面影响。

全要素生产率指的是在资本、劳动等生产要素投入既定的条件下所达到的额外生产效率，即由创新带来的效率改进（蔡昉，2013），所以本章采用全要素生产率来衡量生产效率。全要素生产率的测算主要有数据包络分析法、随机前沿法、索洛余值法三大类，本章采用索洛余值法测算 TFP，即基于生产函数采用产出增长率扣除资本、劳动投入要素的增长贡献率后得到。在规模报酬不变假设下，C - D 生产函数形式可以设定为：

$$Y = A \, K^a L^b \qquad\qquad (7-22)$$

其中，Y 是总产出，L 是劳动投入，K 是资本投入，a 表示资本产出弹性，b 表示劳动产出弹性，A 即为全要素生产率。

劳动投入用各省份就业总人口来衡量，资本投入采用学术界较为常见的永续盘存法测算，公式为：$K_t = (1 - \delta_t) K_{t-1} + I_t / P_t$，其中，$K_t$ 为第 t 年的实际资本存量，K_{t-1} 为第 t - 1 年的实际资本存量，I_t 第 t 年新增固定资产，采用固定资本形成总额，P_t 为第 t 年的投资价格指数，采用固定资产投资价格指数，δ_t 为第 t 年的资本折旧率，参考现有大部分文献做法，取值 9%。根据劳动者报酬占 GDP 的比重确定劳动份额，即劳动产出弹性，使用"1 - 劳动份额"

作为资本份额，即资本产出弹性，由于数据的可得性本章计算得到2007～2019年的全要素生产率。

由于假设3对模型的约束最松，也更符合现实，所以基于假设3，以全要素生产率作为中介变量，采用逐步检验回归系数的方法进行中介效应检验，结果如表7-7所示。

表7-7　　　　　　　　　　　全要素生产率中介效应

被解释变量	Step1	Step2	Step3
	QGI	TFP	QGI
RCI	0.061***	0.292*	0.052***
	(4.41)	(1.87)	(3.91)
urban	0.404***	2.158***	0.345***
	(12.70)	(4.85)	(10.80)
openness	0.027***	0.143	0.023**
	(2.84)	(0.71)	(2.57)
information	0.555	5.215	0.100
	(1.03)	(1.13)	(0.21)
RD	2.325***	-29.944**	2.917***
	(3.23)	(-2.53)	(4.40)
TFP			0.022***
			(3.29)
_cons	0.070***	0.117	0.083***
	(3.38)	(0.50)	(4.34)
N	510.000	450.000	450.000
r2	0.860	0.694	0.874

注：括号中为t统计量，***、**和*分别代表在1%、5%和10%的显著性水平上显著不为0。

表7-7中Step1直接考察了需求结构失衡对经济高质量发展的影响，可以看出RCI系数在1%的显著性水平上显著为正，为0.061，这一结果与上文基准回归结果一致。Step2考察了需求结构失衡对全要素生产率的影响，RCI系数依然在1%的显著性水平上显著为正，为0.292，表明实际消费投资比越小，即需求结构对最优需求结构的偏离程度越大，生产效率水平越低。Step3

进一步考察了加入全要素生产率后消费投资结构失衡和经济高质量发展之间的显著关系如何变化,可以看出,RCI 与 QGI 之间的显著关系没有发生变化,但系数由 Step1 的 0.062 减小到 0.052;TFP 与 QGI 之间的关系在 1% 的显著性水平上显著为正,为 0.022,说明全要素生产率在需求结构失衡和经济高质量发展之间起到了部分中介的作用,中介效应为 0.292 × 0.022 = 0.006424,在总效应中占比为 0.006424/0.061 = 10.53%。据此,本章的中介效应机制得到了支持。

四、结论与政策建议

本章基于一个 Ramsey - Cass - Koopmans 一般均衡框架在理论上证明了最优需求结构的存在性,并针对存在最优消费投资比却观察不到其数据的问题,构建了实际消费投资比偏离最优消费投资比的程度系数,建立模型使得最优消费投资比进入常数项,从而利用实际消费投资比数据实证分析了我国需求结构失衡对经济高质量发展的影响。本章主要得出以下结论:(1)我国需求结构失衡对经济高质量发展具有显著的负向影响。不同时间、不同区域的最优消费投资比是不同的,但在一定的时间和区域内存在一个稳定的最优消费投资比,实际消费投资比与此值之间的偏离越大,越不利于经济发展质量的提升。(2)分区域来看,改善西部的需求结构会相较已经较发达的中东部来说对经济发展质量的提升有更明显的效果;分市场化水平高低来看,改善低市场化水平地区的需求结构、提高其市场化水平对经济发展质量的提升有更明显的效果。(3)需求结构的失衡通过影响生产效率的提升,进而影响经济发展质量的提升。

党的十九届五中全会通过的《中共中央关于制定国民经济和社会发展第十四个五年规划和二〇三五年远景目标的建议》提出,要加快构建以国内大循环为主体、国内国际双循环相互促进的新发展格局。《建议》中强调要立足国内大循环,我国具有全球最大和最具潜力的消费市场,具有巨大的增长空间,那么从需求结构的消费角度来说,消费作为经济增长的第一驱动力,当外需重要性下降时,提高国内居民的消费水平便是带动国内大循环、提升经济发展质量的重要因素。从需求结构的投资角度来说，投资具有需求效应的同时，其实现为生产性固定资产后则再投入生产，产生供给效应，而供给效应是滞后于需求效应的，再加之有选择性地对第二产业的高投资，就导致产能过剩和产品滞销，造成人员和设备的闲置，从而增加失业，降低企业的投资预期和居民的消费预期。

根据上述结论，未来我国构建新发展格局的重点在于优化需求结构来促进经济高质量发展。

一是要提高消费水平，构建高水平内需体系。首先，应提高人民当前的可支配收入，让人们有能力消费。依据边际消费倾向递减规律，增加低收入人群的可支配收入可以显著提高消费率，所以应采用具有更大力度的制度和政策措施。其次，应提高人民的未来收入预期，建立起完善的社会保障体系，使人们敢于消费，例如医疗保险、子女教育、养老等基本社会保障制度的建设会增强人们消费的信心，改变人们以预防为主的消费观念，从而促进消费升级，为构建以国内大循环为主、国内国际双循环相互促进的新发展格局提供有效支撑。

二是要抑制投资"饥渴症"。劳动力、资本、土地等传统要素投入的驱动作用下降后，我国亟须转入创新驱动发展模式，摆脱过度依赖投资与出口的路径依赖。中央政府应注重提供创新驱动所需的制度型公共产品，例如，完善知识产权保护相关法律，建立健全激励企业技术创新、专利申请以及成果转化等机制，消除创新者的后顾之忧；同时企业作为技术创新的主体，政府应支持企业建立研发机构，建立产学研相结合的技术创新体系，落实各项税收优惠政策、金融政策等鼓励和支持企业开发新产品、新工艺和新技术，从而加大企业自主创新的外在压力和内在动力；地方政府应改变单纯以经济增长为目的的官员晋升考核体系，从招商引资转向招才引智，着眼于长期的经济社会发展，从而实现经济高质量发展。

三是在优化需求结构的过程中充分考虑区域之间的经济发展水平差异和体制机制差异，打造区域经济互补的高质量区域经济格局。在我国经济发展水平不断提高的同时，东中西部发展不平衡的问题成为当前满足人民日益增长的美好生活需要和实现经济高质量发展的主要制约因素。因此，一方面要坚持深化改革，对于市场化水平相对比较低的中西部地区，将有效市场与有为政府相结合，坚持"两个毫不动摇"，破除限制各类市场主体活力的制约因素，减少无效和低效投资供给，增加高效投资，提升投资效率，打造新时代社会主义经济市场体制的升级版；另一方面，要继续坚持推进新一轮的西部大开发和中部崛起等发展战略，完善对中西部地区的政策投入，推动形成东中西互动、共同发展的区域战略布局，从而缩小中西部与东部之间的发展差距。

第八章　新时代中国经济高质量发展中的供给结构

随着改革开放的不断深化，我国经济增长显著，根据世界银行 WDI 数据库统计 2017 年我国的人均 GNI 接近 9000 美元，新时代我国已经迈入中高等收入国家行列，并进入以服务业为主导的工业化后期。2022 年，中国人均 GNI 达到 1.26 美元，高于中等偏上收入国家平均水平，但难以为继的数量型经济增长方式以及多变的国际贸易环境，使得我国经济发展面临着增速下滑、结构失衡等诸多挑战。为应对新时代经济发展的新问题，2015 年我国开始推行旨在优化影响我国经济增长长期因素的供给侧结构性改革。党的十九大报告明确提出必须把发展经济的着力点放在实体经济上，把提高供给体系质量作为主攻方向，显著增强我国经济质量优势，并提出针对供给体系质量的具体要求，即优化存量资源配置，扩大优质增量供给，实现供需动态平衡。供给体系质量的提升不仅是实现高质量发展的基础，更是保障经济可持续发展的重要因素。党的二十大报告提出，要坚持以推动高质量发展为主题，把实施扩大内需战略同深化供给侧结构性改革有机结合起来。因此，在探讨需求结构之后，从理论视角梳理高质量发展下供给结构的内涵，测度要素配置效率的失衡对供给结构的影响，从而探寻提高新时代我国供给体系质量的路径，可以为未来实现要素重置、提升配置效率、改善供给结构，促进经济高质量发展提供依据和参考。

一、供给结构的研究背景与研究现状

相对于需求结构而言，供给结构侧重分析影响市场主体产出水平的因素，即主要是基于经济增长理论，对影响经济长期发展能力和潜在增长率的因素进行分析。新时代的经济高质量发展重在提高要素两个方面的效率：一是技术进步效率，通过技术进步提高要素使用的效率，在同等投入数量下提升质量，寻求更大的产出水平，新时代经济高质量发展下的技术进步效率主要体现为动力结构的转化，第二篇中论述的数字经济促进动力结构转换对此进行了详细论述；二是要素配置效率，通过产业间以及区域间的供给侧要素重置提升配置效率，可以提高经济发展质量。因此，本章基于供给结构的视角，论述要素配置效率促进经济高质量发展的理论机制。

　　基于现代增长理论对影响产出水平因素的讨论，可以看出，影响经济长期增长的供给结构包括两方面，一是劳动力、资本、技术以及制度等影响产出水平的要素供给；二是以要素配置效率为核心的生产率。供给结构的质量体现为要素投入的供给效率与要素产出的生产率两个方面，对应于高质量发展所强调的技术进步效率和要素配置效率。一方面，要素投入的质量，是建立在有序的要素规模扩张基础上的要素禀赋结构优化升级。除表现为劳动力、资本及自然资源等传统要素投入数量的增长以及质量的提升外，还表现为技术、制度等高级要素供给的扩张。高质量发展所要求的要素供给质量的提升，表现为数字经济发展对技术进步的促进引致的动力结构转化和要素质量提升。另一方面，有效的要素配置效率，不仅包括劳动、资本等传统要素产出水平的提升，还包括新的要素组合方式引起的全要素生产率的提升。一是要通过发挥有效的市场机制，利用价格信号，提高要素存量的配置效率；二是通过技术进步、制度优化等优化要素配置方式，提升全要素生产率水平。与此同时，对正处于工业化阶段的后发追赶型经济体而言，优化要素配置结构也是提高供给体系质量、实现经济高质量发展的重点。要素的空间配置结构体现为要素禀赋结构和配置效率区域差异，合理的要素空间配置结构有利于区域比较优势的互补和区域间的协同发展，并能通过要素集聚形成规模经济，节约交易成本。要素的产业配置结构体现为产业产值比重与要素比重的相对均衡程度。合理的产业结构不仅有利于全面推动各产业产出水平的提高，还能通过产业融合、技术溢出等增强产业间的协同发展水平，是实现产业升级的根本因素。

总而言之，要素供给结构的质量包括了影响经济发展和产出水平的要素供给和生产率两个方面。技术、制度等高端要素的增多以及劳动力、资本等传统要素质量的提升是提高要素投入质量的关键，同时，有效的要素重置以及要素在区域间、产业间配置结构的优化和配置效率差异的缩小是提高要素产出质量的核心。

改革开放以来，中国经济体制改革的推进带动了中国经济的快速腾飞，这一阶段的产业发展是以粗放式的生产模式为主，经济增长的动力主要依靠生产要素的数量投入。在经历40多年的高速增长后，随着世界经济增长乏力以及国内人口红利消失、要素成本不断上升等国内外形势的变化，经济增速开始放缓，中国经济呈现出新常态，除了要素投入之外，要素配置效率的重要性更加得到关注。在经济发展过程中，若劳动和资本等生产要素可以自由流动，要素会不断从生产效率水平较低的部门流向生产效率较高的部门，进而推动产业结构的调整，最终达到同一要素在各部门的边际报酬相等的最优配置状态。当生产要素市场存在流动障碍时，产业间形成要素错配，要素的边际报酬在不同部门之间存在差异，便会抑制经济增长。换言之，供给结构的区域差异是导致区域发展失衡的重要因素，供给结构的产业差异抑制了产业的协调发展，限制了产业升级，我国供给结构在区域与产业等方面都有待进一步提升。因此，纠正产业间要素配置与最优配置状态的偏离问题，提升供给结构中的要素配置效率，为挖掘经济增长潜力、实现经济高质量发展提供了另一种可能。

要素配置的低效率对经济高质量发展所要求的供给结构优化具有一定程度的负面影响，因此需要通过测度区域间、产业间要素配置效率的失衡程度来，为未来实现要素重置进而提升配置效率、改善供给结构提供依据和参考。

二、中国供给结构中要素配置状态的测算框架

中国目前存在的产业间要素配置不均的问题影响了经济发展的供给结构，意味着当前要素重置具有比较大的发展空间。因此，在未来高质量发展的过程中要重视依托要素重置来实现供给结构转变和供给效率提升。

在探究产业间要素配置对经济高质量发展影响的问题之前，需要对我国三次产业间要素配置的特点和发展变化情况进行刻画和描述。当前关于测度产业间要素配置状态问题的研究文献中主要包括以下几种方法：第一，生产函数法，早期国外的一些学者采用 Cobb - Douglas 生产函数对产业中生产要素扭曲程度进行了测算（Masayuki et al. , 2004），很多国内学者也采用生产函数法对要素扭曲和资源错配进行估算和研究（柏培文，2012；曹玉书和楼东玮，2012；王颂吉等，2021）。第二，时变弹性生产函数法，此种方法中资本要素和劳动力要素的产出弹性是时间的函数，解决了 Cobb - Douglas 生产函数产出弹性是固定常数，不符合经济现实情况的弊端，目前此种方法的应用仍处于探索和发展阶段（章上峰和许冰，2009；李程，2015）。第三，生产前沿法，通过测算实际的生产点与生产可能性边界之间的差距得到资源的扭曲度，以数据包络分析（DEA）和随机前沿分析（SFA）方法为代表，其可以将扭曲分解为不同部分，但不能用来估计不同生产要素的扭曲程度（郝枫和赵慧卿，2010）。基于以上方法的优劣势，本节采用 Cobb - Douglas 生产函数法来测度三次产业间的要素配置状态。

假设三次产业的生产函数均为 Cobb - Douglas 形式，则部门 i 第 t 期的生产函数为：

$$Y_{it} = e^u K_{it}{}^{\alpha_i} L_{it}{}^{\beta_i} \qquad (8-1)$$

其中，i = 0，1，2，3，0 代表全社会总量部门，1 代表第一产业，2 代表第二产业，3 代表第三产业；Y_{it}、K_{it}、L_{it} 分别代表部门 i 在第 t 期的生产总值、固定资本投入及劳动力投入；α_i 和 β_i 分别代表部门 i 的资本产出弹性和劳动产出弹性，并且满足 $\alpha_i + \beta_i = 1$；三次产业的要素投入满足以下关系式：$L_1 + L_2 + L_3 = L_0$，$K_1 + K_2 + K_3 = K_0$。

对式（8-1）两边取对数，可得到方程：

$$Log Y_{it} = \alpha_i Log\, K_{it} + \beta_i Log\, L_{it} + u \qquad (8-2)$$

对于每个部门，其利润最大化的表达式为：

$$Max\, \pi_{it} = e^u K_{it}{}^{\alpha_i} L_{it}{}^{\beta_i} - \omega_{it} L_{it} - \gamma_{it} K_{it} \qquad (8-3)$$

由利润最大化的一阶条件可得：

$$\omega_{it} = \beta_i K_{it}{}^{\alpha_i} L_{it}{}^{\beta_i - 1} = \beta_i \frac{Y_{it}}{L_{it}} \qquad (8-4)$$

$$\gamma_{it} = \alpha_i K_{it}^{\alpha_i - 1} L_{it}^{\beta_i} = \alpha_i \frac{Y_{it}}{K_{it}} \qquad (8-5)$$

$$\frac{\omega_{it}}{\gamma_{it}} = \frac{\beta_i}{\alpha_i} \frac{K_{it}}{L_{it}} = \frac{\beta_i}{\alpha_i} k_{it} = h_i k_{it} \qquad (8-6)$$

其中，ω_{it} 和 γ_{it} 代表部门 i 的工资和利率水平，$k_{it} = \frac{K_{it}}{L_{it}}$ 代表资本劳动比；$h_i = \frac{\beta_i}{\alpha_i}$ 代表劳动与资本的产出弹性之比，表示两种要素投入的相对产出效率。

在完美市场假设下，资源和要素可以自由流动无障碍，最终会达到同一要素在不同部门的边际收益相等的最优配置状态，此时三次产业的工资—利率比率相等。但是当市场存在流动障碍时，生产要素的流动受到限制，即各部门之间存在要素错配，工资—利率比率就不再相等。基于以上逻辑，为了衡量三次产业间的要素配置状态，我们将总量生产函数对应的工资—利率比率 $\frac{\omega_0}{\gamma_0}$ 作为基准部门的工资—利率比率，三次产业与基准部门的工资—利率比率有如下关系式成立：

$$h_0 k_{0t} = \varphi_i h_i k_{it} \qquad (8-7)$$

其中，φ_i 表示部门生产要素错配系数，当 $\varphi_i = 1$ 时，部门 i 不存在资源错配；当 $\varphi_i < 1$ 时，即 $\frac{\omega_i}{\gamma_i} > \frac{\omega_0}{\gamma_0}$，表示部门 i 相对基准部门配置了过多的资本和过少的劳动力；当 $\varphi_i > 1$ 时，即 $\frac{\omega_i}{\gamma_i} < \frac{\omega_0}{\gamma_0}$，表示部门 i 相对基准部门配置了过多的劳动力和过少的资本。三次产业的要素错配系数分别如下式子所示：

$$\varphi_{1t} = \frac{h_0 k_{0t}}{h_1 k_{1t}} \qquad (8-8)$$

$$\varphi_{2t} = \frac{h_0 k_{0t}}{h_2 k_{2t}} \qquad (8-9)$$

$$\varphi_{3t} = \frac{h_0 k_{0t}}{h_3 k_{3t}} \qquad (8-10)$$

以上得到的要素错配系数可以衡量错配对经济增长和经济高质量发展的影响，是研究要素错配对经济高质量发展影响的基础。通过计算要素错配系数，可以了解各要素配置的不平衡情况，进而评估经济中三次产业的资源利用效率和生产效率。进一步，揭示经济体中具体存在的过剩或短缺问题，最终优化资源配置以提高经济的高质量发展。

三、中国供给结构中要素配置状态的指标体系与数据来源

第二节中得到的要素错配系数公式是研究要素错配对经济高质量发展影响的基础，而对要素错配程度的实际测算需要建立在对资本存量进行测算的基础之上，已有大量文献对全国和各省份的资本存量进行了估算（张军等，2004；单豪杰，2008），对于省际层面三次产业资本存量的测算相对较少，徐现祥等（2007）估计出我国 1978 ~ 2002 年各省份三次产业的物质资本存量，柏培文和许捷（2018）在此基础上估算出 2003 ~ 2013 年的相关数据。第三节将沿用二者的方法对 2002 ~ 2019 年我国省份三次产业资本存量进行估计，进而测算出三次产业间的要素配置状态，并在第四节、第五节从时序角度和区域角度对中国产业间要素配置状态进行刻画和描述。

测算三次产业要素配置状态的基础是估计总量生产函数和三次产业生产函数，需要生产总值、实际固定资本存量、劳动力投入三个指标的基础数据，据此估算出资本产出弹性和劳动产出弹性。其中，生产总值用实际 GDP 表示，劳动力投入用三次产业年末就业人员数表示，实际固定资本存量用永续盘存法估算。

（一）实际固定资本存量的估算

本章在徐现祥等（2007）的基础上，对 2002 ~ 2019 年中国 30 个省、自治区、直辖市（不包括西藏以及港澳台地区）的实际资本存量总量以及三次产业实际资本存量进行估算，数据来源于相关年份各省份统计年鉴、《中国统计年鉴》、《中国国内生产总值核算历史资料》以及《中国投资领域》。具体公式如下所示：

$$K_{it}^{j} = K_{it-1}^{j}(1 - \delta_{it}^{j}) + I_{it}^{j}/P_{it}^{j} \qquad (8-11)$$

其中，K 为实际资本存量；I 为年度投资额；P 为投资价格指数；δ 为资本折旧率；i = 1，2，…，30，表示省份；j = 0，1，2，3，表示总体（j = 0）和三

次产业（j = 1，2，3）；t = 2002，…，2019，表示年份。

1. 年度投资额 I

现有文献通常采用"全社会固定资产投资"或"固定资本形成总额"作为指标。在本章中，j = 0 时，2018 年以后官方没有再报告各地区固定资本形成总额数据，因此 2002～2017 年采用固定资本形成总额，2018 年、2019 年采用全社会固定资产投资数据代替。j = 1，2，3 时，2004 年以后官方有三次产业的全社会固定资产投资数据，没有三次产业的固定资本形成总额数据，二者差异较大但三次产业的固定资本形成总额所占比重与全社会固定资产投资所占比重没有较大差异，因此本章先计算出三次产业的全社会固定资产投资所占比重，再用此比重将固定资本形成总额数据分解，以此替代三次产业固定资本形成总额数据。其中 2013 年的缺失数据采用插值法补齐。

2. 投资价格指数 P

j = 0 时，采用固定资本形成总额指数，个别年份缺失数据采用插值法补齐；j = 1，2，3 时，由于没有报告分产业的固定资本形成总额指数，本章利用分产业的 GDP 价格指数，借鉴徐现祥等（2007）三步走的方法对三次产业的投资价格指数进行构造，其构造方法为：分产业固定资本形成总额价格指数 = 分产业 GDP 价格指数 ×（总量固定资本形成总额价格指数/总量 GDP 价格指数）。

3. 固定资本折旧率 δ

现有文献对于固定资本折旧的确定主要有两种，一种是采用地区 GDP 的收入法核算公式"GDP = 固定资产折旧 + 营业盈余 + 生产税净额 + 劳动报酬"中报告的三次产业固定资本折旧数据，另一种是估计出一个折旧率 δ 对资本存量进行扣减，将对折旧的确定转化为对折旧率的确定。由于收入法核算的固定资产数据只报告至 2004 年，本章采用第二种方法，借鉴单豪杰（2008）的研究，将折旧率 δ 定为 10.96%。

4. 基期资本存量 K

j = 0 时，本章采用单豪杰（2008）以 1952 年为基期所估算出来 1998 年资本存量数据，并将其转为 1998 年当年价作为本章估算的基期资本存量；j = 1，2.3 时，本章与徐现祥等（2007）一致，在其研究计算得到的 2002 年分省份三次产业的资本存量数据的基础上对之后年份数据进行计算。

将中国30个省份总体及三次产业的相关数据代入式（8－11）可以得到资本存量，表8－1中汇报了2002～2019年中代表性年份各省份三次产业资本存量的时间序列数据。

表8－1　　　　　代表性年份三次产业各省份资本存量估算结果　　　单位：亿元

省份	2008 年			2013 年			2019 年		
	第一产业	第二产业	第三产业	第一产业	第二产业	第三产业	第一产业	第二产业	第三产业
北京	98.39	1999.70	12823.19	470.46	3392.30	25947.35	642.13	3785.69	32049.59
天津	119.29	3805.65	4893.61	841.31	11829.62	17571.88	1116.06	13791.21	24441.40
河北	1339.07	10898.85	9980.52	3044.15	26879.91	27454.78	4200.33	34931.65	32398.59
山西	351.82	5428.26	4106.10	1628.08	13494.38	14194.72	3258.58	14216.81	17016.46
内蒙古	887.51	5852.27	5410.74	3083.72	21500.21	19680.10	3931.53	23985.02	23691.24
辽宁	803.78	9179.66	10613.13	1988.24	24152.52	29543.43	1976.91	23470.70	31651.61
吉林	653.53	5659.60	4902.77	1816.17	17820.20	13977.45	2582.13	21882.93	17126.77
黑龙江	1003.43	3772.92	4907.51	2945.83	11998.12	14154.72	4256.64	14768.85	18357.26
上海	78.52	5701.36	11574.33	124.84	9164.61	24084.56	83.39	8290.36	31443.33
江苏	374.20	21426.27	18649.57	1079.24	52839.14	47987.47	1378.09	63334.80	60338.32
浙江	411.33	12862.17	14630.05	838.25	24233.03	36845.60	1150.31	26363.26	48699.70
安徽	438.32	4557.76	6010.52	1039.86	13325.90	16353.41	1641.23	18706.60	22444.50
福建	400.92	4997.16	8013.39	1028.08	13510.51	22997.50	2047.94	18820.41	32699.11
江西	393.89	4015.25	5010.79	949.08	12269.75	10462.17	1152.79	16245.43	13600.97
山东	1694.17	21401.97	15717.21	3852.34	49719.23	48794.30	4636.09	63728.21	60101.75
河南	1468.12	11679.88	11496.88	4379.79	38605.83	34952.63	6451.27	49925.10	48871.98
湖北	577.93	5930.16	7793.43	1779.75	17734.72	22791.80	2593.53	26223.91	33624.55
湖南	506.93	4843.00	7411.05	1892.44	16645.46	22945.52	2957.50	22586.62	31964.22
广东	451.16	12151.08	19972.03	1621.89	28923.37	55181.03	2208.62	39473.05	76818.62
广西	461.62	3274.52	4846.43	1749.28	12746.20	19158.30	2536.25	15677.20	23368.63
海南	140.85	491.15	1625.42	203.26	1157.28	5151.30	208.86	1119.84	7783.99

续表

省份	2008 年			2013 年			2019 年		
	第一产业	第二产业	第三产业	第一产业	第二产业	第三产业	第一产业	第二产业	第三产业
重庆	332.85	3116.51	6843.22	1163.73	7258.33	14291.54	1326.26	9979.51	19410.40
四川	773.79	6457.67	9846.36	1784.67	15363.84	26789.12	2585.37	18052.11	37294.75
贵州	223.51	2102.10	2578.90	398.00	4442.67	9098.60	1037.33	5347.71	17427.15
云南	522.92	2899.71	4953.53	1262.74	8279.40	17045.66	2747.76	9764.65	30448.67
陕西	471.24	3722.40	6447.02	1785.13	11322.21	20034.04	3266.15	13639.33	28919.71
甘肃	279.84	2096.51	2284.82	632.13	5597.28	5437.52	1075.25	6161.96	8546.22
青海	131.12	895.52	773.15	417.96	2832.12	2961.85	592.69	4512.09	6043.84
宁夏	154.49	1016.14	1080.32	342.14	3305.42	3368.09	710.08	5110.08	5959.72
新疆	788.56	3225.75	3199.31	1350.42	9407.55	8583.37	1834.43	12752.69	16180.38

资料来源：笔者根据《中国统计年鉴》《中国国内生产总值核算历史资料》以及《中国固定资产投资统计年鉴》，基于永续盘存法进行计算而得。

(二) 要素产出弹性的估算

估计出实际资本存量数据之后，根据测算框架中的式 (8-2)，对各指标数据在 Stata 中利用最小二乘法 (OLS) 进行估计，分别计算出总量生产函数和三次产业生产函数中的要素产出弹性，回归结果如表 8-2 所示。

表 8-2　　　　　　　　要素产出弹性的估算

变量	(1) LogY	(2) LogY$_1$	(3) LogY$_2$	(4) LogY$_3$
LogK	0.658*** (53.37)			
LogL	0.387*** (22.56)			
LogK$_1$		0.451*** (27.08)		
LogL$_1$		0.600*** (33.59)		

续表

变量	(1) LogY	(2) LogY$_1$	(3) LogY$_2$	(4) LogY$_3$
LogK$_2$			0.586*** (42.61)	
LogL$_2$			0.439*** (28.11)	
LogK$_3$				0.637*** (43.21)
LogL$_3$				0.478*** (23.64)
u	-0.063 (-1.56)	0.012 (0.24)	0.268*** (6.93)	-0.231*** (-5.79)
N	660.000	539.000	529.000	529.000
R^2	0.955	0.865	0.860	0.941

注：括号中为 t 统计量，***、** 和 * 分别代表在 1%、5% 和 10% 的显著性水平上显著不为 0。

根据表 8-2 中结果显示，总量生产函数和三次产业生产函数的固定资本投入和劳动投入的系数均在 1% 的显著性水平上显著，且 $\alpha_0 + \beta_0 = 1.045$，$\alpha_1 + \beta_1 = 1.051$，$\alpha_2 + \beta_2 = 1.025$，$\alpha_3 + \beta_3 = 1.115$，基本符合 $\alpha_i + \beta_i = 1$ 的假设条件，R^2 都在 0.85 以上，表明模型的拟合优度较高，根据回归结果便可以计算得到总量生产函数和三次产业生产函数中的要素产出弹性分别为 $\alpha_0 = 0.658$，$\beta_0 = 0.387$；$\alpha_1 = 0.451$，$\beta_1 = 0.6$；$\alpha_2 = 0.586$，$\beta_2 = 0.439$；$\alpha_3 = 0.637$，$\beta_3 = 0.478$。

（三）三次产业要素错配系数的测算

根据测算框架中的式（8-8）~式（8-10），结合要素产出弹性数据可计算得到中国 30 个省份三次产业的要素错配系数，表 8-3 汇报了省级层面 2002~2019 年中代表性年份的三次产业要素错配系数的测算结果。

表 8 – 3　　　　　代表性年份三次产业各省份要素错配系数测算结果

省份	2008 年			2013 年			2019 年		
	第一产业	第二产业	第三产业	第一产业	第二产业	第三产业	第一产业	第二产业	第三产业
北京	4.97	1.43	0.76	1.43	1.34	0.73	1.26	1.54	1.11
天津	4.14	0.82	0.70	1.39	0.90	0.73	1.63	1.10	1.28
河北	2.99	0.52	0.52	2.94	0.61	0.55	4.33	0.94	1.07
山西	4.87	0.37	0.63	2.85	0.49	0.60	2.36	0.57	1.01
内蒙古	3.13	0.28	0.59	2.87	0.33	0.77	3.65	0.40	1.09
辽宁	3.38	0.45	0.58	3.57	0.55	0.69	5.61	0.65	0.89
吉林	3.19	0.29	0.62	3.52	0.37	0.80	3.69	0.50	1.46
黑龙江	1.99	0.45	0.60	1.65	0.38	0.70	2.24	0.52	1.15
上海	5.73	1.20	0.81	5.87	1.34	0.89	9.41	1.74	0.99
江苏	13.42	0.56	0.69	8.72	1.66	1.65	10.82	3.39	3.86
浙江	6.54	0.92	0.56	4.68	1.05	0.50	5.35	1.80	0.94
安徽	4.78	0.50	0.53	4.66	0.51	0.59	7.30	1.06	1.25
福建	5.09	0.83	0.48	4.03	0.88	0.49	4.26	1.36	1.14
江西	4.19	0.55	0.54	3.66	0.50	0.68	6.59	1.03	1.50
山东	4.26	0.51	0.67	3.88	0.58	0.58	5.90	0.98	1.08
河南	3.61	0.44	0.41	3.20	0.51	0.50	4.38	0.85	1.06
湖北	5.74	0.43	0.52	4.63	0.41	0.53	6.51	0.83	1.18
湖南	5.18	0.49	0.48	4.04	0.48	0.51	6.30	0.84	1.06
广东	10.88	0.97	0.49	5.60	1.02	0.45	7.09	1.34	0.94
广西	4.85	0.34	0.45	4.61	0.40	0.39	6.52	0.66	0.88
海南	3.41	0.36	0.33	6.13	0.56	0.44	12.48	1.29	0.78
重庆	5.46	0.49	0.38	3.21	0.71	0.52	5.25	1.19	1.16
四川	4.59	0.50	0.42	4.70	0.62	0.46	6.60	1.31	0.87
贵州	7.65	0.19	0.32	9.95	0.35	0.27	11.09	1.34	0.65
云南	4.81	0.27	0.35	5.08	0.33	0.38	5.79	0.88	0.78
陕西	4.53	0.47	0.48	3.18	0.37	0.31	4.39	0.78	1.06
甘肃	4.46	0.26	0.35	4.90	0.27	0.42	5.66	0.50	0.76
青海	2.90	0.36	0.67	2.26	0.37	0.61	4.41	0.66	1.15
宁夏	2.92	0.44	0.50	4.39	0.29	0.59	4.50	0.48	1.05
新疆	2.21	0.27	0.70	3.04	0.27	0.69	4.87	0.44	1.07

四、中国供给结构中要素配置状态的趋势研判

本节以全国总量生产函数作为基准部门，测算得到三次产业要素错配系数，反映的是三次产业相对于全国整体水平而言的要素配置状态。表 8 - 4 汇报了 2002 ~ 2019 年全国层面三次产业要素错配系数的测算结果，图 8 - 1 用折线图描绘出变动情况以便更直观地考察其趋势变化。

表 8 - 4　　　　　　　　全国层面三次产业要素错配系数

年份	第一产业	第二产业	第三产业
2002	7. 88	0. 70	0. 80
2003	6. 22	0. 64	0. 67
2004	5. 34	0. 61	0. 61
2005	4. 91	0. 55	0. 58
2006	4. 62	0. 54	0. 58
2007	4. 45	0. 54	0. 58
2008	4. 14	0. 51	0. 58
2009	3. 73	0. 51	0. 57
2010	3. 58	0. 52	0. 58
2011	3. 39	0. 51	0. 57
2012	3. 17	0. 51	0. 57
2013	3. 07	0. 51	0. 59
2014	2. 96	0. 52	0. 60
2015	2. 84	0. 51	0. 62
2016	2. 77	0. 51	0. 64
2017	2. 72	0. 53	0. 65
2018	3. 22	0. 64	0. 82
2019	3. 97	0. 80	1. 08

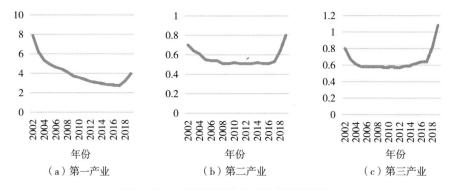

（a）第一产业　　　　　（b）第二产业　　　　　（c）第三产业

图 8 - 1　全国层面三次产业要素错配系数

全国层面第一产业的要素错配系数在 2002～2019 年整体呈现下降趋势，但始终大于 1。具体而言，2002～2008 年由 7.88 持续下降至 4.14，下降幅度较大，此后到 2017 年呈现小幅下降趋势，2018 年、2019 年略有上升，总体保持在 3 左右。这表明第一产业自 2002 年以来一直存在着较为严重的要素错配，劳动力配置过多而资本配置较少，但要素错配情况正逐年改善，逐渐向着均衡的态势发展。

全国层面第二产业的要素错配系数在 2002～2019 年变动范围处于 0.5 到 1 之间，整体呈现相对稳定的状态。具体而言，2002～2008 年由 0.7 小幅下降至 0.5，此后到 2017 年保持在 0.5 的水平，2018 年、2019 年开始逐渐趋近于 1。表明第二产业相对于全国整体而言，长期存在着资本配置较多而劳动力配置较少的要素配置状态，近年来错配程度正逐渐改善。

全国层面第三产业的要素错配系数在 2002～2019 年变动范围处于 0.56 到 1.08 之间，呈现出下降—稳定—上升的趋势。具体而言，2002～2006 年由 0.8 下降至 0.57，到 2013 年保持稳定，此后到 2019 年间逐渐上升，2019 年最接近 1，为 1.08。可以看到第三产业的要素错配系数变化趋势与第二产业相似，但第三产业的要素错配程度稍好于第二产业，近年来向 1 靠拢的速度快于第二产业。

在中国社会主义现代化建设过程中，为了加快工业化、城市化的建设进程，我国实施了一系列诸如户籍制的城乡分割政策，这些因素使得劳动力转移受到阻碍，因此第一产业要素配置多年来处于劳动力配置过多、资本配置过少的状态，但其要素错配程度在逐渐改善，这得益于 2003 年以来中央开始颁布一系列支持农业、农村发展，促进农民增收的优惠政策，统筹城乡发展，努力构建城乡经济社会发展一体化格局。第二产业和第三产业要素配置处于资本配置较多、劳动力配置较少的状态，改善进程缓慢，随着党的十八大以来中央推进新型城镇化改革，农村城镇化和农民工市民化进程的加快，推动了过剩劳动力从第一产业向第二产业、第三产业的转移，近几年来第二产业、第三产业的要素配置状况趋于均衡的进程加快。要素配置的变化趋势也在一定程度上表明中国已经转向追求高质量发展，并且重视要素均衡配置和要素配置效率。通过改革政策的不断推进和农村城镇化进程的加快，劳动力逐渐从农业向工业和服务业转移，在供给结构中促进要素配置的优化，推动经济的高质量发展。

五、中国供给结构中要素配置状态的区域格局分析

经济高质量发展所重视的要素配置效率不仅仅关注三次产业，还同样关注要素配置状态的区域格局。在分析全国层面三次产业要素配置状态时间趋势变化的基础上，进一步从空间的角度出发，将全国 30 个省份依据胡焕庸线、市场化指数和五大经济带三个层面进行省际划分，考察分析中国供给结构中的产业间要素配置状态的区域格局。

（一）依据胡焕庸线划分

考虑到中国南北地区地理位置气候环境的差异对三次产业要素配置状态的影响，将 30 个省份划分为胡焕庸线（黑龙江黑河到云南腾冲的人口地理分界线）以北、穿过以及以南的地区。其中，胡焕庸线以南地区包括北京、天津、河北、辽宁、上海、江苏、浙江、福建、山东、广东、海南、吉林、安徽、江西、河南、湖北、湖南、重庆、贵州、广西、黑龙江、内蒙古；胡焕庸线穿过的省份包括山西、陕西、甘肃、四川；胡焕庸线以北地区包括云南、青海、宁夏、新疆。表 8 - 5 汇报了 2002～2019 年依据胡焕庸线划分区域的三次产业要素错配系数测算结果。

表 8-5　　　　　依据胡焕庸线划分区域的三次产业要素错配系数

年份	胡焕庸线以南地区			胡焕庸线穿过地区			胡焕庸线以北地区		
	第一产业	第二产业	第三产业	第一产业	第二产业	第三产业	第一产业	第二产业	第三产业
2002	11.78	0.85	0.99	7.72	0.47	0.71	4.74	0.40	0.71
2003	8.87	0.76	0.70	5.79	0.47	0.55	3.43	0.39	0.56
2004	7.15	0.70	0.60	5.55	0.44	0.52	3.24	0.36	0.54
2005	6.32	0.64	0.57	5.44	0.41	0.48	3.25	0.36	0.52
2006	5.96	0.63	0.56	5.11	0.40	0.49	3.26	0.35	0.54
2007	5.65	0.62	0.55	4.98	0.41	0.49	3.25	0.34	0.56
2008	5.21	0.59	0.55	4.62	0.40	0.47	3.21	0.34	0.56
2009	4.70	0.60	0.54	4.22	0.42	0.45	2.95	0.32	0.54
2010	4.53	0.63	0.57	3.99	0.46	0.45	2.91	0.33	0.54
2011	4.36	0.65	0.58	4.01	0.48	0.45	3.16	0.33	0.55
2012	4.29	0.66	0.59	4.03	0.49	0.47	3.33	0.33	0.54
2013	4.28	0.70	0.63	3.91	0.44	0.45	3.69	0.32	0.56
2014	4.27	0.72	0.66	3.76	0.45	0.46	3.67	0.33	0.57
2015	4.14	0.73	0.69	3.48	0.47	0.49	3.51	0.33	0.58
2016	4.02	0.75	0.72	3.17	0.49	0.50	3.45	0.35	0.59
2017	3.87	0.76	0.75	3.25	0.52	0.52	3.19	0.38	0.59
2018	4.62	0.90	0.92	3.76	0.61	0.67	3.96	0.48	0.79
2019	5.99	1.15	1.21	4.75	0.79	0.92	4.89	0.62	1.01

在胡焕庸线以南、穿过、以北地区 2002～2019 年的第一产业要素错配系数均在 3 以上，即劳动力配置过多，资本配置过少。具体而言，第一产业要素错配程度在胡焕庸线以南地区最为严重，2013 年以前呈现较快的下降趋势，此后保持在 4.3 左右；穿过地区次之，2013 年以前也呈现下降趋势，此后稳定在 3.5 左右；以北地区要素错配情况相对而言较好，2002～2019 年波动不

大，保持在 3.5 左右。

在胡焕庸线以南、穿过、以北地区 2002～2019 年的第二产业要素错配系数除 2019 年以南地区为 1.15 之外，均小于 1，即资本配置较多，劳动力配置较少。具体而言，第二产业要素错配程度在胡焕庸线以北地区比较严重，要素错配系数波动不大，保持在 0.35 左右，2018 年、2019 年开始上升至 0.6；穿过地区次之，波动同样较小，保持在 0.45 左右，2018 年、2019 年开始上升至 0.8；以南地区错配程度较轻，2002～2008 年要素错配系数呈现减小趋势，此后呈现逐渐上升趋势，2018 年、2019 年逐渐接近 1。

在胡焕庸线以南、穿过、以北地区 2002～2017 年的第三产业要素错配系数差距较小，基本处于 0.4～0.8，即资本配置较多，劳动力配置较少，此后三者的要素错配系数均以较快的速度向 1 趋近，到 2019 年分别为 1.15、0.92 和 1.01。具体而言，第三产业要素错配程度在胡焕庸线穿过地区比较严重，波动较小，在 2018 年以前一直保持在 0.45 左右；以北地区次之，2018 年以前保持在 0.55 左右小幅变动；以南地区错配程度较轻，2008 年以前要素错配系数呈现小幅下降趋势，此后呈比较明显的上升趋势，从 0.54 逐年向 1 趋近。

由此可见，胡焕庸线以南地区的第一产业要素错配系数已逐渐与穿过、以北地区追平，第二产业、第三产业要素配置状况也逐渐在向均衡的态势发展，这可能得益于劳动力流动障碍的减少，但穿过、以北地区的第二产业、第三产业要素错配程度比较严重，近年来虽有好转但趋势缓慢。

（二）依据市场化指数划分

考虑到我国各地市场化程度的不同，本章利用樊纲教授领衔测度的中国市场化指数作为市场化水平的衡量指标，以 2019 年所有省份市场化指数的中位数 7.62 为分界点，将全国划分为高市场化水平地区和低市场化水平地区。大于 7.62 的高市场化水平地区包括北京、天津、上海、江苏、浙江、安徽、福建、江西、山东、河南、湖北、湖南、广东、重庆、四川、陕西；小于 7.62 的低市场化水平地区河北、山西、内蒙古、辽宁、吉林、黑龙江、广西、海南、贵州、云南、甘肃、青海、宁夏、新疆。表 8-6 汇报了 2002～2019 年依据市场化指数划分区域的三次产业要素错配系数测算结果。

表8-6　　　　依据市场化指数划分区域的三次产业要素错配系数

年份	高市场化水平地区			低市场化水平地区		
	第一产业	第二产业	第三产业	第一产业	第二产业	第三产业
2002	14.30	0.94	1.06	5.73	0.51	0.75
2003	9.56	0.87	0.73	5.65	0.44	0.58
2004	8.01	0.80	0.62	4.59	0.41	0.54
2005	7.18	0.75	0.58	4.20	0.37	0.52
2006	6.76	0.73	0.57	4.03	0.36	0.52
2007	6.40	0.73	0.57	3.93	0.36	0.52
2008	5.82	0.69	0.56	3.77	0.35	0.52
2009	5.10	0.70	0.55	3.61	0.35	0.50
2010	4.72	0.75	0.57	3.69	0.37	0.52
2011	4.44	0.77	0.58	3.82	0.37	0.52
2012	4.27	0.79	0.60	3.96	0.38	0.53
2013	4.18	0.81	0.63	4.13	0.40	0.56
2014	4.06	0.83	0.66	4.19	0.41	0.59
2015	3.98	0.84	0.70	3.96	0.42	0.59
2016	3.84	0.86	0.73	3.83	0.43	0.62
2017	3.76	0.86	0.77	3.63	0.46	0.62
2018	4.49	1.02	0.95	4.34	0.55	0.78
2019	5.82	1.32	1.28	5.51	0.70	0.98

高市场化水平地区和低市场化水平地区的第一产业要素错配系数均在3.5以上，即劳动力配置过多，资本配置过少。2013年以前高市场化水平地区呈现显著下降趋势，而低市场化水平地区保持在4左右，此后二者要素错配系

数的大小趋于一致，到 2017 年小幅下降，2018 年、2019 年上升至 5.5。

高市场化水平地区的第二产业要素错配系数在 2002～2008 年呈现下降趋势，从 0.94 下降至 0.7，即要素错配程度在加大，资本配置较多，劳动力配置较小；此后年间要素错配系数逐渐增大，表明要素错配情况在逐年改善，向着均衡的态势发展。低市场化水平地区的第二产业要素错配程度较高市场化水平地区严重，2013 年以前要素错配系数保持在 0.35 左右，此后年间小幅上升，向着均衡的态势发展，2019 年为 0.7，发展速度慢于高市场化水平地区。

高市场化水平地区和低市场化水平地区的第三产业要素错配系数差别较小，二者的变动趋势也较为一致，2008 年以前呈现小幅下降趋势，2008 年为 0.5，资本配置较多，劳动力配置较少，此后开始逐年增大，到 2019 年趋于均衡的状态。

由此可见，高市场化水平地区的第二产业、第三产业要素错配程度一直较小，且第一产业要素错配程度近年来逐渐与低市场化水平地区追平，三次产业中低市场化水平地区的第二产业要素错配程度最为严重。

（三）依据五大经济带划分

我国五大经济带包括京津冀协同发展经济带、长江经济带、"一带一路"建设经济带、长三角一体化经济带和黄河流域经济带，各大经济带的经济发展水平因国家战略、资源禀赋和区域位置等原因而不尽相同，三次产业的要素配置状态也随之不同。京津冀协同发展经济带包括北京、天津、河北，长三角一体化经济带包括上海、江苏、浙江、安徽，长江经济带包括上海、江苏、浙江、安徽、江西、湖北、湖南、重庆、四川、贵州、云南，黄河流域经济带包括山西、内蒙古、山东、河南、陕西、甘肃、青海、宁夏，"一带一路"建设经济带包括内蒙古、辽宁、吉林、黑龙江、上海、浙江、福建、广东、广西、海南、重庆、云南、陕西、甘肃、青海、宁夏、新疆。表 8－7 汇报了 2002～2019 年五大经济带的三次产业要素错配系数测算结果。

表 8-7　五大经济带的三次产业要素错配系数

年份	长江经济带			黄河流域经济带			"一带一路"建设经济带			长三角一体化经济带			京津冀协同发展经济带		
	第一产业	第二产业	第三产业	第一产业	第二产业	第三产业	第一产业	第二产业	第三产业	第一产业	第二产业	第三产业	第一产业	第二产业	第三产业
2002	10.13	0.69	0.88	7.53	0.46	0.80	9.44	0.76	0.94	14.62	0.99	1.22	14.95	1.21	0.87
2003	8.30	0.65	0.64	4.99	0.45	0.59	7.28	0.66	0.66	10.98	0.92	0.86	8.63	1.18	0.71
2004	7.66	0.62	0.55	4.55	0.42	0.56	5.69	0.60	0.58	10.00	0.91	0.70	6.66	1.07	0.68
2005	7.06	0.59	0.51	4.38	0.40	0.54	5.21	0.55	0.54	8.98	0.85	0.65	5.56	1.01	0.65
2006	6.77	0.58	0.51	4.22	0.40	0.54	4.92	0.53	0.54	8.46	0.83	0.65	5.02	0.99	0.65
2007	6.58	0.58	0.51	4.10	0.40	0.55	4.73	0.53	0.54	8.06	0.82	0.66	4.63	0.99	0.66
2008	6.19	0.55	0.51	3.84	0.39	0.54	4.44	0.51	0.53	7.62	0.80	0.65	4.03	0.92	0.66
2009	5.57	0.57	0.51	3.50	0.39	0.52	4.14	0.51	0.52	6.75	0.83	0.65	3.17	0.89	0.65
2010	5.27	0.62	0.54	3.41	0.41	0.53	4.00	0.54	0.53	6.19	0.92	0.70	2.91	0.93	0.66
2011	5.20	0.64	0.56	3.43	0.43	0.53	3.92	0.55	0.53	5.91	0.98	0.74	2.58	0.93	0.65
2012	5.30	0.68	0.58	3.40	0.40	0.54	3.96	0.55	0.54	6.00	1.05	0.79	2.10	0.92	0.65
2013	5.38	0.73	0.63	3.44	0.41	0.55	4.04	0.56	0.57	5.98	1.14	0.91	1.92	0.95	0.67
2014	5.33	0.77	0.66	3.34	0.41	0.57	3.98	0.57	0.58	5.70	1.22	0.96	1.81	0.94	0.68
2015	5.10	0.80	0.70	3.13	0.41	0.59	3.87	0.56	0.59	5.60	1.26	1.03	1.74	0.92	0.73
2016	4.83	0.84	0.73	3.03	0.42	0.61	3.85	0.57	0.61	5.51	1.34	1.11	1.67	0.90	0.74
2017	4.52	0.88	0.77	3.06	0.45	0.62	3.85	0.58	0.62	5.47	1.41	1.20	1.64	0.87	0.75
2018	5.45	1.05	0.95	3.61	0.53	0.79	4.58	0.69	0.79	6.49	1.62	1.40	1.92	1.03	0.92
2019	7.37	1.40	1.29	4.41	0.65	1.03	5.60	0.89	1.02	8.22	2.00	1.76	2.41	1.19	1.16

　　五大经济带的第一产业要素错配系数各自之间存在差异，但大体都呈现下降趋势且均大于 1，即劳动力配置较多，资本配置较少。长三角一体化经济带的第一产业要素错配系数在 2002～2019 年始终处于第一名，要素错配程度比较严重，但整体处于下降趋势，从 11 减小至 6 左右；排名第二的为长江经济带，呈现先下降后逐渐稳定在 5 左右的趋势；"一带一路"建设经济带和黄河流域经济带都呈现比较缓慢的下降趋势，分别从 6 减小至 4 左右和从 5 减小至 3 左右；京津冀协同发展经济带的下降趋势最显著，从 2003 年的 8.6 逐年减小，2008 年开始成为五大经济带中错配系数最小的区域，2013 年之后稳定在 1.7 左右浮动。

　　长三角一体化经济带的第二产业要素错配系数在 2002～2008 年呈现小幅下降趋势，从 1 减小至 0.8，此后年间呈现上升趋势，2013 年达到 1 的水平后继续逐年上升，到 2019 年趋近于 2，即要素错配程度由基本均衡逐渐演变为劳动力配置较多，资本配置较少。京津冀协同发展经济带的第二产业要素错配系数在 2002～2019 年始终在 0.87 到 1.2 的范围内波动，要素配置基本均衡；长江经济带 2002～2008 年呈现小幅下降趋势，从 0.7 减小至 0.55，即资本配置较多，劳动力配置较少，此后年间呈现相对明显的上升趋势，向着均衡的态势发展，到 2018 年左右趋近于 1；"一带一路"建设经济带和黄河流域经济带的第二产业要素错配系数在 2002～2019 年都基本稳定，分别在 0.55 左右和 0.4 左右小幅波动，近两年上升趋势开始明显，但仍处于资本配置较多，劳动力配置较少的状态。

　　长三角一体化经济带的第三产业要素错配系数在 2008 年以前大体维持在 0.65，即资本配置较多，劳动力配置较少，此后呈现逐渐上升趋势，2013～2017 年基本处于均衡状态，2018 年、2019 年演变为劳动力配置较多而资本配置较少；其余四个经济带尽管要素错配程度有所不同，但呈现出相同的发展趋势，在 2013 年以前均处于比较稳定的资本配置较多而劳动力配置较少的状态，此后年间呈现小幅上升趋势，到 2018 年、2019 年上升趋势显著，逐渐达到要素配置均衡状态。

　　综上所述，京津冀协同发展经济带的三次产业要素配置状况均为比较均衡的状态；长三角一体化和长江经济带的第一产业要素错配程度比较严重，长江经济带的第二产业、第三产业要素配置逐渐向着均衡状态发展，而长三角一体化经济带的第二产业、第三产业要素配置逐渐演变为劳动力配置较多，资本配置较少的状态；"一带一路"建设经济带和黄河流域经济带的第一产业要素错配情况相对较轻，但第二产业、第三产业的要素错配程度比较严重。上述分析意味着，在实现经济高质量发展的过程中，需要关注区域间要素配置不均衡抑制经济发展的问题。

六、结论与政策建议

本章采用永续盘存法对 2002～2019 年省际层面三次产业资本存量进行了估计，运用生产函数法构建出三次产业要素错配系数，进而对我国供给结构中三次产业的要素配置状态进行了比较详细的刻画。本章得到的主要结论有：（1）从全国整体来看，第一产业劳动力配置较多资本配置较少，第二产业、第三产业资本配置较多而劳动力配置较少，三次产业要素配置状况近几年均呈现出比较明显的改善，在向均衡配置逐渐趋近，但第一产业要素错配程度较第二产业、第三产业更为严重，且改善进程相对比较缓慢。（2）胡焕庸线以南地区相较穿过和以北地区三次产业要素配置较为均衡，胡焕庸线以南、穿过及以北地区间的第一产业要素配置差异在逐年减小，但穿过及以北地区的第二产业、第三产业要素错配程度比较严重。（3）高市场化水平地区相较低市场化水平地区三次产业要素配置较为均衡，高市场化水平地区与低市场化水平地区的第一产业要素配置状况近几年来逐渐一致，第三产业要素错配程度差异较小，而低市场化水平地区的第二产业要素错配程度比较严重。（4）京津冀协同发展经济带的三次产业要素配置状况整体较为均衡，长三角一体化经济带的三次产业要素配置状况近几年来都演变为劳动力配置较多而资本配置较少，长江经济带处于五大经济带要素配置的平均水平，三次产业要素配置状况均以较快的速度朝着均衡的方向趋近，"一带一路"建设经济带和黄河流域经济带的第二产业、第三产业要素错配程度较为严重。

新时代强调中国经济已经由高速增长阶段转向高质量发展阶段。现阶段我国人均收入水平已达到中高等收入行列，并进入以服务业为主导的后工业化阶段。与前期以规模扩张为特征的数量型增长阶段相比，我国传统要素红利逐渐减少，一方面，随着刘易斯拐点的逐渐逼近，限制了我国的劳动力供给规模；另一方面，生态环境约束增强，自然资源利用的成本不断提高。同时，随着与发达经济体差距的缩小，以及全球贸易格局的变化以及贸易保护主义的回潮，致使我国后发优势减弱，直接引进技术设备的阻碍增强。因此，新时代我国供给体系的高质量，一方面体现为以人力资本积累和自主创新为核心的高端要素的培育；另一方面强调以要素重置与技术进步为核心的产出效率的提高以及要素配置结构的优化。如本章开头所述，当前存在的产业间以及区域间空间要素配置不均的问题对经济发展的供给结构造成了影响。因此，针对要素配置不均制约经济高质量发展的问题，未来高质量发展的过程中要依托要素重置实现供给结构转变和供给效率提升，进一步通过优化配置效率来实现经济高质量发展。

在推动经济高质量发展过程中提高供给体系高质量，重点是要通过有效的要素重置，提高要素在各区域、各产业的生产效率以及全要素生产率水平，优化要素的配置结构。基于以上结论，本章提出以下三点政策建议。

第一，建立健全区域、产业间要素流动的市场机制，化解要素跨地区、跨部门流动的制度障碍。随着工业化进程的推进，劳动力的流动具有自我锁定效应，需要通过协调部门的劳动报酬、减少户籍制度的约束，提高劳动力流转效率。同时，国有经济与非国有经济贷款能力的差异，限制了资本要素的跨所有制的流动。因此，需要通过进一步推进所有制改革，完善金融市场，促进资本要素的有效配置。在区域方面，推进区域结构转化，促进区域经济协调发展，提高经济整体发展战略。正确应对生产要素供给结构性变化，提升整体的资源配置和使用效率，改善经济供给面，促进经济高质量发展。

第二，有效发挥地区的比较优势，创新要素组合方式，通过区域间的协同发展，全面提高地区产出水平。由于地理条件、资源禀赋以及发展阶段的差异造成地区发展存在一定的差异，早期东部沿海地区依托地理优势和制度红利，率先通过融入全球价值链，实现了快速增长。但受地区产业政策的影响，未能有效释放各地区的比较优势，造成区域产业趋同发展的情况，不仅未能有效发挥东部地区对其他地区的拉动作用，也限制了中西部地区承载东部地区产业转移的能力。因此,不仅需要发挥地区的比较优势,完善地区的营商环境和贸易便利化程度,通过直接参与全球价值链,优化地区的要素配置效率,还需要协同发挥各地区的要素优势,通过城市群、经济带等跨地区的合作模式,提高区域产业分工水平。此外,继续消除阻碍要素流动的不合理制度因素,进一步强化区域结构转化的市场决定特征,使得社会流通和分工更有效率,从而提升全社会产出水平,助力经济高质量发展。

第三,发挥规模经济的效率,促进技术外溢,发挥工业部门技术进步对其他产业技术进步的拉动作用。随着分工的不断深化,逐渐形成了农业现代化与制造业服务化趋势,而其本质是通过产业融合促进技术溢出水平,提升产品质量和增加附加值,并且提高各产业的要素配置效率。经济高质量发展需要注重产业融合,通过供给结构中技术溢出和要素配置的优化,推动各产业之间的协同发展,进而提升整体经济的效益,有助于增强我国经济发展质量,提高全民福祉水平,并实现经济高质量发展的目标。

第九章　中国经济高质量发展中的
需求管理与供给管理

　　经济高质量发展需要总供给与总需求的平衡。但在经济运行过程中，供求不平衡才是常态，总供给与总需求的不平衡造成了经济在波动中发展的规律性特征，需求管理和供给管理是解决宏观经济中供求不平衡问题的两类政策调整思路。中国改革开放以来的宏观经济遵循在波动中发展的态势，但随着党的十九大报告明确提出我国经济已由高速增长阶段转向高质量发展阶段，主要问题和制约因素从需求侧转向了供给侧。党的二十大报告中进一步指出，"把实施扩大内需战略同深化供给侧结构性改革有机结合起来"。因此，在新时代下做好宏观调控，实现经济高质量发展的目标，必须以马克思主义政治经济学作为高质量发展的指导思想，将需求管理与供给管理相结合，构建具有中国特色的宏观调控理论及政策体系。

一、经济高质量发展中的供给与需求

　　供需平衡问题是马克思主义政治经济学中的一个重点问题，也是理解我国新时代经济高质量发展发展中宏观调控的理论基础。西方经济学中也有关于经济高质量发展的供给和需求的分析，但马克思主义政治经济学对宏观经济中的供需平衡与西方经济学中的供需平衡有所区别。马克思不仅仅讨论部门内部之间供给和需求的物质平衡关系，也关注价值平衡关系。同时，与西方经济学中强调总量的模型不同，马克思主义经济学的供需平衡模型是包含两大部类的结构化模型，所以，马克思主义政治经济学不仅关注供需的总量平衡，也关注供需的结构平衡。

1. 马克思主义政治经济学的经济总供求及其结构平衡理论

马克思主义政治经济学中的总供给与总需求理论主要是在马克思主义的生产理论中提出的，马克思在分析社会总资本的再生产与流通过程中，具体地分析了总供给与总需求。

在社会总资本的再生产与流通理论中，而社会总产品有两种划分方法，首先，按照价值的类别来划分，社会总产品主要包括三个部分，一是不变资本转移的价值 C，二是可变资本 V，三是剩余价值 M。其次，按照使用价值的标准划分，主要划分为生产资料和消费资料，生产部门主要分为两大部类，与之相对应，社会生产部类也分为生产资料部类和生活资料部类。

社会总资本的再生产和流通的规律，必然要求各个生产部门之间实现供给与需求的平衡。假设不变资本的全部价值一次性转移，通过分析简单和扩大再生产过程中的价值实现问题，就能够明确社会总产品的实现要求每个部类的供给等于社会对该部类产品的需求。

下面来观察简单再生产条件下生产资料部类的供求平衡。从价值角度来看产品的供给是 I（C + V + M），即用于第一部类中生产过程的不变价值、可变价值和剩余价值之和。而从需求角度来看，整个社会对生产资料的需求为 I（C）+ II（C），即生产资料部类和消费资料部类的不变价值之和。如果劳动的价值全部实现，并创造出相应的剩余价值，那么生产资料部类必然是供求平衡的，即一定有 I（C + V + M）= I（C）+ II（C），进一步可以得出 I（V + M）= II（C）。

基于以上的思路，同样可以分析简单再生产条件下消费资料部类的供求平衡。从消费资料部类来看，消费资料的供给为 II（C + V + M），即用于第二部类生产过程中的不变价值、可变价值和剩余价值之和，而从需求角度看，社会对消费资料的需求为 I（V + M）+ II（V + M），即需要用来转化为劳动的不变价值与剩余价值之和。所以，如果消费资料全部转化为劳动，那么就意味着消费资料部类的供求平衡，即一定有 II（C + V + M）= I（V + M）+ II（V + M），同样可以得出 I（V + M）= II（C）。

生产资料部类的供给和消费资料部类的供给构成了经济系统中的总供给，也就是 I（C + V + M）+ II（C + V + M），同样，生产资料部类的需求和消费资料部类的需求也构成了经济系统中的总需求，也就是Ⅰ（C）＋Ⅱ（C）＋Ⅰ（V＋M）＋Ⅱ（V＋M）。所以，两大部类内部如果实现了结构平衡，那么一定能够实现总量平衡。总供给与总需求的平衡实质就是两大部类之间的结构平衡。

以上是基于简单再生产条件下的分析，在扩大再生产条件下，结论依然成立。此时，在生产资料部类，供给依然是Ⅰ（C＋V＋M），但需求层面，由于要追加生产资料，因此需求变为Ⅰ（C＋ΔC）＋Ⅱ（C＋ΔC），其中ΔC代表追加的生产资料。因此，在生产资料部类的供求平衡就变成了Ⅰ（C＋V＋M）＝Ⅰ（C＋ΔC）＋Ⅱ（C＋ΔC）。在消费资料部类的供给依然为Ⅱ（C＋V＋M），而需求层面是同样的，在考虑到追加消费资料的情况下，需求变为Ⅰ（V＋ΔV＋M/X）＋Ⅱ（V＋ΔV＋M/X），其中ΔV代表追加的消费资料，M/X代表资本家的个人消费。因此，消费资料的供求平衡就变为了Ⅱ（C＋V＋M）＝Ⅰ（V＋ΔV＋M/X）＋Ⅱ（V＋ΔV＋M/X）。可以看到，在扩大再生产条件下，由两大部类的结构平衡同样也可推理出总供给与总需求的平衡。

基于马克思主义政治经济学的社会总资本再生产理论，可以发现马克思不仅仅关注实物的平衡，也强调价值的平衡。从价值的角度上说，社会总生产中要求价值补偿，即要求最终产品的价值必须等于不变资本转移价值、可变资本和剩余价值之和，这从本质上来说就是价值的平衡。从使用价值的角度上说，生产资料部类和消费资料部类的产品其使用价值是不同的，所以除了价值平衡外，还必须要求实物在供给与需求上保持平衡，这样才能够实现总供给与总需求的平衡。

2. 经济高质量发展的总供求影响因素

在社会主义市场经济的运行过程中，经济高质量发展的内在机制是市场机制，在市场机制下，市场决策不是集中的指令性计划决定的，而是由分散的企业所作出的，分散的生产决策不能够保证总供给与总需求总是平衡的，两者的失衡是经济发展过程中的常态，而在经济发展过程中产生中的"失衡—均衡—失衡—均衡"的波动和循环才是不断发生的规律。在这种规律的作用下，就有必要去探讨在经济发展过程中总供给和总需求的决定因素是什么，进一步去探讨高质量发展的基本特征。

为了分析经济发展过程中宏观经济总供求的影响因素，我们考虑一个基本的四部门模型来进行分析。这个四部门模型包括企业、居民、政府和国外经济部门。在这个模型中，四部门的行为模式如下：居民户向企业提供劳动并获得工资，所获得的工资分配为三个部分，第一部分用于居民家庭消费，第二部分用于向政府缴纳税金，最后一部分用于储蓄。企业生产出社会需要的产品获得利润，利润的一部分向政府缴纳税金，同时再用利润的一部分作为再生产的投入，即转化为下一次生产过程中不变资本，最后一部分用于企业所有者的私人消费。政府获得来自居民户和企业的税收，形成政府的收入，政府进一步将收入用于财政支出。国外经济部门向本国的居民户、企业和政府提供一部分产品，形成本国国内部门的进口，而本国的企业也会向国外经济部门提供一部分产品，形成本国的出口。

从以上的四部门模型中可以看到，一国的总供给和总需求都来自这四个部门，下面，将分别从总供给和总需求两个角度来分析各自的影响因素。

（1）总供给及其影响因素。国内的最终产品的总供给主要来自两个部门，一个是从国外企业进口的产品和服务，另一个是国内企业生产的产品和服务。国外企业进口的产品和服务是直接由国外经济部门提供的，在一国的总供给中占比重较小。而一国总供给的最终形态主要体现为国内企业生产的总产品和服务。从投入的生产资料和劳动来说，能够影响到生产资料和劳动的所有供给方因素，都是总供给的影响因素。从生产资料方面来说，居民户和企业所有者的储蓄水平决定了可以用于下一轮再生产过程中的不变资本投入数量，而不变资本的供给数量和质量是影响总供给的重要因素。从劳动方面来说，劳动者的技能水平、整个社会的就业水平、劳动时间和强度、企业与劳动者之间的关系等因素也能够影响总供给。除了生产资料和劳动力之外，生产技术、管理水平、国家提供的硬性基础设施和软性基础设施，都是能够影响总供给的重要因素。在既定的投入水平下，总供给也并非一成不变。而能够影响总供给出现大幅变动的因素，往往是经济当中的"真实"因素，如偶然性的外来自然灾害、由人口结构变化导致的劳动过程内生变化、科学技术因素导致的技术进步周期等。

（2）总需求及其影响因素。在典型的国民经济四部门模型中，宏观经济中一国的总需求主要来自各个部门的需求，其中，居民户有对于产品和服务的居民消费型需求，企业要生产产品和服务，因此有投资需求，而政府部门有对于产品和服务的政府消费需求，也有基础设施等公共产品的投资需求，国外经济部门对本国产品的需求，则形成了本国产品的出口需求。从总需求的影响因素来看，决定企业投资需求的主要包括宏观经济运行中的利率、税率和企业利润率等因素，也包括企业获得信贷的难易程度和国有企业比重等结构性因素。而决定居民消费需求的因素则主要包括居民的收入状况、福利状况等，除此之外，国民收入的初次分配和二次分配也能够很大程度上影响居民消费需求，如果分配差距过大，那么基于居民边际消费倾向递减规律，消费需求也会有所降低。决定政府消费和投资需求的主要是国家的财政政策。而决定对国外经济部门的出口需求的因素主要包括汇率、国内外宏观经济波动等因素。能够影响到总需求重大波动的因素，极可能是"真实"因素，如宏观经济中的自然灾害等，也可能是政策性因素，如财政政策和货币政策的变化导致的总需求调整。

（3）总供求平衡及其影响因素。由于总供给和总需求受到多种因素的影响而容易产生波动，因此总供给和总需求并非永远处于均衡状况，而是经常性处于失衡状态。如果总供给大于总需求时，那么企业存货增加、产能过剩，通常会出现价格总水平的下降，需求不足，失业上升，经济萧条。而当总需求大于总供给时，投资和消费需求旺盛，通常会出现价格总水平的上升，经济往往处于繁荣时期。在总供给基本面没有发生变动的情况下，总需求的波动往往通过相应的宏观经济政策来进行调整，从而使得总供求趋向均衡，熨平经济周期。但由于宏观政策存在的内部和外部时滞，宏观经济政策的效果不一定能有效发挥。而如果总供给发生了变动，那么仅靠对总需求进行调整和管理则是不够的，特别是在总供给降低，经济基本面恶化的情况下，仅仅靠总需求刺激的方式管理经济，实现的总供求平衡将是一种"低效的平衡"，即经济收缩和通货膨胀同时存在的"滞胀"情况，此时，将总供给的调整与总需求的调整结合起来，才能够实现高效平衡。此外，宏观经济政策多实现总量平衡，但总供求也有可能出现结构不平衡的情况。结构平衡要求各个行业都实现供求平衡。从企业生产决策来看，多数企业的生产决策是由企业作出的,单个企业作决策无法对未来作出准确的判断,在决策时往往具有盲目性。这就有可能造成不同行业同时存在产能过剩和产能短缺的情况。因此,行业间的结构供求平衡也有赖于经济的结构性调整。

二、经济高质量发展的需求管理和供给管理

在经济转向高质量发展的过程中,为了实现总供给和总需求的平衡,在宏观经济管理和调控的取向上形成了需求管理和供给管理两种方式。需求管理主要通过财政政策、货币政策等宏观经济政策调整总需求,通过对总需求的调整来实现总供给与总需求的平衡。而供给管理主要是通过改善经济的供给面,通过调整总供给来实现总供给与总需求的平衡。改革开放40多年来,我国从传统的高速增长阶段进入了高质量发展阶段,在当前新的高质量发展阶段中,传统的发展方式受到了诸多约束,宏观经济管理方式也应实现从需求管理向供给管理与需求管理相结合的转变。

1. 中国经济高质量发展的需求管理

需求管理主要是基于凯恩斯主义经济学的政策管理理论,基本经济思想源于凯恩斯的总需求理论。需求管理理论的运用是针对资本主义经济发展中的"有效需求不足",凯恩斯认为,市场经济固有的缺陷会导致经济危机,原因在于宏观经济运行中的有效需求不足,而国家干预能够弥补市场机制的缺陷,因此凯恩斯主张国家要主动干预经济生活,解决经济中的有效需求不足的问题,要积极通过宏观经济的政策干预刺激消费和投资,扩大有效需求。因此,需求管理主要是指政府通过宏观经济政策增加或减少需求总量,从而实现经济高质量发展的政策目标。

因此,当总需求小于总供给时,通常会出现国民经济收缩、失业率上升和通货紧缩等情况。而如果总需求超过总供给时,通常会出现价格和工资水平上升等情况,导致经济过度繁荣、资产价格上涨,出现经济泡沫。此时政府往往通过财政政策和货币政策来增加或减少需求总量。

在财政政策方面,在总需求不足情况下,政府可选择通过减少税收、增加财政支出的方式增加企业的投资需求和家庭的消费需求,并增加政府消费

需求。在货币政策方面，主要是中央银行通过增加货币供给来刺激企业的投资需求，具体来说主要有三类办法：一是中央银行调整商业银行的存款准备金率，这就相当于调整了商业银行进行货币创造的货币乘数，从而使得经济中的广义货币存量迅速发生变动，从而增加或减少经济运行中的货币供应量。二是调整中央银行对商业银行的再贴现率，再贴现率的变动影响商业银行的资金成本，其最终的政策效果会反映到利率层面，通过利率的变动最终刺激企业的投资需求和居民消费需求。三是公开市场业务，即中央银行通过买进或卖出有价证券，通过改变经济运行中的基础货币来调节货币供应量。在经济高质量发展的目标下，国家通过财政政策与货币政策相结合的方式，对宏观经济运行中的总需求进行管理。

总需求管理主要包括财政政策和货币政策。但国民收入分配格局的调整也可能会改变总需求的结构，从这个角度来说，分配政策的改变也是间接调整总需求的一种宏观经济运行管理方式。特别是在国民收入初次分配格局的层面，分配结构与需求结构之间存在着紧密的联系，如果收入分配偏向劳动，那么居民消费需求将会有所扩张，进而使生产资料部类和消费资料部类实现结构平衡。

总需求管理的理论和实践基础，都是经济高质量发展过程中存在总需求不足的问题。但是如果高质量发展的政策不是出在需求侧，而是出在供给侧，那么采取总需求管理将难以奏效。需求管理政策能够有效实施的前提是资源禀赋结构和生产的可能性边界不变，需求管理不可能扩大生产的可能性边界，所以，如果社会生产逼近生产可能性边界，社会实际增长接近潜在增长，那么需求管理的政策效果就会减弱。在 20 世纪 70 年代，由于石油危机，美国经济供给面恶化，此时经济陷入经济增长放缓和通货膨胀并存的滞胀局面。此时，需求管理不能够解决滞胀的问题，其局限性就更加凸显。因此，在这种情况下要促进经济的持续增长就必须扩大社会的生产可能性边界，而扩大生产可能性边界则要依靠供给管理，依靠供给结构的调整，实现技术升级和创新驱动，创造出新的产业、新的供给，从而实现经济结构的再平衡。

中国改革开放 40 多年来的高速增长过程中主要采取需求管理政策，主要是通过需求刺激拉动投资、消费、出口这"三驾马车"来推进经济增长。随着中国经济发展步入高质量发展阶段，中国经济供给面也发生了变化，在此背景下，需求管理政策的局限性也进一步凸显。具体体现在以下三个方面。

第一，传统的需求管理导致了经济结构出现失衡。经济结构的失衡主要体现在两个方面，一方面是需求结构自身的失衡，需求管理主要体现在对投资的刺激，而中国的人口结构和城市化的特征进一步加重了传统高速增长阶段的"高储蓄、高投资"的现象，这就导致在 20 世纪 90 年代以来中国投资率不断上升，而消费率不断下滑，出现了投资与消费的失衡。2008 年金融危机出现以后，为了应对危机带来的净出口需求缩减，政府启动了 4 万亿大投资以刺激需求，这一次需求刺激进一步加剧了投资与消费的失衡。经济结构的失衡另一方面体现为需求与供给的失衡，在总需求扩张同时，人民收入水平不断提高，居民对高质量产品和服务的需求也明显提高，但在传统的需求管理模式下，经济发展以规模扩张为特征，经济发展的质量并没有得到有效提升，在微观层面产品和服务的质量不能满足人民日益增长的高质量需求，从而出现了高端供给不足和低端无效供给过多同时并存的现象，造成了供给与需求的失衡。

第二，传统的需求管理模式下中国增长的潜力开发殆尽。在传统的高速增长阶段，中国之所以在经济建设层面取得了巨大成就，主要原因来自改革开放以来经济当中出现的体制转轨红利、人口红利、投资红利、资源红利和外资与外贸红利得到了有效发挥。但是，进入新时代后中国经济发展的条件发生了重大变化，这些传统的经济发展红利逐步消退，依赖传统红利的经济发展方式变得不可持续。这就意味着中国经济增长的潜力出现了变化，影响经济发展的约束因素已经由短期因素转向了长期因素，从需求因素转向了供给因素。因此，在传统需求管理模式下，中国经济增长的潜力已经被开发殆尽。

第三，新时代仅采用需求管理会使得政策陷入两难抉择。目前中国经济发展进入了经济高质量发展阶段。在新的发展阶段，一方面是经济增长逐步放缓，企业投资和居民消费的信心都有所不足，另一方面则是传统需求管理模式下积累了一系列系统性金融风险，包括房地产风险、地方政府债务风险和影子银行风险等。在这两方面因素叠加情况下，如果继续采取需求扩张性政策，虽然一定程度上可能会对于消费和投资产生刺激作用，但是会加剧系统性金融风险的积累，一旦风险爆发，那么将使得中国经济发展陷入危机。并且，在传统需求管理模式下人们已经形成了需求刺激政策的预期，这就使得宏观的刺激政策不一定能够有效促进实体经济，反而只会加速推高资产价格，使得资金在金融系统空转。对实体经济发展的影响有限，却在很大程度上推高了经济发展的风险。因此，在这一系列因素叠加下，传统的需求管理政策陷入困境，需要供给管理政策来配合。

2. 中国经济高质量发展的供给管理

在高质量发展阶段，宏观经济运行和管理不能再追求平抑经济的短期周期性波动，而要更加注重长期发展问题，因此，高质量发展阶段的经济运行方式需要更加注重供给的改善，需要改善供给来扩大中国经济发展的可能性边界。这就意味着新阶段不能仅仅依靠需求管理，还需要供给管理。供给管理更加注重针对结构性问题进行调整和改善，而马克思的总供求理论也更关注结构平衡。因此，除了西方供给学派的理论外，供给管理的理论渊源其中有很大一部分来自马克思的供求平衡理论。

从马克思的供求平衡理论来看，商品按市场价值出售，这需要生产该商品的社会劳动数量与社会实际需求规模相适应，而在现实中社会需求是随着经济发展阶段不断变化的，可能出现某些商品产量超过社会需求，而另外一些商品不满足社会需求的变化。这是因为，各产品从价值层面来说虽然是无差别的，都是社会必要劳动时间的体现，但在使用价值层面却存在差别。社会对于各类产品使用价值的需求，会随着经济社会发展和人口结构的变化而不断发生调整，如果经济中的产品结构和产业结构都不能及时调整，就会产生使用价值与社会需求结构不匹配的状况，从而就产生了"无效供给过多"和"有效供给不足"的问题，从而造成经济供给不出清。要解决这一问题，只能从供给侧出发，调整供给结构来匹配需求的变化。因此，调整供给结构，创造有效供给，清除无效供给，通过对供给结构的调整和改善，来扩大经济发展的生产可能性边界，就成为经济高质量发展过程中更加有效的管理方式。

随着中国经济发展进入新时代，我国步入高质量发展阶段，宏观经济管理方式也需要实现从需求管理向供给管理的转型，从需求管理向供给管理的转型，意味着更加注重经济的长期可持续发展。当然，供给管理通常需要和需求管理结合在一起，通过供给侧结构的调整，以适应需求侧结构的变化，才能够有效保持经济的稳定，为企业创造良好稳定的宏观环境。与需求管理偏重总量调整不同，供给管理的重点在于结构调整。具体来说包括以下四个方面。

第一，供给管理重视调整宏观经济运行中的总供给结构，总供给结构包括劳动力结构、资本结构和技术结构。劳动力结构调整指经济发展中要注重人力资本的积累和提升，特别是在人口结构逐渐步入老龄化的背景下，需要积极从人口红利转变为人力资本红利。资本结构调整指从传统的物质资本向新型资本的转化，传统经济发展过程依靠的是物质资本的扩张，特别是从国外大量引进外资，同时国内高额的储蓄率也造成了很高的资本形成率，但这种以物质资本为主的资本结构导致经济发展仍然以规模扩张为主，产品质量和经济发展质量难以提高，因此，在经济高质量发展阶段，资本结构调整应积极推动从传统的物质资本转向知识资本，提升经济发展的质量。技术结构调整指的是技术进步的方式要进行转变，传统经济发展过程中技术进步的方式以技术引进为主，进入经济发展新阶段后，中国很多技术领域已经到达技术前沿，此时以技术引进为主的技术进步方式难以为继，因此需要加快从技术引进转变为自主创新，推动技术结构的调整。

第二，供给管理更加重视宏观经济运行中的要素配置效率。改革开放40多年来，中国经济取得了巨大成就，其中最重要的原因就在于成功推行了市场化改革，其中产品市场的市场化改革已经取得了成功。但相较产品市场，要素市场的改革仍然比较滞后，特别是在基础设施、公共资源、土地自然资源等方面，由于产权界定和外部性问题，大量的资源消耗和成本费用没有纳入现行的国民收入核算体系之中，这就导致要素市场的定价不能有效反映市场信息，这种不完善的要素市场一定程度上扭曲了经济结构，抑制了经济增长中资源配置效率的提升。因此，在中国经济进入新时代的背景下，实施供给管理的一个重要方面就是要继续深化改革，特别是积极推动要素市场的市场化改革，建立起完善的要素配给供给机制和要素市场定价机制，以要素市场的完善推动经济实现高质量发展。

第三，供给管理更加重视通过创新驱动来实现全要素生产率的提升。供给管理强调改善经济供给面，扩大生产可能性边界，推动经济增长潜力的提升。因此，供给管理不仅强调资源配置，而且更加强调新资源的创造，不仅强调配置效率的提升，也重视技术效率的提升，这也就意味着，供给管理的本质是提升宏观经济运行中的全要素生产率。全要素生产率的增长是一国经济竞争力和经济发展质量的重要体现。而全要素生产率的提升主要依赖创新驱动，因此，要实现中国经济新时代的高质量发展，就要把提高自主创新能力作为新时代的关键性战略选择。重视制度创新、技术创新、产业创新、战略创新协同作用形成的创新驱动机制，以创新驱动促进新时代中国全要素生产率的提升。

第四，供给管理更加强调宏观经济运行中供给主体结构的优化。从当前经济发展的现实来看，中国现阶段供给主体结构呈现出政府投资强而民间投资弱的特征。政府投资的作用在于对宏观经济运行的方向提供引导和方向，而民间投资的繁荣才是支撑中国经济实现可持续发展和高质量发展的重要动力，民间投资的发展不仅仅促进社会经济活力的提升，也是吸纳就业的最重要的渠道。但在传统的总需求管理的发展模式下，中国民间投资发展不足，民间投资和政府投资的失衡是传统经济发展过程中的重要特征。因此，在经济发展的新时代，要积极改善和优化供给主体的结构，积极启动民间投资，以繁荣民间投资作为经济高质量发展的重要推动力。

三、改革开放以来我国宏观经济发展和运行的变化

改革开放以来，我国经济发展取得了巨大的成就，是人类历史上第一个超过十亿人口的经济体连续 40 多年平均增速超过 8% 的经济增长，这也被称为"中国奇迹"。当然，在市场化改革不断深入的过程中，国内经济结构也在不断调整，中国的产业结构、城乡结构、区域结构都出现了巨大的变化。40多年来，国际经济形势也复杂多变，特别是 21 世纪加入 WTO 之后，中国融入了国际分工体系，外部经济环境对中国经济的影响也越发明显。因此，在国内经济结构调整和国外经济环境多变的背景下，这 40 多年来中国经济增长

也出现了几次显著的经济波动。

经济波动主要是指宏观经济运行中繁荣与萧条相互交替，宏观经济增长率出现的"高—低—高"的循环往复现象。宏观经济波动也被称为经济周期，即包括从繁荣、衰退、萧条、复苏等四个阶段的典型特征。我国社会主义市场经济也同样体现这一循环往复的经济周期过程。

如果从经济周期的角度来理解改革开放以来我国的经济发展，按照时间长短划分一般可分为长周期、中长周期、中周期和短周期。其中长周期也被称为"熊彼特周期"或"创新周期"，其实质是颠覆性技术的更替导致的周期，一轮完整的周期一般在 50 到 60 年。中长周期也被称为"库兹涅茨周期"，该周期主要是以建筑和地产的兴衰作为周期标志，也被称为房地产周期，一轮完整的周期一般在 20 年左右。中周期也被称为"朱格拉周期"，该周期是设备更替和资本投资驱动周期，一轮完整的周期一般在 10 年左右。短周期被称为"基钦周期"，该周期是库存周期，一轮完整的周期一般在 40 个月左右。

如果通过国内生产总值增长率变化来反映中国经济波动情况（见图 9 - 1），以 10 年左右的朱格拉周期进行观察，可以发现，中国自改革开放以来经历了三轮经济周期，而在第三轮经济周期结束后，中国进入了"新常态"的新发展阶段，此时宏观经济运行脱离了传统的需求管理模式下经济周期的传统框架，经济呈现出新的特征。

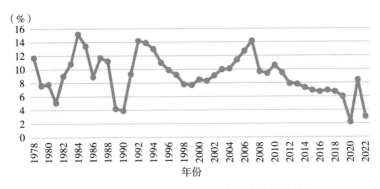

图 9 - 1　1978 ~ 2022 年中国国内生产总值增长率

改革开放以来中国经济增长的第一轮中周期始于 1981 年，结束于 1990

年。1981 年中国 GDP 增长率处于 5.2% 的低谷，这主要是由于对 1978 年以来的"洋跃进"采取调整的结果，但由此也开始了第一轮的经济周期。从 1981 年到 1984 年，由于实施了"调整、改革、整顿、提高"的系列政策，在政策刺激下，投资快速提升，中国 GDP 增长率从 5.2% 快速增长至 15.3%，但从 1985 年开始到 1990 年，由于前期快速增长导致通货膨胀，采取了货币政策和信贷政策的双紧搭配，之后经济周期步入下行周期，到 1990 年，GDP 增长率跌至历史低谷的 3.9%，此后第一轮经济周期结束。

改革开放以来中国经济增长的第二轮中周期始于 1991 年，完结于 1999 年。1991 年后，为了阻止经济下滑，国家出台了宽松的货币政策，同时，邓小平南方谈话加速了中国经济市场化改革，极大地释放了生产力，使得 1992 年经济增长率重新站上 14.2% 的高点。但 1993 年后，为了治理上行周期带来的通货膨胀，在财政政策和货币政策方面都实施了紧缩的政策。此后 GDP 增长率一路下滑，至 1997 年亚洲金融危机后下滑速度加快，到 1999 年降至 7.7%，此后第二轮经济周期结束。

改革开放以来中国经济增长的第三轮中周期始于 2000 年，完结于 2009 年。2000 年以后，受益于我国加入 WTO、增加基本建设投资、税制改革等几大政策利好，经济增长率迅速攀升至 2007 年 14.2% 的高点，但随着 2008 年国际金融危机的爆发，在 2008 年就下降接近了 5 个百分点，为了应对金融危机的消极影响，我国实施了四万亿大投资为代表的一揽子刺激经济计划，使经济增长率明显下跌之后又迅速上升至 2010 年的 10.6%，但这主要是在经济强刺激计划下完成的，从经济周期实质来说，本轮中周期在 2010 年已经结束。

改革开放以来中国经济增长的第四轮中周期从 2010 年至今。2010 年之后，中国经济发展中的最大特征就是供给面发生了巨大变化，人口结构中劳动适龄人口占比从上升转为下降，资本存量增长率迅速下降，同时前期强刺激政策的一些副作用开始显现出来。因此，经济步入下行通道。到 2014 年，中央提出了中国宏观经济运行进入"新常态"的重大论断，并提出新常态就是经济增长速度换挡期、经济结构调整期和前期刺激政策消化期的"三期叠加"阶段。此后，在 2015 年中央政府提出了以"三去一降一补"为主要手段的供给侧结构性改革，同时注重扩大社会总需求，逐步实现了由高速增长向中高速增长的平滑"换挡"，使得经济出现了平稳的"L"型走势。2017年，中国共产党第十九次全国代表大会中提出"中国经济由高速增长阶段转向高质量发展阶段"，强调创新驱动，推动"五位一体"全面可持续发展的增长方式。2020年以来，我国经济高质量发展面临新冠疫情对国内需求与国际贸易的冲击、全球经济不稳定等多方面困境，从经济周期实质来说，经济增长率波动较大，本轮中周期受冲击影响趋势较为显著。

通过对改革开放以来我国经济增长的状态特征进行总结可以发现一些明显的特征。首先，改革开放以来我国经济一直是在波动中前行的，宏观经济波动带有很强烈的国家主动干预和调节的痕迹，这些对经济进行干预和调节的政策在一定程度上平抑了经济周期的波动，但受限于政策时滞，部分政策也在某种程度上成为影响经济波动的重要因素。其次，改革开放以来我国经济的波动在一定程度上与我国在从计划经济向社会主义市场经济转轨的特征相关，由于我们在转轨过程中采取了渐进式改革的路径，因此在社会主义市场经济建立的过程中并没有先例可以遵循，在经济发展调节方面也只能在摸索中前进，因此部分政策带有试错的特征，难免造成经济的波动。最后，改革开放以来我国的经济波动是主动进行经济调整的外在表现，在我国过去40多年来的发展过程中，社会结构急剧变化的过程中产生出大量的社会经济矛盾，而政策的出台只能偏重于对社会主要矛盾的解决，因此，在社会主要矛盾没有发生变化的时候，采取总需求管理快速促进经济规模扩张也是必然选择，但在当前中国经济发展已经进入新时代的背景下，社会主要矛盾也发生了变化，因此经济高质量发展的目标也应当随之而变化，新时代下必须以解决新时代的社会主要矛盾为目标，推动经济社会实现高质量发展。

四、新时代中国特色宏观调控的高质量发展转型

随着中国经济进入高质量发展的新时代，社会主要矛盾已经转化为人民日益增长的美好生活需要和不平衡不充分的发展之间的矛盾。此时，中国宏观调控的目标、手段、方式方法和政策导向也应该随着社会主要矛盾的变化

而变化。

首先，在调控目标方面，应该实现从追求经济规模扩张向实现经济高质量发展为特征的转变。在中国生产力水平不高、国民收入水平较低的发展阶段，在促进经济高速增长的同时，忽视了经济增长质量提升和效率改进。在凯恩斯理论的指导下，传统数量型宏观调控通过刺激要素投入，推动经济在短期内的快速增长，实现了经济总量的规模扩张。然而数量型的宏观调控却牺牲了经济结构的优化升级、收入分配的公平性、非生产性公共产品和服务的投入以及生态环境质量。数量型宏观调控虽然能在短期有效刺激经济，但无法在长期优化经济结构和培育经济增长新动能。新时代中国仍然处于社会主义初级阶段，但生产力水平较改革开放之初已有了显著的上升，为了满足人民日益增长的美好生活需要，经济增长的目标应该转向高质量发展。经济高质量发展要求做到以下三个方面：一是从经济增长的稳定性、增长动力的强劲性、经济结构的合理化以及经济的开放性的维度进行调控，促进全要素生产率的提升。二是优化教育和公共医疗卫生投入，以不断提升人力资本水平、培育劳动力的就业能力和自我发展能力，服务以人民为中心的利益诉求，实现人的全面发展，促进社会发展质量的提高。三是减少和防治气体污染、液体污染和固体污染，提升环境和资源综合利用效率，通过促进人和自然的和谐发展，促进生态发展质量的提高。

其次，在调控手段方面，应该实现从需求管理向供给管理和需求管理相结合的转变。传统的需求管理的调控方式来进行宏观调控只适合于短期，而供给管理是从生产方的因素入手进行宏观调控，供给管理才能够真正实现长期可持续发展。新时代中国特色社会主义宏观调控要服务于到本世纪中叶建成富强民主文明和谐美丽的现代化强国，既需要关注短期经济波动，更需着眼于长期经济的高质量发展，因此应是综合需求管理和供给管理的宏观调控。在需求管理方面，要积极调整生产性和非生产性财政支出的结构，增加科技和教育支出加快建设创新型国家，提升文化支出建设社会主义文化强国，提高医疗卫生支出实施健康中国战略，加大生态环境治理支出建设美丽中国，同时优化累进制所得税和失业救济，在优化收入分配结构、保障民生的同时，为宏观经济稳定运行保驾护航。而在供给管理方面，要以提高供给质量作为主攻方向，提高供给体系的适应性和创新性。坚持推进"三去一降一补"为特征的供给侧结构性改革、减少无效供给，增加有效供给。以供给侧的产业结构优化保障高质量供给，大力发展智能制造业、共享经济产业、绿色低碳经济产业和生产者服务业，加快构筑实体经济、科技创新、现代金融与人力资源协同发展的现代产业体系。增加激励创新的制度供给，增加对高质量创新的补贴、信贷和资格认证等方面的倾斜政策，将创新活动的外部性内部化，激励知识和创新在各区域和各领域的充分外溢，实现从传统的投资驱动向创新驱动转变。

再次，在调控的方式方法层面，应积极实现从总量调控向结构性调控的转型。传统的宏观调控方式主要是总量调控，这是与我国经济生产力低下的社会现实相符的，但随着中国社会主要矛盾的变化，在更加注重经济高质量发展新阶段下的主要问题已经不再是总量问题，而是结构性问题。一是需求结构不平衡，投资与消费的失衡日益严重。二是产业结构的不平衡，高端制造业发展不足，实体经济对经济增长支撑不足。三是分配结构不合理，总收入中资本收入占比远高于劳动收入占比。针对这些结构性问题，总量调控的作用有限，需要注重结构性调控。要完善市场机制激发民间投资的活力，将更多的经济社会资源投向创新能力更强、经营品质更高的企业，提升对高质量产品和服务的供给、对接居民消费升级的需求。要加大对先进制造业的支持力度，推动互联网、大数据、人工智能和实体经济的深度融合，技术进步促进产业迈向全球价值链中高端。要矫正要素市场尤其是资本市场由垄断势力造成的各类扭曲，通过完善要素分配的体制和机制以及加强金融市场监管，预防系统性金融风险。要积极推动要素市场化改革和分配制度改革，调整国民经济的初次收入分配格局，使社会分配更加公平公正。

最后，在调控的政策导向层面，应该积极实现从强刺激政策导向到宏观审慎政策导向的转变。1978 年改革开放以来到 2015 年提出供给侧结构性改革前，宏观调控主要是以经济的强刺激政策为代表的。但随着 2008 年世界金融危机的爆发，各个国家都认识到宏观审慎政策的重要性，特别是在中国经济当下面临房地产风险、地方政务债务风险和引资银行风险等多重风险交叠的情况下，就更加需要从宏观的、逆周期的视角，运用审慎政策工具有效防范和化解系统性金融风险，从整体上维护金融稳定。因而，宏观审慎政策必须成为新时代我国金融监管和宏观调控框架改革的重心。要健全货币政策和宏观审慎政策双支柱调控框架，深化利率和汇率市场化改革。健全金融监管体系，守住不发生系统性金融风险的底线，控制跨市场、跨产品、跨机构的风险传染和扩散，维持住新时代下经济的高质量发展。

第四篇

以成果共享和共同富裕优化分配结构推动高质量发展

第十章　新时代中国经济高质量发展中的分配结构

一、分配结构的研究背景与研究现状

改革开放后，我国实行了多年允许"一部分人先富起来"的政策，充分释放了发展的活力，中国进入经济高速发展期，于 2010 年超越日本首次成为世界第二大经济体，并在之后的十数年维持着一个较高的增速，在 2020 年 GDP 突破了百万亿。即使面临百年未有之大变局和"黑天鹅"新冠疫情的交织冲击，中国仍成为全球唯一实现了经济正增长的主要经济体，经国家统计局初步核算，2022 年中国国内生产总值达到 121 万亿元，较 2021 年增加了 3%，向世界宣示着中国经济仍具有强劲的发展势头与潜力。但在发展的过程中，"先富带动后富"有所不足，经济的发展取得如此巨大的成就的同时，贫富差距扩大、人均收入低的问题依然存在。近年来，不断有国外研究指出，自 20 世纪 80 年代后世界范围内的劳动报酬占比均出现了下降的现象。中国学者在进行类似研究后也发现，从 20 世纪 90 年代中期开始中国的初次分配结构开始出现失衡，劳动报酬占比呈现出逐年下降的趋势，而这不仅与经典的"卡尔多特征事实"相违背，也将引起收入不平衡等一系列问题，制约经济的持续健康发展。这一系列事实不禁令人担心：我国的高速发展是否会带来"利润侵蚀工资"的现象？劳动者是否获得了应得的报酬？如何使劳动报酬占比维持在合理的水平？

习近平总书记在党的二十大报告指出，"我们坚持把实现人民对美好生活的向往作为现代化建设的出发点和落脚点，着力维护和促进社会公平正义，着力促进全体人民共同富裕，坚决防止两极分化"。在推动实现共同富裕的过程中，共享是本质要求，而共享发展的发展观关注的是发展的结果，体现的是逐步实现共同富裕的出发点和落脚点，其核心内涵归结为全民共享、全面共享、共建共享和渐进共享四者的有机统一。其中的全民共享就是要确保改革发展的成果惠及各地区、各民族、社会各阶层的人民全面共享，实现全民富裕，这种"全民富裕"并非一部分人、一部分地区的富裕，而是解决好地区差距、城乡差距，收入分配差距，防止两极分化的富裕。这就要求社会福利分配更加公平，确保劳动所得得到法律保护，确保低收入人群的收入支付得到有效保障，使得劳动者的收益与其劳动努力程度相关性更高，形成一个合理均等的分配格局。

劳动报酬占比就是度量这种共享程度的重要指标，劳动报酬占比也称劳动份额，指劳动要素的收入占国内生产总值的比例。党的二十大报告指出，"努力提高居民收入在国民收入分配中的比重，提高劳动报酬在初次分配中的比重。坚持多劳多得，鼓励勤劳致富，促进机会公平，增加低收入者收入，扩大中等收入群体"。初次分配主要为三大部分，即劳动报酬、资本收入和政府收入，而劳动报酬则是劳动要素在生产过程中所创造社会价值的货币报酬。当一国资本收入比重较高时，会导致收入差距增大，而政府收入比重过高则意味着国家对经济干预程度较重；当一国劳动报酬比重较高时，意味着经济增长的成果为大部分劳动者所分享，居民收入在整个社会分配中所占比例较高，此时的社会分配比较均等。因此，初次分配问题的核心是劳动收入和资本收入的比例，劳动报酬占比作为度量劳动要素在国民收入初次分配中的分享程度的重要指标，可以反映出分配结构的特征以及分配格局的合理程度。

本章将主要从中国劳动报酬占比变化的视角出发，探讨新时代中国经济高质量发展中的分配结构，这不仅有利于有的放矢地寻找分配结构的转型路径，推动中国经济高质量发展；对于发展有中国特色的经济增长理论，以及应对劳动报酬占比下降带来的经济挑战，都具有重要的价值。本章对国内外关于劳动报酬的研究现状梳理如下。

英国经济学家卡尔多（Kaldor，1961）通过对西方资本主义经济增长过程的观察总结出了六个特征，被称为"卡尔多特征事实"，指出在经济发展的过程中，要素收入在国民收入中的分配比重是稳定不变的，即劳动收入占比与资本产出比在经济增长过程中是一个常数，劳动收入占比呈现"恒定性"的特征，成为现代宏观经济学的重要部分；之后如戈林（Gollin，2002，2008）、张军等（2004）、阿特金森（Atkinson，2009）等学者也指出总量生产函数服从 Cobb - Douglas 函数形式，国民收入分配给劳动力的份额相对稳定，劳动份额应为常数。然而，也有一些研究者以长期经济增长中的跨国截面数据和时间序列数据为样本，发现自 1980 年起，劳动报酬占比在世界范围内都出现了一定程度的下降，如布兰查德（Blanchard，1997）对 14 个 OCED 国家在 20 世纪 80 年代前后的劳动报酬和资本收入进行研究，发现其中 11 个国家的劳动报酬占比发生了先增加后减少的变化，并将变化的原因归于劳动力市场供求关系转变；邦托利拉和圣保罗（Bentolia and Saint - Paul，2003）计算了 13 个发达国家1970～1993年的劳动报酬，认为各个国家长期内劳动报酬占比的变化趋势是不一致的；罗德里格斯和亚德瓦（Rodriguez and Jayadev，2010）基于联合国的国民账户统计数据进行研究，发现大多数国家自 1980 年起劳动收入份额均出现下降趋势。"卡尔多特征事实"开始遭到学者们的质疑，在全球范围内开启了对劳动报酬占比变化的再研究，但对于这一变化的原因所在，至今仍无一个统一的结论。

作为当下世界上最大的社会主义国家，实现共同富裕是中国走向现代化的必然要求，针对国内劳动报酬占比的变动情况，中国学者进行了诸多深入研究。综观国内劳动报酬占比的相关研究，具有三个主要特征。

第一，自 20 世纪 90 年代起，中国劳动报酬占比开始出现下降趋势。白重恩和钱震杰（2009a，2009b）核算了中国 1978～2006 年的劳动报酬占比数据，认为劳动报酬占比已经从 1995 年的 59% 下降到 2006 年的 47% 左右；黄先海和徐圣（2009）亦通过核算 1978～2006 年的数据得出国民经济各部门的各行业劳动报酬占比均出现了下降的结论；李稻葵等（2009）以刘易斯二元结构模型为基础，对各省份 1992～2006 年的劳动报酬占比变动情况进行了研究，认为劳动报酬占比的变化在经济增长过程中呈现"U"型规律。

第二，中国劳动报酬占比显著低于发达国家。当下对劳动报酬占比进行横向对比的研究多是基于联合国国民账户统计数据开展，李稻葵等（2009）、罗长远和张军（2009）以及肖红叶和郝枫（2009）均是基于此数据，对比了中国与其他国家自 19 世纪 90 年代起至 20 世纪初的劳动报酬占比变动情况，发现中国的劳动报酬占比处于一个较低的水平，不仅明显低于发达国家的平均标准，甚至也低于广大发展中国家的平均标准。

第三，中国劳动报酬占比相关研究的统计口径存在变动，导致双向不可比。中国国家统计局分别于 2004 年与 2008 年对中国国民经济核算体系进行了两次调整，不仅导致使用国民核算资料原始数据计算的劳动收入份额不具有跨时间的可比性，也导致与外国的劳动报酬占比（使用 2008SNA 统计口径）无法直接进行横向对比，需要建立标准口径，对统计口径进行统一化处理。在这一方面国内主要成果有：白重恩和钱震杰（2009）基于第一次经济普查统计资料，对 2004 年数据的统计口径进行了调整，发现统计口径调整导致劳动报酬占比在 2003～2004 年骤降了 6.3 个百分点；张车伟和张士斌（2010）基于分省份收入法 GDP 数据，假定自雇者混合收入中的 2/3 归为劳动收入，其中农户和个体户的混合收入基于家庭经营性收入计算所得，核算了 1978～2007 年的劳动报酬占比；吕光明（2011）基于资金流量表数据，采用张车伟和张士斌（2010）的方法计算了国家层面的混合收入，并使用戈林（Gollin，2002）的方法分解混合收入，最终核算了 1993～2008 年的劳动报酬占比；吕光明和李莹（2015）基于资金流量表数据，借鉴吕光明（2011）的方法估计混合收入规模并计算其中所包含的劳动者报酬，并校正了 2004 年和 2008 年两次统计口径调整的影响，最终核算了 1992～2012 年的劳动报酬占比。

综合来看，不同学者的研究结果之所以有所差异，原因主要在于以下两点。一是数据获取方面，获取劳动报酬数据的传统渠道有三个，即省份收入法 GDP、实物资金流量表以及投入产出表。其中投入产出表由于每五年发布一次，存在数据连续性方面的问题，所以一般情况下，研究者会选择从前两种渠道获取数据。但由于国家统计局更新劳动报酬统计口径后，会对往年的相关数据进行回溯更新；并且，由于国家层面与省份加总数据可能存在差异等原因，不同研究者在不同时间点、通过不同渠道获取的数据可能是不同的。二是数据处理方面，一方面，由于 2004 年以及 2008 年我国对劳动报酬的统计口径进行了更新，导致这两个时间点前后的统计数据不存在可比性；另一方面，现在国际通用的劳动报酬统计口径，是依据联合国《2008 年国民账户体系（SNA）》（以下简称"2008SNA"）制定的雇员报酬口径，与我国 2008 年后更新的统计口径仍存在差异等原因，研究者往往需要对数据进行处理修正，使历年数据在口径一致的同时，也可以与外国数据进行比较。但不同的研究者所选取的数据处理方法往往不同，这再次了影响研究结果的一致性。

在梳理并分析近几年国内外不同文献的研究结果存在差异的原因的基础上，本章主要内容如下：第二部分对初次分配结构影响中国经济高质量发展的理论机制进行分析；第三部分结合前人文献方法，基于更加合理的统计口径对现有劳动报酬收入数据进行修正，对中国近年的劳动报酬占比进行测算；第四部分基于中国初次分配结构的变动情况，结合现实经济发展的数据，对分配结构优化推动中国经济高质量发展的机制进行验证；第五部分总结全书并提出优化初次分配结构的政策建议。

二、初次分配结构影响中国经济高质量发展的理论机制

国民收入的初次分配，也即政府、企业和居民之间的分配是最基础的分配关系，是指国民总收入直接与生产要素相联系的分配，决定了一国最终收入分配的格局。劳动报酬占比作为居民的主要收入来源，是初次分配中的重要一环，也是影响一个国家的贫富差距、两极分化问题以及社会公平正义问题的重要因素。劳动报酬比的变动决定分配格局的合理程度，将进一步传导到消费结构、产业结构和外贸结构等，从而影响经济的发展速度与发展质量。

（一）合理的初次分配格局能够推动消费结构升级

消费与民众的生活质量关联极为密切，消费水平的提升从侧面证明着居民生活的改善，对提升人民群众的满足感与幸福感有重要意义。党的十九届五中全会通过的《中共中央关于制定国民经济和社会发展第十四个五年规划和二〇三五年远景目标的建议》中提出的"全面促进消费"，强调了消费所具有的经济增长"稳定器"与"压舱石"的作用。在党的二十大报告中，再次强调"着力扩大内需，增强消费对经济发展的基础性作用"。目前我国经济增

长的源泉主要依赖高投资和大量的贸易顺差,但是 2022 年我国人口首次出现负增长,劳动力供给下降已经是可以预见的事情,由此将产生资本报酬递减,依靠高投资支撑的经济增长方式具有不可持续性;同时在贸易保护主义抬头的国际背景下,大量的贸易顺差也不具备可持续性,经济增长的方式必须实现由"数量型增长"向"质量型增长"的转变,转向依靠消费需求驱动的路径上来。因此,在国民收入中更高的劳动报酬占比,对经济增长路径的转变和提高经济发展的可持续性具有重要意义。

依据边际消费倾向递减规律,低收入者具有更高的边际消费倾向,更加合理的初次分配格局意味着劳动报酬的增加和消费需求的扩大,从而增强消费对国民经济增长的拉动性,并在规模与结构两个维度上带动消费端的升级。第一,在规模维度上,消费规模升级主要指居民消费品类得到增加,超脱出基本的衣食住行等必要消费,创造新的消费需求以扩大内需,在刺激市场扩张的同时也带动市场新产品的出现与成长。一方面,有利于通过消费提高拉动经济的快速增长;另一方面,也有利于市场产品进行良性竞争,抢先进行创新行为的厂商将获得较高的市场份额作为奖励,有利于创新真正成为中国经济发展的强劲引擎。第二,在结构维度上,消费结构升级则是指居民的消费比例将得到改变,用于维持基本生活需要的支出所占比例不再是主要部分,发展型享受型消费占比提升,居民恩格尔系数逐步下降,生活品质不断提高。其中发展型消费如教育消费可以提升居民的劳动素养,提高人力资本质量与存量,优化人力资本结构,满足经济高质量发展的要求;享受型消费则可以倒逼市场产品质量的提升以及功能的多样化,有助于市场分化,形成具有竞争性的完善市场。

(二) 合理的初次分配格局能够推动产业结构高级化

产业结构高级化是指产业结构重心由第一产业向第二产业和第三产业逐次转移的过程,这种高级化包含了三个方面的内容:一是产业重点向第三产业占优势比转移;二是要素密集度向技术知识占优势比转移;三是产品形态向制造中间产品、最终产品的产业占优势比转移。劳动报酬占比的提升和分配格局的合理化,促进了居民消费结构的升级,在不影响富人购买力的同时提升了穷人的消费水平，总体提升了对工业品的有效需求，并通过这种总需求的冲击对整体产业结构的变动产生了影响。首先，消费结构的升级意味着，发展型享受型消费占比的增加将更多集中在第三产业，居民该类型消费的增加，不仅刺激了第三产业的进一步发展，同时来自最终消费端的需求也可以视为对最终产品需求的增加，由此可以带动产业重点向第三产业占优势比的转移以及产品形态向制造最终产品产业占优势比的转变；其次，根据前述的居民消费水平上升带动人力资本增长的观点，合理的初次分配格局也将带动产业结构由劳动密集型产业占优向技术知识密集型产业转移。综上所述，初次分配结构恰好可以从三个方面影响产业结构的高级化，以促进产业结构与需求结构的协调匹配以及资源的有效配置和充分利用，带来经济发展内在动力升级，推动经济的可持续和高质量发展。

（三）合理的初次分配格局能够加强国际竞争力

在初次分配结构中，如果劳动报酬占比过低，将导致外资企业倾向于将劳动密集型产业转入中国，这种产业运营模式风险低，技术水平门槛低，获利容易，将得到迅速发展，但将导致对外依存度的提高，造成贸易顺差持续加大；同时企业也将丧失技术创新动力，持续保持在低端的劳动密集型阶段，阻碍产业结构向高端化的调整。保证合理的初次分配格局，一方面，将阻碍外资劳动密集型产业在国内的大量投放，倒逼国内企业加强自主科技研究，通过对技术手段的更新寻求利润，由要素与资源驱动型发展转向由技术创新驱动的外贸模式；另一方面，随着外资企业在国内经营策略的转变，以往外贸主动权被外界掌握、国内企业被动接受的模式将会改变，有利于重塑外贸结构，改变以往粗放的发展模式，吸引高质量外商投资，提升外贸质量与效率。固有外贸格局中的商品种类、贸易结构、地理区域等逐渐多样化，由非均衡发展向多元平衡发展转变，形成协调统一、长期可持续发展的外贸新格局，使国际贸易再次成为推动经济持续发展的重要动力。

（四）合理的初次分配格局能够缩小贫富差距

不合理的初次分配体系中，即使政府进行二次分配也很难扭转整体的分配结构，由此将产生"马太效应"，形成贫者越贫、富者越富、贫富差距持续扩大的局面，影响社会稳定。合理的劳动报酬占比是市场资源得到合理配置和分配格局得到优化的体现，可以有效遏制收入和财富积累差距的扩大趋势，形成全社会尊重劳动、尊重知识、尊重人才、尊重创造的良好风气，也有利于保障劳动者正当利益，维护劳动者合法权益，保证广大劳动者可以一同分享经济发展的成果。同时也有利于贯彻按劳分配的主体地位，巩固生产资料公有制和国有经济地位，彰显社会主义制度的优越性，维持一个稳定的经济发展格局，推动经济高质量发展和中国式现代化进程，最终实现共同富裕的伟大目标。

三、中国初次分配结构中劳动报酬占比的测算

本章以国家统计局数据为基础，以《中国国内生产总值历史核算资料：1996－2002》①《中国国内生产总值历史核算资料：1952－2004》② 等年鉴数据为补充，以吕光明和李莹（2015）所制定的"真正意义上完整的核算口径"为标准核算口径，对中国 31 个省份 1992～2017 年的劳动报酬占比数据重新进行了测算，并对 2018～2022 年的数据进行了滚动趋势外推，对自 20 世纪 90 年代起的中国劳动报酬占比变动情况进行了描述。

（一）劳动报酬核算口径标准化

中国的劳动报酬统计口径曾分别于 2004 年以及 2008 年进行了变更，且两次变更均与国际通用的 2008SNA 雇员报酬口径存在差异，导致了中国劳动报酬占比存在横向与纵向的双向不可比性。因此，在进行劳动报酬占比的核算时，第一步便是标准化劳动报酬的核算口径，以界定出一个"真正意义上完整的核算口径"。

---

① 国家统计局国民经济核算司. 中国国内生产总值历史核算资料历史资料：1996－2002［M］. 中国统计出版社，2004.

② 国家统计局国民经济核算司. 中国国内生产总值历史核算资料历史资料：1952－2004［M］. 中国统计出版社，2007.

1. 国际标准劳动报酬核算口径

当下国际通用的劳动报酬核算口径是2008SNA，即雇员报酬口径，通常也称为窄口径。2008SNA核算口径仅将从事特定生产活动的就业人群纳入核算范围，并将其分为雇员以及自雇者两部分；其中，自雇者又分为：（1）连续时间内雇佣付酬员工的，即自雇所有者，也称雇主；（2）在连续时间内不雇佣付酬员工的，即自雇工作者。SNA针对难以区分资本收益与劳动报酬的自雇者设立了混合收入指标，将其界定为住户非法人企业所有者的收入；将劳动报酬界定为雇员在特定期间工作所获得的现金或实物报酬总额。

综合来看，2008SNA将自雇者的收入划分至混合收入中，在总的劳动报酬统计中去除了自雇者劳动报酬部分，实际上低估了劳动报酬的占比；在自雇者经济占GDP比重较低的发达国家这固然是一种相对合理的统计方法，但是在发展中国家，一方面，传统意义上的自雇经济占比相对更高，差异化更大，简单地将其划分至混合经济之中将对最终的结果产生较大影响；另一方面，随着时代的进步与数字经济的发展，新型意义上的自雇经济正在崛起，这种自雇经济脱离了传统意义上的简单低效，通过知识分享、技能服务、内容创作、付费咨询等形式成为当下经济中的重要组成部分。因此，综合来看2008SNA核算口径与中国当下的国情不相适应，会低估实际的劳动报酬占比。

2. 中国劳动报酬核算口径

《中国国民经济核算体系2002》中明确提出：劳动者报酬是指劳动者从事生产活动所应得的全部报酬，包括劳动者应得的工资、奖金和津贴，既有货币形式的，也有实物形式的，还有劳动者所享受的公费医疗和医药卫生费、上下班交通补贴和单位为职工缴纳的社会保险费等。之后，中国分别于2004年以及2008年对劳动者报酬的核算口径进行过调整：在2004年，一是将个体经营户的雇员报酬从混合收入中独立出来计入劳动者报酬，而把剩余部分作为混合收入计入营业盈余；二是由于国有和集体农场的财务资料难以收集，不再单独计算营业盈余，而将其列入劳动者报酬中。在2008年，依据普查资料计算每一行业相近规模企业的劳动者报酬和营业盈余比例，将个体经营户的混合收入分劈为业主劳动报酬和营业盈余，并将业主劳动报酬计入劳动者报酬。

可以看出，中国两次修正劳动报酬统计口径后，与国际现行的 2008SNA 仍有所不同。首先，在对农户收入的处理上，2008SNA 将农户认定为自雇者，由于其收入难以分劈，将其全部纳入混合收入的统计范围；而中国在 2004 年修改统计口径后，国有、集体农场的营业盈余便已经被全部计入劳动报酬中，实际上就是将农户劳动报酬、农户营业盈余以及国有和集体农场的营业盈余统一计入劳动者收入；其次，2008 年以后，中国开始按照一定的比例进行分劈，使得业主报酬可以被计入劳动报酬之中，在 2008SNA 中，这部分也是作为混合收入而未计入劳动者报酬之中的。因此，在以中国的劳动报酬统计口径为标准进行核算时，实际上会高估实际的劳动报酬占比；尤其在与使用窄口径进行统计的外国进行横向的国际对比时，统计口径上的差异将会更大。

3. 标准化的劳动报酬测算口径

为解决中国劳动报酬核算口径的双向不可比问题，吕光明和李莹（2015）制定了一套"真正意义上完整的核算口径"，如表 10 - 1 所示。

表 10 - 1　　中国劳动者类型和相应的劳动报酬核算内容及与 2008SNA 的对应关系

中国劳动者类型	SNA 类型	SNA 核算指标	劳动报酬指标核算内容
单位就业人员	雇员	雇员报酬	单位就业人员劳动报酬①
农户	自雇者中的自雇工作者	混合收入	农户劳动报酬②、农户营业盈余③、国有和集体农场营业盈余④
个体经营户	自雇者中的雇主和雇员	混合收入	个体经营户主报酬⑤、个体经营户雇员报酬⑥、个体经营户营业盈余⑦

口径一：（2008 年后口径）＝①＋②＋③＋④＋⑤＋⑥

口径二：（2008SNA 口径）＝①＋⑥

口径三：（真正完整意义上的劳动报酬指标核算口径）＝①＋②＋⑤＋⑥

根据表 10 - 1，要以真正完整意义上的劳动报酬指标核算口径作为标准口径，对国内的数据进行处理的关键应在于对农户营业盈余以及国有和集体农场营业盈余的识别。

（二）劳动报酬数据的修正

根据国家统计局官网数据，2022 年《中国统计年鉴》更新后，2018 年之前收入数据已全部按照 2008 年后更新的劳动报酬统计口径进行了回溯更新。因此，其中的劳动报酬数据可以直接视为由单位就业人员劳动报酬、农户劳动报酬、农户营业盈余、国有和集体农场营业盈余、个体经营户主报酬、个体经营户雇员报酬加总而成的口径一核算结果，根据前文中完整意义上的劳动报酬核算口径计算方法，只要将农户营业盈余、国有和集体农场营业盈余从其中减去，即可完成对劳动报酬数据的修正。

1. 国有和集体农场营业盈余的估算

根据李琦（2012）的研究，1993 ~ 2003 年，可以假定历年未调整地区第一产业的营业盈余全部来自国有及集体农场，并且已调整地区的营业盈余占第一产业增加值的比例与未调整地区相同。根据吕光明和于学霆（2018），可以假定 2003 年之后国有及集体农场营业盈余占第一产业的比重与 2003 年相同，并利用《中国国内生产总值核算历史资料：1996－2002》中数据推算得到 2003 年后的国有和集体农场营业盈余。

2. 农户营业盈余的估算

根据李琦（2012）的研究，2004 年农林牧渔业法人单位就业人数不到第一产业就业人数 0.5%，因此可以用第一产业增加值扣除生产税净额、固定资产折旧等后剩余的部分作为农户的混合收入。同理，2004 年及之前年份的农户混合收入均可以此方法进行计算。根据吕光明和于学霆（2018），各省份历史数据所显示的劳动报酬和营业盈余总和在第一产业增加值中的占比基本稳定，可以用第一产业增加值乘以历史平均比例再减去国有和集体农场营业盈余，来推算农户混合收入。2004 年之后的年份均可以以此法进行计算。在得出历年农户混合收入后，根据《中国国内生产总值核算历史资料：1996－2002》中第一产业的劳动和资本分配关系对其进行分劈，便可通过戈林（Gollin，2002）的方法计算出农户营业盈余。

利用上述方法，本章采用经国家统计局更新后的省级收入法数据，对农户营业盈余国有和集体农场营业盈余进行了估算，以吕光明和李莹（2015）提出的"真正意义上完整的劳动报酬指标核算口径"为标准口径，对中国的 31 个省份的劳动报酬数据进行了修正调整，并使用滚动趋势外推的方法，对 2018 ~ 2022 年的劳动报酬数据进行了预测，最终结果如表 10－2 所示。

表 10 - 2 部分年份调整前后劳动报酬占比估计数据

年份	调整前劳动报酬占比	调整后劳动报酬占比	年份	调整前劳动报酬占比	调整后劳动报酬占比
1992	0.506889	0.485355	2007	0.448375	0.424059
1995	0.513963	0.49762	2010	0.459532	0.437367
1998	0.513924	0.50087	2013	0.479572	0.458483
2001	0.491384	0.479849	2016	0.4969	0.477937
2004	0.464041	0.459225	2017	0.499617	0.481961

(三) 中国劳动报酬占比变动情况

根据修正后的劳动报酬占比数据及变化趋势,如图 10 - 1 所示,可大致发现:第一,自 19 世纪 90 年代起,中国的劳动报酬占比确实开始呈下降趋势,与白重恩和钱震杰 (2009a,2009b)、黄先海和徐圣 (2009)、罗长远和张军 (2009) 等学者的研究相一致;并且这一下降趋势在 2002 年后更为明显,在 2005 年达到最低点,证明这段时间内伴随着大量剩余劳动力向城市的迁移,确实出现了"利润侵蚀工资"的现象,劳动力的回报低于其边际产出,初次分配格局失衡。第二,自 2007 年起,劳动报酬占比开始呈缓慢回升趋势,并在 2010 年后加速回升,其原因可能在于由劳动人口下降导致的资本报酬递减,增长引擎向创新转换与技术进步等带来的生产率提高,以及中国人力资本质量提升带来的劳动者议价能力提升等;且根据滚动趋势外推结果,2022 年的劳动报酬占比将恢复至 20 世纪 90 年代的较高水平。第三,中国劳动报酬占比的变动整体呈"U"型曲线,与李稻葵等 (2009) 的研究结果相一致,并且相对于其文中"中国劳动报酬占比仍处于"U"型曲线左侧"的结论,本章的核算结果显示劳动报酬占比已经进入了上升通道;总体来看,中国的劳动报酬占比变动事实上是符合经济变动中客观存在的"U"型规律的,但随着整体经济结构不断向现代化与高级化改进,仍需要防止劳动报酬占比偏低可能带来的内需不足、投资不足、收入差距拉大等问题,继续注重完善初次分配格局,充分发挥劳动报酬占比提升带来的消费水平提升、产业结构高级化、国际竞争力加强、分配格局合理化等优势,建立一个高效的现代市场体系。

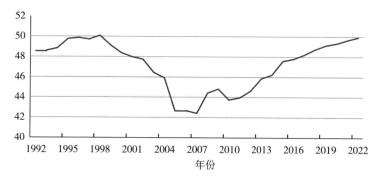

图 10 - 1　修正后省份加权平均劳动报酬占比变化趋势

四、初次分配结构优化推动中国经济高质量发展的机制检验

(一)中国初次分配格局的变动情况

初次分配主要为三大部分,即劳动报酬、资本收入和政府收入,一般而言,三部分的比重决定了一国最终收入分配的格局。除此之外,国民收入的初次分配还体现了一国经济增长的驱动模式,在一个劳动报酬比重较大的国家,消费对经济增长的贡献份额较高,而在一个资本收入比重较大的国家,投资对经济增长的贡献份额较高。本章将收入法 GDP 分解为劳动收入、资本收入以及政府收入三部分,其中劳动收入即劳动者报酬,是指劳动者从事生产活动所获得的全部报酬;资本收入是固定资本折旧与营业盈余的总和,前者是指为弥补固定资产在生产过程中的价值损耗而提取的价值或虚拟计算的价值,后者是增加值扣除劳动者报酬、生产税净额和固定资产折旧后的余额;政府收入则指生产税净额,是指生产税减去生产补贴的差额。根据前文中的核算数据,中国初次分配格局中三类收入的占比变动如图 10 - 2 所示。

从图 10 - 2 可以看出,自 1992 年起,初次分配格局中政府收入的占比变动不大,整体在 13% ~ 14% 的水平波动,由 1992 年的 13.07% 上升至 2010 年的 14.05%,之后才开始回落;而资本收入占比从 1992 年起的 38.4% 逐步上升至 2007 年的 43.71%,之后开始有下降趋势,至 2017 年回落至 39.65%;劳动收入占比则在 1992 年至 2007 年整体呈下降趋势,直至 2007 年后才开始回升,至 2017 年上升至 48.2%,基本恢复至 20 世纪 90 年代的较高水平。这反映出自 20 世纪 90 年代起，中国初次分配格局中劳动报酬占比的下降主要来自资本收入占比的挤压，之后的上升也主要是依靠资本收入的下降。

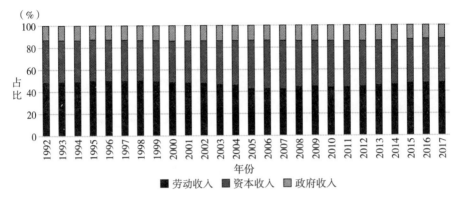

图 10 - 2　初次分配格局中三类收入占比

通过前文对中国初次分配格局中三类收入占比变动的分析可以得出，中国初次分配格局的主要矛盾在于劳动收入和资本收入的互相挤占，从一定程度上反映了中国前期经济发展过程中资本收益过当从而压低劳动报酬的事实，证明可能存在的"利润侵蚀工资"的现象；2007 年后，劳动报酬的回升主要是从资本收入中获得的事实，则证明了中国初次分配格局的逐渐合理化。

（二）劳动报酬占比提升对中国经济高质量发展的影响

前文对劳动报酬占比提升推动经济高质量发展的理论机制进行了分析，这部分统计并测算了相关的数据指标，并与劳动报酬占比的变动情况进行对比，通过现实经济发展中的数据证明了劳动报酬占比提升对经济高质量发展存在的积极作用，具体数据变化趋势以及对比情况如图 10 - 3 所示。

根据图 10 - 3，可以看出中国社会消费品零售总额以及居民的生存型、发展享受型消费是逐年稳定提升的，这与中国 GDP 快速增长，居民可支配收入逐年上升的事实是相符的；根据折线图，可以发现在 2008 年处生存型消费和发展享受型消费有一个拐点，生存型消费的增速开始降低，而发展享受型消费加速增长，这与 2008 年劳动报酬占比开始回升的事实相符，证明劳动报酬占比的提升对居民消费水平的提升存在积极作用。

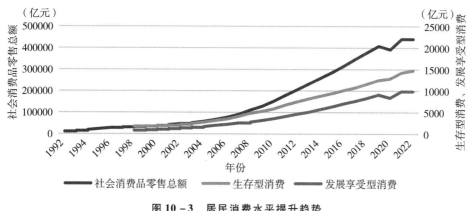

图 10 - 3　居民消费水平提升趋势

根据图 10 - 4，可以看出中国产业结构发展的整体趋势是向高级化、合理化发展的，但是在 20 世纪 90 年代，无论是产业高级化还是产业合理化的程度都是在波动的，并没有一个稳定的发展趋势；而在 2007 年左右，两者的折线图均出现了拐点，之后中国的产业结构一路向更加高级化、更加合理化的趋势稳定发展；这一时间段也与劳动报酬占比跨过拐点，开始回升的时间基本重合，证明劳动报酬占比的提升对于促进产业结构高级化、合理化，提升经济发展内在动力存在积极作用。

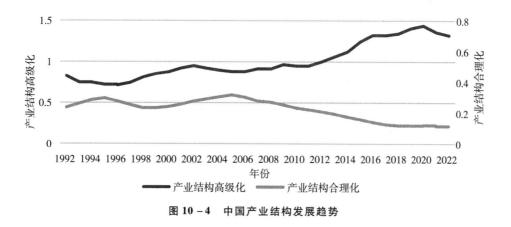

图 10 - 4　中国产业结构发展趋势

根据图 10 - 5，中国的外贸出口总额自 20 世纪 90 年代起整体呈上升趋势，且出口总额大部分时间超过进口总额，这与中国对外贸易的整体发展情

况是相符的。可以看到,三条折线图在前半段一直持续上升,但是在 2008 年
达到一个顶点后,于 2009 年出现了回落,之后才逐渐回升并超越了之前的总
额,且进出口总额差距逐渐拉大;这与前文劳动报酬占比提升将改变外资企
业运营投资策略,减少技术门槛要求低的劳动密集型企业,暂时降低国内进
出口贸易总额,倒逼进出口结构向高技术含量产品的出口模式转移转的分析
相符;证明劳动报酬占比对于提升国家国际竞争力,降低贸易依存度,优化
进出口贸易结构存在积极作用。

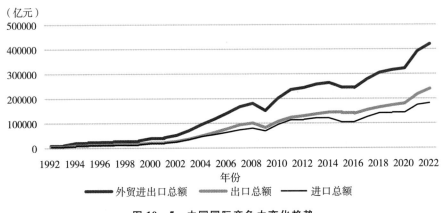

图 10 - 5 中国国际竞争力变化趋势

根据图 10 - 6,象征中国收入差距程度的基尼系数与城乡收入差异的泰尔
指数整体上呈下降趋势,其中泰尔指数在短暂上升后,于 2003 年开始出现下
降趋势,于 2008 年再次迎来拐点,加速下降;基尼系数也在 2008 年左右遇
到下降的拐点;与劳动报酬占比跨过拐点,进入上升区间的时间段基本吻合,
证明劳动报酬的占比提升对于分配结构的合理程度存在积极作用。中国的基
尼系数与泰尔指数虽然整体呈下降趋势,但是其绝对值在国际水平上仍处于
较低水平,这与中国劳动报酬占比不仅相对发达国家,与大量发展中国家相
比也仍较低的事实相对应,证明中国的分配结构合理程度仍有不足,亟待
改善。

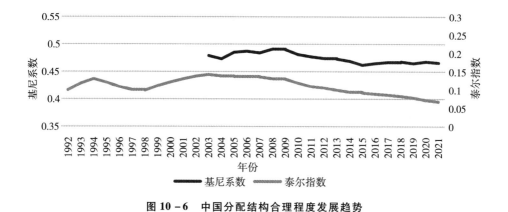

图 10 - 6　中国分配结构合理程度发展趋势

五、结论与政策建议

本章以居民的主要收入来源劳动报酬为切入点，首先，从消费结构、产业结构、国际竞争力和收入差距的角度对初次分配结构影响经济高质量发展的理论机制进行了分析；并以中国劳动报酬占比的变动情况为研究对象，在标准化统计口径后使用最新数据对中国1992～2017年的劳动报酬占比数据进行了重新核算。对数据结果进行分析后，本章认为中国的劳动报酬占比整体呈"U"型曲线变动：自19世纪90年代起至2007年中国处于曲线的左端，此时由于大量劳动力迁往城市，企业盈利及议价能力增强等原因，劳动收入被资本收入挤压，劳动要素参与生产所获得的收益低于其边际产出，出现"利润侵蚀工资"现象，劳动报酬占比持续下降；2007年之后，基于资本报酬递减、劳动生产率提高、人力资本质量提升等一系列原因，劳动报酬收入进入上升通道，劳动报酬占比来到"U"型曲线右端，开始逐年升高。这种变动实际上符合经济中客观存在的"U"型规律，是经济发展的自然走势。其次，本章还通过对各项现实指标的测算，对劳动报酬占比提升起到的消费水平提升作用、产业结构优化作用、国际竞争力提高作用以及分配结构合理化作用进行了对比与分析，从侧面证明了促进初次分配结构的优化对中国经济高质量发展有着重要的推动作用。

根据前文研究，中国劳动报酬占比的变动固然符合经济中的客观规律，即使已经进入回升阶段，但是中国收入差异明显，贫富差距持续扩大的问题仍然存在，与发达国家相比，平均劳动报酬占比仍然较低。收入分配是经济学研究的重大主题之一，在探寻经济高质量发展，实现共同富裕道路的当下，分配结构优化的重要性也更加凸显。如何更快更平稳地越过拐点，进入劳动要素收入更加公平，分配格局更加合理的上升期；如何在劳动报酬占比开始回升的阶段稳定其向上趋势，保障居民收入的稳定持续提升；如何建立更加完善合理的要素分配格局，健全现代市场经济体制等仍然是今后值得持续关注并进行研究的问题。

根据上述结论，在初次分配结构方面，未来我国经济高质量发展的关注重点在于保证劳动要素在国民收入初次分配中的分享程度，继续完善初次分配格局。在整体经济结构不断向现代化与高级化改进的过程中，一方面，仍需要防止劳动报酬占比偏低可能带来的内需不足、投资不足、收入差距拉大等问题；另一方面，以共享发展引导财富结构和收入结构的再平衡，确保居民收入的劳动报酬比沿"U"型拐点右侧的路径稳步提升，充分发挥合理的初次分配格局带来的消费水平提升、产业结构高级化、国际竞争力加强、分配格局合理化等优势，提升经济增长质量。具体可以从下三个方面努力。

（一）坚持按照生产要素贡献参与分配的市场机制

基本经济制度和分配制度是保证各族人民共享发展成果的制度性保障，是影响初次分配结果的关键制度因素，市场力量主导下初次分配差距随着市场力量壮大而有所扩大，这是市场机制下经济社会发展的规律，而我国在这两方面上与发达国家均有明显差异，这就表明，在初次分配改革中仍有进一步发挥我国制度优势的空间。一方面，要以制度优势潜力，持续做好相应的法律法规建设，确保劳动所得得到法律保护，确保低收入人群的收入支付得到有效保障；另一方面，完善要素市场体系，让生产要素市场不仅在资源配置方面起到决定性的作用，而且在决定要素回报方面也起到更多的作用，消除劳动力市场的分割和自由流动的障碍。

（二）规范财富积累机制要与规范收入分配秩序协同配合

较长时间以来，分配格局不均造成了贫富差距拉大问题，在初次分配领域，劳动收入所占的比重不合理，非劳动收入占比较高，不断扩大的收入差距传导到财富领域影响财富积累和分布，是导致财富差距扩大的重要原因；但从另一角度讲，居民财富积累是经济发展的必然结果，不能因为财富差距的扩大而否认财产性收入的积极意义。因此，为了扭转居民财富差距的扩大趋势，一方面，党的十八大报告提出"多渠道增加居民财产性收入"，十九大报告提出"拓宽居民财产性收入渠道"，二十大报告提出"多渠道增加城乡居民财产性收入"，显示国家持续提高居民资本性收入的决心，目标是让更多群众拥有资本性收入，使更多低收入者成为中等收入群体的一员，促进"橄榄型"分配格局的形成；另一方面，把"规范收入分配秩序、规范财富积累机制"并列，因为两者关系密切，仅在财富的存量层面进行改革，不足以解决居民分配不均的问题，应当注重从财富积累的主要来源即流量层面入手，通过规范收入分配秩序来缩小居民收入差距，才能从根源上优化初次分配结构。

（三）注重提高就业率，提升经营性收入

优化分配结构的目标是使得劳动者的收益与其劳动努力程度相关性更高，而在初次分配中只有增强居民就业机会，提高就业率，才是从可持续的角度稳定提升居民劳动收入。除了工资性收入之外，注重发挥技术冲击下未来分享型经济的优势，弱化传统劳资关系对就业个体的约束，给予社会个体更多选择工作时间和方式的自由，一方面可以直接帮助低收入者参与生产活动，增加经营性收入；另一方面，间接调整生产关系，从而调整社会初次分配关系。这不仅是提高居民收入的一条可行路径，也是优化初次分配结构的一种新的思路。

第十一章 新时代人民生活高质量发展的时序特征与空间格局

中国特色社会主义进入了新时代，新时代的基本特征是我国经济已由高速增长阶段转向高质量发展阶段。高质量发展意味着传统经济增长过程中的GDP至上的价值观将在新时代得到根本扭转，经济增长的规模指标将逐渐被淡化，而经济发展的质量和效益将越发重要。强调发展的质量和效益，必须将人的发展作为核心要义，习近平新时代中国特色社会主义经济思想的内容，主要内涵之一便是坚持以人民为中心的发展思想，所以，与传统的高速增长阶段不同，新时代下的高质量发展本质上是一种以人为本的发展。此外，在新时代的背景下，社会主要矛盾已经变为人民日益增长的美好生活需要和不平衡不充分的发展之间的矛盾，这就说明，在新时代发展的根本目的是人民的美好生活。

习近平总书记在党的二十大报告中指出，"物质富足、精神富有是社会主义现代化的根本要求。物质贫困不是社会主义，精神贫乏也不是社会主义。我们不断厚植现代化的物质基础，不断夯实人民幸福生活的物质条件，同时大力发展社会主义先进文化，加强理想信念教育，传承中华文明，促进物的全面丰富和人的全面发展"。因此，解决新时代主要矛盾的关键就在于生产出更多更高质量的物质文化产品，不断满足人民日益增长的物质文化需要和美好生活需要。新时代的高质量发展，首先要研究的就是人民生活的高质量发展，归根结底还是以共享发展理论为中心的共同富裕问题。从共享发展的理念内涵出发，在全民共享、全面共享、共建共享和渐进共享的有机统一中，人民生活的高质量发展主要体现为"全面共享"，这就要求着力解决教育、就业、住房、养老、医疗等人民群众最关心、最直接、最现实的问题，实现人民群众对美好生活的向往和追求。

近年来，关于人民生活质量的研究主要有三个方面。一是对生活质量的理论内涵和评价方法研究（周长城和蔡静诚，2004；严明义，2007；邢占军和黄立清，2012；李冻菊和温明晟，2017）；二是对生活质量的评价研究，其中包括对中国生活质量的总体评价和分析（赵彦云和李静萍，2000；陈建宝，2010；姜安印和陈卫强，2021），对某一特定区域内生活质量的评估（曾文等，2014；张亮等，2014；周瑞瑞等，2017），也包括对某一特定人群的生活质量的评估（王奋和张京，2006；国家统计局课题组，2007；吴海盛，2009；王磊，2012；李建新和李嘉羽，2012）；三是对生活质量与相关因素之间关系的关联性研究（戴勇，2000；郑宗生等，2006；宋瑞，2006；李建新，2007；石智雷，2015；李春平和葛莹玉，2017；张希等，2019；张元钊和李鸿阶，2020；沈洁和张可云，2021），主要从不同角度上论证了生活质量与经济增长、社会支持、家庭养老、生育决策之间的关系。现有文献已经为这一问题已经提供了广阔的思路和基础，但现有研究大多属于针对主观生活质量的微观调查研究，比较缺少从宏观视角出发的客观生活质量评估研究，在新时代背景下，生活质量也有了新的内涵特征。特别是在中国经济发展进入高质量发展阶段，中国进入了不断满足人民日益增长的美好生活需要，创造人民美好生活的时代。这就意味着生活高质量的定义不仅仅是个体的主观幸福感或生活满意度，而是代表着有更好的教育、更高的收入、更可靠的社会保障、更高水平的医疗卫生服务、更舒适的生活条件和生活设施、更优美的环境。因此，本章拟在已有研究的基础上，结合新时代的发展背景，对人民生活的高质量发展进行评估，并进一步研究相应的提升路径。

一、新时代人民生活高质量发展的内涵特征与评价体系

（一）新时代人民生活高质量发展的概念框架及内涵特征

"生活质量"是一个多层面概念，其最早提出可以追溯到英国剑桥学派经

济学家庇古在 1920 年出版的《福利经济学》（*The Economics of Welfare*），作为福利经济学的代表人物，庇古主要用这一概念来描述福利的非经济方面。对生活质量的内涵特征的研究则来自美国经济学家加尔布雷斯在 1958 年出版的《丰裕社会》（*The Affluent Society*）一书，但在该书中加尔布雷斯将生活质量的内涵定义为人的主观生活体验，主要从人在社会中实现自我价值的体验角度来进行研究，后来的学者沿着这一思路，从生活幸福度或者生活的主观满意程度等角度对人们的生活质量进行了研究，认为生活质量主要是一种心理程度上的福利，可以看出，这种对生活质量概念的理解是基于微观的个体视角。同时，也有学者从宏观的社会视角出发，认为生活质量是社会中人们生活条件的综合反映，因此，对生活质量的研究和评价应当是基于人们的客观物质生活和精神生活的条件。

基于主观生活质量和客观生活质量概念的不同特征可以发现：主观生活质量反映作为个体的人最终感受到的生活幸福感或满意度，从本质上来说是生活质量感知的最终"结果"，可以理解为生活质量的最终"产出"；而客观生活质量反映社会提供的生活水平、环境、条件和设施，从本质上来说是生活质量的"成因"，可以理解为生活质量的初始"投入"。基于主观生活质量和客观生活质量研究的不同视角，可以发现二者对生活质量评估的选取指标也有所不同：基于主观生活质量的评价，指标选择应当以微观的调研数据为主，特别是针对特殊人群或个体的生活满意度及幸福度调研数据；而基于客观生活质量的评价，指标选择则应当以宏观的统计调查数据为主。从本章的研究目的来看，主要衡量的是新时代全国及各地区人民生活质量的总体状况，因此主要采取客观生活质量的概念内涵，特别是要对政府和社会给人民提供美好生活的能力和水平进行评估，并找出其进一步提升的路径。

我们从客观生活质量的概念内涵出发来研究人民生活高质量发展的内在特征。首先，客观生活的高质量发展需要满足的条件是人民生活水平的提升，特别是物质条件的提升，物质生活水平的改善是生活质量提升的基础。物质生活水平改善的含义包括两个方面，一方面是居民收入水平，反映居民生活质量改善的客观条件；另一方面是居民消费水平的提升，反映居民生活质量改善的客观行为。其次，客观生活质量的高质量发展需要政府和社会为人民生活创造高质量的环境，这里的环境既包括资源和生态环境的改善，也包括人们的生活环境。再次，客观生活质量的高质量发展需要在教育、医疗、交通方面提供更加高水平的公共服务，在这些领域，人们能够在满足基础需要的同时，还能够实现生活条件的改善。最后，客观生活质量的高质量发展需要政府和社会为人民提供高质量的生活基础设施，包括市政设施、通信设施和文化设施等多个层面，从而为人民的美好生活提供基础设施方面的支撑。

（二）新时代人民生活高质量发展评价体系构建

根据新时代人民生活高质量发展的内涵特征，我们将人民生活高质量评估分成四个维度来进行分析，第一，是生活水平高质量的维度，主要从收入水平和消费水平两个方面来反映人民生活水平的改善；第二，是生活环境高质量的维度，主要从自然资源、生态环境和所居住的城市环境三个方面来反映；第三，是生活条件高质量的维度，主要从教育条件、医疗条件和交通出行条件来反映；第四，是生活设施高质量的维度，主要从市政设施、通信设施、文化设施来反映。

依据新时代人民生活高质量发展评估的基本框架，我们构建的评价指标体系如表 11 - 1 所示。

表 11 - 1　　　　　新时代人民生活高质量发展的评价指标构成

一级指标	二级指标	三级指标	计量单位	指标性质
生活水平	收入水平	人均 GDP （X1）	元	正
		城镇居民可支配收入 （X2）	元	正
		农村居民可支配收入 （X3）	元	正
	消费水平	居民消费水平 （X4）	元	正
		城镇居民消费水平 （X5）	元	正
		农村居民消费水平 （X6）	元	正

续表

一级指标	二级指标	三级指标	计量单位	指标性质
生活环境	自然资源	人均水资源量（X7）	立方米/人	正
		森林覆盖率（X8）	%	正
	生态环境	每万人二氧化硫排放量（X9）	吨	逆
		废水排放总量（X10）	万吨	逆
		生活垃圾无害化处理率（X11）	%	正
	城市环境	城市建成区绿化覆盖率（X12）	%	正
		人均公园绿地面积（X13）	平方米/人	正
		人均城市道路面积（X14）	平方米/人	正
		每万人拥有城市道路照明盏（X15）	盏/万人	正
生活条件	教育条件	平均受教育年限（X16）	年	正
		普通高等学校本科毕(结)业生数(X17)	万人	正
	医疗条件	每万人拥有卫生技术人员数（X18）	人	正
		卫生机构床位数（X19）	万张	正
	出行条件	私人汽车拥有量（X20）	万辆	正
		每万人拥有公共交通车辆（X21）	标台	正
生活设施	市政设施	城市用水普及率（X22）	%	正
		城市燃气普及率（X23）	%	正
		每万人拥有公共厕所（X24）	座	正
	通信设施	移动电话普及率（X25）	%	正
		互联网普及率（X26）	%	正
	文化设施	电视节目综合人口覆盖率（X27）	%	正
		人均拥有公共图书馆藏量（X28）	（册/人）	正

从生活水平维度的指标选择来看，反映收入水平子维度的指标，主要选择人均 GDP、城镇居民可支配收入和农村居民可支配收入三个指标，这三个指标基本反映出人民收入状况的变化趋势，其中城镇居民可支配收入和农村居民可支配收入从 2013 年开始采用的统计口径有所变化，但从数据来看，其趋势并未发生明显变化，因此并不影响本章的分析。反映消费水平子维度的指标，主要选取了居民消费水平、城镇居民消费水平和农村居民消费水平三个维度进行反映，本章在指标选择中也曾经考虑过使用主要采用消费消费品的人均数量来反映，但由于 2012 年后该部分数据缺失，因此主要采用货币化

的消费水平指标来反映。

从生活环境维度的指标选择来看，反映自然资源子维度的指标，我们采取了人均水资源量和森林覆盖率两个指标来衡量西部各省份人民在自然资源占有量方面的优劣程度。反映生态环境子维度的指标，选取了每万人二氧化硫排放量、废水排放总量和生活垃圾无害化处理率三个指标来反映。反映城市环境的指标，采取了城市建成区绿化覆盖率、人均公园绿地面积、人均城市道路面积和每万人拥有城市道路照明盏四个指标来反映城市的生活环境状况，其中每万人城市道路照明盏也通过省份常住人口计算得出。

从生活条件维度的指标选择来看，反映教育条件子维度的指标，我们采取了平均受教育年限和普通高等学校本科毕（结）业生数来衡量教育条件的提升，这两个指标主要依据每年的人口统计中 6 岁以上人口学历分布状况得出，其中受教育年限是将未上过学、小学、初中、高中和大专及以上学历人群的受教育年限分别设定为 0 年、6 年、9 年、12 年、16 年，并通过各人群占总人口比重加权相乘得出。反映医疗条件子维度的指标，主要采用每万人拥有卫生技术人员数和卫生机构床位数来反映。反映出行条件子维度的指标，主要选取了私人汽车拥有量和每万人公共交通汽车拥有量来反映出行的条件和便利度。

从生活设施维度的指标选择来看，反映市政设施子维度的指标，我们选取了城市用水普及率、城市燃气普及率和每万人拥有公共厕所数量来反映市政设施水平的完善程度。反映通信设施子维度的指标，主要选取了移动电话普及率和互联网普及率两个指标来反映新时代生活信息化水平的设施完善程度。反映文化设施的指标，则从电视和图书两个方面，选取了电视节目综合人口覆盖率和人均拥有公共图书馆藏量两个指标。

二、新时代人民生活高质量发展的测度及其分析

（一）人民生活质量的研究方法

1. 熵权法

中国人民生活高质量发展指数的评价涉及诸多指标，因此评价的关键就

是指标权重的确定的问题。关于评价赋权的方法,常用的评价方法有主观赋权法和客观赋权法。

主观赋权法是由相关专家通过其经验和学识进行赋权,主观赋权法的主要代表性方法包括层次分析法和德尔菲法等。但是这类方法过于依赖专家的主观认知,很容易影响评价的结果。而客观赋权法是利用客观数值来计算出权重的计算方法,常用的客观赋权的方法有因子分析法、熵值法、主成分分析法等。本章采用的是客观赋权法的熵值法来计算"人民生活高质量"发展水平的各项指标的权重。

具体步骤如下:

标准化数据:其中 i = 1,2,3,…,n;代表了不同的指标,j = 1,2,3,…,m;代表了不同的年份。x_{ij} 代表未进行标准化的指标的原数据,x_{max}、x_{min} 分别代表原数据中的最大值和最小值,x'_{ij} 代表进行标准化后的数据。

正项指标标准化:
$$x'_{ij} = \frac{x_{ij} - x_{min}}{x_{max} - x_{min}} \tag{11-1}$$

逆向指标标准化:
$$x'_{ij} = \frac{x_{max} - x_{ij}}{x_{max} - x_{min}} \tag{11-2}$$

利用标准化后的数据进行计算,计算第 j 个指标下,第 i 年贡献度,
$$q_{ij} = \frac{x'_{ij}}{\sum_{i=1}^{n} x_{ij}} \tag{11-3}$$

计算第 j 个指标的熵值,
$$p_j = -\frac{1}{\ln n} \sum_{i=1}^{n} q_{ij} \ln(q_{ij}) \tag{11-4}$$

差异系数计算,
$$\omega_j = 1 - p_j \tag{11-5}$$

确定综合得分,
$$w_j = \frac{\omega_j}{\sum_{i=1}^{m} \omega_j} \tag{11-6}$$

2. Dagum 基尼系数法及分解方法

测度差异的方法有很多,Dagum 基尼系数有诸多优点,不仅可以测度地

区间差异，可以测算地区内的差异，还可以测度差异的来源，测算贡献度等诸多优点，基于此，本章选择 Dagum 基尼系数作为测度差异的研究方法。

$$G = \sum_{j=1}^{k} \sum_{h=1}^{k} \sum_{i=1}^{n_j} \sum_{r=1}^{n_h} |y_{ji} - y_{hr}|/2n^2\bar{y} \qquad (11-7)$$

G 为总体的基尼系数，k 为划分的地区数量，n 为城市的数量，$\bar{y}$ 是全国各城市人民生活高质量发展的平均值，y_{ji}、y_{hr} 分别是 j、h 地区人民生活高质量的发展水平。基尼系数 $G = G_w + G_{nb} + G_t$，其中 G_w 为某个地区内差距的贡献度，代表了地区内各城市人民生活高质量发展差异的来源；G_{nb} 为地区间差距的贡献度，衡量了地区之间人民生活高质量发展的差异和地区间的交叉效应，G_t 为超变密度的贡献。

$$G_{jj} = \frac{\frac{1}{2\bar{Y}_j} \sum_{i=1}^{n_j} \sum_{r=1}^{n_h} |y_{ji} - y_{hr}|}{n_j^2} \qquad (11-8)$$

$$G_w = \sum_{j=1}^{k} G_{jj} p_i s_j \qquad (11-9)$$

$$G_{jh} = \frac{\sum_{i=1}^{n_j} \sum_{r=1}^{n_h} |y_{ji} - y_{hr}|}{n_j n_h (\bar{Y}_j + \bar{Y}_h)} \qquad (11-10)$$

$$G_{nb} = \sum_{j=2}^{k} \sum_{h=1}^{j-1} G_{jh}(p_j s_h + p_h s_j) D_{jh} \qquad (11-11)$$

$$G_t = \sum_{j=2}^{k} \sum_{h=1}^{j-1} G_{jh}(p_j s_h + p_h s_j)(1 - D_{jh}) \qquad (11-12)$$

$$D_{jh} = \frac{d_{jh} - p_{jh}}{d_{jh} + p_{jh}} \qquad (11-13)$$

$$d_{jh} = \int_0^\infty dF_j(y) \int_o^y (y-x) dF_h(x) \qquad (11-14)$$

$$p_{jh} = \int_0^\infty dF_h(y) \int_o^y (y-x) dF_j(x) \qquad (11-15)$$

3. 核密度估计

非参数估计的核密度估计可以分析人民生活高质量的动态演进趋势。通过对数据进行拟合，可以直观地观测到样本数据的分布形态。

f(x) 表示人民生活高质量发展水平的密度函数，x 为均值，N 表示观测值的个数，X_i 表示独立同分布的观测值，K（·）为核函数，h 为带宽。

$$f(x) = \frac{1}{Nh}\sum_{i=1}^{N} K\left(\frac{X_i - x}{h}\right) \qquad (11-16)$$

本章核密度估计选择以高斯函数为内核进行估计，分布位置表示人民生活高质量发展水平的高低；分布形态反映人民生活高质量发展水平的区域差异大小和极化程度，其中波峰高度和宽度反映差异大小，波峰数量反映空间极化程度。

（二）新时代人民生活高质量发展指数评价的结果

1. 新时代人民生活高质量发展的全国层面评价结果

基于 2013～2019 年全国层面的数据，对全国层面人民生活进行了测度。在全国层面上，我国人民生活质量指数从 2013 年 0.0656 上升到 2019 年的 0.9378。从发展趋势图（见图 11-1～图 11-4）中可以看出，全国人民生活质量呈现出稳定上升的趋势，2015 年以后，人民生活上升的幅度相较于 2015 年以前有了更大幅度提高，这是因为党的十八大以后，各项政策逐步落实，效果逐步呈现，顺应了人民对美好生活的向往。生活水平、生活环境、生活条件、生活设施四个衡量人民生活高质量发展的维度呈现出了以下特征。第一，生活水平和生活设施的总体评价指数呈现一致的增长趋势，尽管生活条件和生活环境在个别年份呈现出放缓的增长趋势，但是总体仍然呈现出上升的趋势，说明我国人民生活的各个方面都在不断提高；第二，自 2018 年起，生活环境和生活条件两方面的增长趋势落后于人民生活质量的总体增长趋势，而生活水平和生活设施两方面的增长幅度却高于总体生活质量的增长幅度，根据国家统计局数据，无论是城镇居民可支配收入还是农村居民可支配收入，从 2013 年到 2019 年增幅都超 50%，说明不断提高人均收入，改进与人民生活更加息息相关的方面能够更加切实提高人民生活的质量。因此，可以看出，切实提高人民生活要将更多的政策放在提高人民可支配收入，增进人民生活便利性的方向上，并且辅以改善人民生活环境，这样才能不断提高人民生活质量。

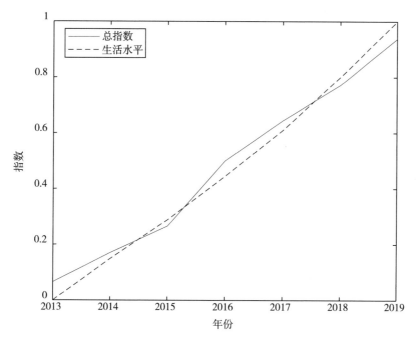

图 11 - 1　2013～2019 年生活水平的变化趋势

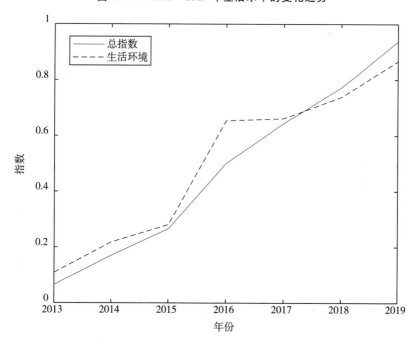

图 11 - 2　2013～2019 年生活环境的变化趋势

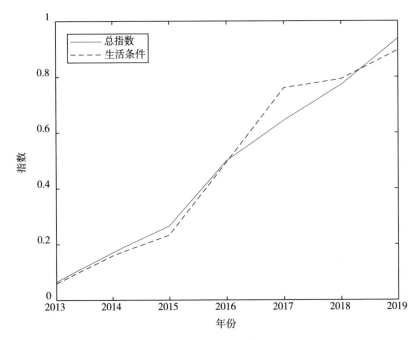

图 11 - 3　2013 ~ 2019 年生活条件的变化趋势

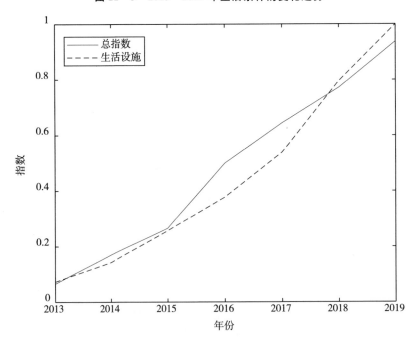

图 11 - 4　2013 ~ 2019 年生活设施的变化趋势

2. 新时代人民生活高质量发展的省际层面测度结果

本章主要采用熵权法对 2013～2019 年人民生活高质量发展水平进行测度，其中样本数据主要来自《中国统计年鉴》以及各省份统计局官方公布的统计年鉴，对于缺少的数据采用复合增长率的方法进行预测，样本观测值时间分布为 2013～2019 年。

采用 MATLAB 软件对全国 31 个省份 2013～2019 年人民生活高质量发展综合水平计算并排序，结果如表 11-2 所示。

表 11-2　　　　　2013～2019 年人民生活高质量发展综合水平和排序

省份	2013 年		2014 年		2015 年		2016 年		2017 年		2018 年		2019 年	
	水平	排序	水平	排序	水平	排序	水平	排序	水平	排序	水平	排序	水平	排序
北京	0.54	1	0.54	1	0.55	1	0.55	1	0.54	1	0.52	1	0.52	1
天津	0.33	7	0.32	9	0.33	9	0.32	8	0.33	9	0.27	9	0.27	9
河北	0.25	12	0.23	14	0.23	14	0.23	17	0.23	18	0.23	18	0.23	17
山西	0.19	20	0.19	27	0.19	26	0.18	27	0.17	28	0.18	26	0.19	26
内蒙古	0.27	11	0.26	11	0.26	11	0.27	11	0.26	11	0.26	10	0.26	10
辽宁	0.30	10	0.30	10	0.30	10	0.28	10	0.26	10	0.26	11	0.26	11
吉林	0.21	17	0.19	22	0.21	21	0.19	25	0.17	29	0.17	30	0.16	31
黑龙江	0.23	15	0.22	18	0.21	18	0.20	21	0.19	23	0.18	25	0.20	24
上海	0.51	2	0.50	2	0.51	2	0.51	2	0.50	2	0.45	2	0.45	4
江苏	0.42	4	0.44	4	0.46	4	0.47	3	0.45	3	0.45	3	0.46	2
浙江	0.46	3	0.46	3	0.48	3	0.47	4	0.45	4	0.45	4	0.45	3
安徽	0.18	26	0.20	20	0.19	24	0.21	20	0.20	20	0.22	19	0.23	18
福建	0.32	8	0.33	8	0.34	8	0.33	8	0.33	8	0.32	8	0.32	8
江西	0.18	27	0.19	26	0.19	25	0.21	19	0.20	21	0.21	20	0.22	20
山东	0.32	9	0.33	7	0.34	7	0.35	7	0.34	7	0.34	7	0.34	7
河南	0.19	23	0.21	19	0.21	19	0.23	18	0.23	15	0.24	14	0.25	13
湖北	0.23	14	0.25	13	0.25	13	0.26	12	0.25	12	0.25	12	0.25	15
湖南	0.20	18	0.22	17	0.23	15	0.24	14	0.23	17	0.24	15	0.25	14
广东	0.40	5	0.41	5	0.43	5	0.44	5	0.40	5	0.41	5	0.41	5
广西	0.18	29	0.19	25	0.19	27	0.19	24	0.19	25	0.19	24	0.20	23
海南	0.19	22	0.19	23	0.19	23	0.20	22	0.21	19	0.20	22	0.21	21

续表

省份	2013 年		2014 年		2015 年		2016 年		2017 年		2018 年		2019 年	
	水平	排序	水平	排序	水平	排序	水平	排序	水平	排序	水平	排序	水平	排序
重庆	0.20	19	0.22	16	0.23	17	0.24	15	0.23	16	0.23	17	0.22	19
四川	0.22	16	0.23	15	0.23	16	0.23	14	0.23	14	0.24	13	0.25	12
贵州	0.11	31	0.13	30	0.14	30	0.15	30	0.15	30	0.17	29	0.18	27
云南	0.18	28	0.18	29	0.17	28	0.19	26	0.19	24	0.19	23	0.19	25
西藏	0.34	6	0.34	6	0.34	6	0.32	9	0.37	6	0.36	6	0.37	6
陕西	0.24	13	0.25	12	0.23	12	0.24	13	0.24	13	0.23	16	0.23	16
甘肃	0.11	30	0.11	31	0.10	31	0.11	31	0.12	31	0.16	31	0.17	30
青海	0.19	24	0.18	28	0.17	29	0.16	29	0.18	26	0.18	27	0.18	28
宁夏	0.19	25	0.20	21	0.20	23	0.20	22	0.20	22	0.20	21	0.20	22
新疆	0.19	21	0.19	24	0.20	20	0.18	28	0.18	27	0.17	28	0.18	29

从表 11 - 2 中可以看出,北京、上海、浙江、江苏、广东、西藏、天津、福建等排名靠前,排名与经济发展水平呈现出正相关的关系。需要特别注意的是西藏尽管经济发展水平不高,但是人民生活质量非常靠前,这可能与西藏的经济发展存在特殊关系,其地处青藏高原,不利于发展工业经济,但生活环境等方面保护得非常到位。尽管经济总量不大,但是人均量在非经济发展方面有很大的优势,因此人民生活质量较高,幸福感较高。还需注意的是,排名从 2013 年到 2019 年退步比较大的主要有山西、吉林、黑龙江等省份,这些地区的主要特点都是以煤炭、钢铁等污染比较严重的高能耗产业为支柱产业,在经济进入高质量发展阶段以后,经济发展不仅仅以增长速度为唯一目标,开始进入了统筹发展阶段,"绿水青山就是金山银山",环境保护被作为经济发展的重要目标,原有高污染、高消耗的经济发展模式不可持续,经济进入了经济结构转型阵痛期,以环境污染换取经济发展的方式被改变以后经济下滑明显。江西、安徽、河南等省份,虽然经济发展水平并不高,但是人民生活质量提高都比较明显,以河南为例,在经济发展方面,从党的十八大以来经济稳中有进,以经济新发展理念作为引领,主动改变经济发展策略,以高质量发展为前提,经济实力提升明显,经济结构持续优化,即使在 2015 年、2016 年中国经济发展进入 6% 的阶段,河南仍然保持在 8% 以上;在人民

生活方面，坚持以人民为导向，把改善民生作为主要发展目标，人民可支配收入逐年提高，医疗、交通出行等公共服务水平不断提高，人民生活幸福感日益攀升。

对我国 31 个省份进行聚类分析，采用 Ward 聚类法进行分析，将 31 省份分为以下 4 类较为合适：人民生活高质量地区、人民生活中等质量地区、人民生活中低质量地区、人民生活低质量地区，地区分类如表 11 - 3 所示。

表 11 - 3　　　　　　　　中国人民生活高质量发展水平省份分类

分类	省份
高质量地区	北京、上海、江苏、浙江、广东、天津、西藏、山东、福建
中等质量地区	辽宁、内蒙古、湖北、陕西、四川、河北、湖南、河南、重庆、黑龙江、安徽、江西、海南
中低质量地区	宁夏、广西、云南、吉林
低质量地区	新疆、山西、青海、贵州、甘肃

第一种类型是人民生活高质量发展地区，这一类有北京、上海、江苏、浙江、广东、天津、西藏、山东、福建。主要以东部地区为主，生活质量较高的原因主要在于以下三个方面：第一，经济发展水平较高，人民的可支配收入较高；第二，基础设施完善，人民生活便利；第三，生活环境比较好。

第二种类型是人民生活水平中等质量地区，包括辽宁、内蒙古、湖北、陕西、四川、河北、湖南、河南、重庆、黑龙江、安徽、江西、海南，主要包括中西部地区。这一类地区，经济发展水平一般都比较高，但是在环境保护，或是医疗、出行等方面有些许问题，例如内蒙古，环境干旱，风沙大，很大程度上影响人们生活；而例如四川、河南等省份，尽管经济发展总体水平、生活环境、基础设施等方面都比较好，但是其人均可支配收入相较于高质量地区稍低，而收入又是改善民生的重要一部分。因此，这些省份在经济发展方面更多地向新型经济发展模式靠拢，改变传统资源消耗型，提高环境保护力度，改善民生，提高人民可支配收入，从各方面补足短板，提高人民生活质量。

第三种类型是人民生活水平中低质量地区，包括宁夏、广西、云南、吉林，这些省份除了吉林以外，生活质量水平总体上呈现上升的趋势，但是因为这些省份地处偏远地区，经济发展比较落后，人民可支配收入低，经济结构发展不均衡，在未来应该明确当前发展的短板，弥补不足，不断提高人民生活质量，切实提高人民生活幸福感。

第四种类型是低质量地区，包括新疆、山西、青海、贵州、甘肃，这五个省份综合排名靠后，但是原因各异。以新疆为例，新疆地处西北内陆地区，生活环境恶劣，经济发展落后，人民可支配收入低，公共基础设施落后，基础服务水平较低，这些省份均在多个方面存在短板，需要各方进行补足。

三、新时代人民生活高质量发展指数的区域差异

（一）新时代人民生活高质量发展差异的 Dagum 基尼系数估计

我们进一步以省份综合水平为研究对象，考察了人民生活高质量发展指数在区域层面的差异情况。利用 MATLAB 软件，通过 Dagum 基尼系数法及其分解方法对我国 31 个省份，2013～2019 年的人民生活总体差异进行计算，并按照东部、中部、西部三大区域对整体基尼系数进行分解，测度结果具体如表 11 - 4 所示。

表 11 - 4　　　　中国人民生活高质量发展的基尼系数及其分解

年份	总体	地区内差异			地区间差异			贡献率		
		东部	中部	西部	东部—中部	东部—西部	中部—西部	地区内	地区间	超变密度
2013	0.2180	0.1608	0.0470	0.1619	0.2922	0.3060	0.1164	22.8036	66.8368	10.3596
2014	0.2077	0.1611	0.0471	0.1508	0.2838	0.2935	0.1101	22.3211	66.1945	11.4844
2015	0.2192	0.1652	0.0501	0.1563	0.2948	0.3078	0.1153	22.8158	66.9078	10.2765
2016	0.2151	0.1689	0.0599	0.1433	0.2850	0.3045	0.1118	23.0220	67.5589	9.4192
2017	0.2112	0.1627	0.0743	0.1482	0.2862	0.2875	0.1177	23.6348	65.6809	10.6843
2018	0.1938	0.1647	0.0790	0.1249	0.2612	0.2623	0.1069	24.4407	63.5647	11.9946
2019	0.1902	0.1621	0.0823	0.1219	0.2517	0.2585	0.1086	24.5160	62.3361	13.1480

　　第一，我国人民生活高质量发展总体差异，从 2013 年的 0.2180 到 2019 年的 0.1902，差异在虽然有所波动，但是整体上呈现出缩小的趋势。原因在于：其一，我国改变了传统经济发展方式，逐渐走向"绿水青山就是金山银山"的新型经济发展模式，经济结构转变，人民生活环境逐渐改变，更加宜居；其二，国家出台了更多改变民生方向的政策，例如脱贫攻坚，国家"八横八纵"高铁网战略的实施，截至 2019 年底，中国高速铁路营业总里程达 3.5 万千米，2020 年我国实现全面脱贫，各种政策方针使人民生活有了切实的改变，人民幸福感不断提高；其三，西部大开发、东北振兴、中部崛起等国家战略逐渐有所成效，中西部地区经济发展水平逐渐提高，人民收入逐年上升，生活水平不断提高。

　　第二，我国人民生活的高质量发展水平的地区内差异如表 11 - 4 所示，尽管东部地区的人民生活质量是最高的，但是东部地区内基尼系数最大，因此地区内的差异也是最大的。西部地区差异紧随其后，中部地区差异最小。东部地区内部差异大的主要原因在于东部地区经济发达省份与经济落后的省份差异大，基础设施建设、医疗出行等方面差异也比较大，以上各方面发展的不均衡导致了较大的人民生活质量差异。西部地区差异大的原因和东部地区比较相似，西部地区既有经济发展较好的重庆、四川等，也有发展落后的新疆、云南等省份；另外，西部地区宜居程度差异也较大，有环境比较恶劣的新疆、甘肃等风沙较多的西北内陆省份，也有生态宜居的"天府之国"四川，生活环境的宜居程度是导致西部地区内部差异较大的另一大因素；出行、医疗等方面西部地区差异也较大，以上都成为造成西部地区人民生活质量差异较大的原因。中部地区差异相对于东部和西部地区差异来说，小了很多，因为中部地区无论是从经济发展水平，还是交通出行、医疗教育等方面的发展水平都是比较类似的。

　　第三，我国人民生活高质量发展水平的地区间差异是东西部地区间的差异，其次是东中部地区间的差异，中西部地区间的差异最小。地区间的差异从 2013～2019 年呈现出波动的态势，但差异总体呈现缩小的趋势，其中东中部地区的差异值从 2013 年的 0.2922 缩小到 2019 年的 0.2517，东西部地区之

间的差异值从 2013 年的 0.3060 缩小到 2019 年的 0.2585，中西部地区从 2013
年的 0.1164 缩小至 2019 年的 0.1086。其中东西部地区之间发展差异尽管仍
然处于一个较大的水平，但是地区间差异已经在不断缩小，且东西部地区之
间的差异值变化最大，说明我国对西部地区的扶持性政策开始有所成效，我
国应该加大对西部地区各方面的政策扶持，不断提高西部地区人民的生活质
量。东中部地区之间的差异变化略次于东西部地区间的差异，尽管中部地区
的经济发展水平优于西部地区，医疗出行等方面也好于西部地区，但是东中
部地区间和东西部地区间的基尼系数值却差异不大，这也许与中部地区的经
济发展模式有较大关系，例如山西、黑龙江都是以高污染、高能耗的产业为
主，都是以人民的生活环境为代价，经济系统与生态环境之间尚未达到良性
共振的协调发展水平（柴莎莎等，2011；秦江波等，2010）。因此，逐渐改变
经济发展方式，是缩小东中部地区人民生活的重要现实路径之一。而且中部
地区，除了湖北地区，其他地区的教育水平都相较于东部地区差异较大，例
如河南人口大省仅有一所"211 院校"，教育水平的发展也是中部地区人民生
活质量提高的一条重要路径。

第四，中国人民生活高质量发展水平差异来源及其贡献度的结果如表
11-4 所示，地区内的贡献率稳定在 20% 左右，地区间的贡献率却高达 60%。
由此可以看出，我国人民生活质量的差异主要来源于地区间的差异，地区内
的差异贡献率较低，因此未来我国改善民生的主要方向在于缩小地区间的差
异，加大对中西部地区的扶持，同时延续东部地区现有的发展方针，稳定东
部发展，这样才能切实提高我国人民生活质量。

（二）新时代人民生活高质量发展差异的核密度估计

前文通过对我国人民生活的差异用 Dagum 基尼系数法进行分析以后，对
我国人民生活差异的相对水平有了明确的认识，但是对于我国人民生活质量
动态差异还缺乏比较明确的认知。因此，后文利用 STATA 软件通过对我国人
民生活质量进行核密度估计，对人民生活质量进行更加准确的分析。

第一，如图 11-5 所示，全国人民生活高质量发展的呈现出以下特点；

其一，核密度估计的图像呈现出较明显的拖尾现象，2013～2019 年拖尾现象都比较明显，说明了全国人民生活水平呈现出较大的差异并且差异改善并不特别明显；其二，图像 2013 年呈现一个明显的主峰而到了 2019 年呈现一个主峰和一个较明显的侧峰，说明我国人民生活质量开始呈现多极化的现象；其三，2013～2019 年，核密度估计的中心点逐渐右移，说明人民生活质量总体水平不断提高。

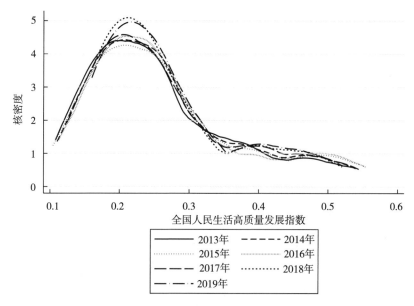

图 11－5 全国人民生活高质量发展水平核密度估计

第二，如图 11－6 所示，东部地区人民生活高质量发展呈现出以下特征：其一，核密度估计的图像宽度较宽，2013～2019 年数值基本上都处于 0.2 到 0.55 之间，跨度非常大，说明东部地区的人民生活水平差异较大；其二，核密度估计的中心点逐渐右移，说明东部地区的人民生活质量在不断地提高，尽管东部地区内部人民生活水平差异较大，但是仍然与全国层面相同，呈现出稳中向好的趋势；其三，东部地区的估计图呈现出平缓的现象，说明东部地区的人民生活质量的发展水平高，但是不存在极化现象。

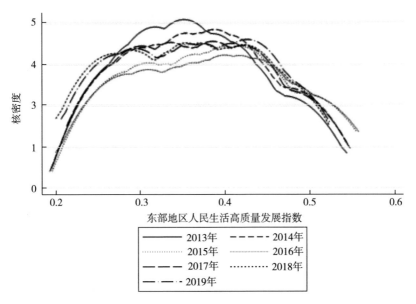

图 11 - 6　东部地区人民生活高质量发展水平核密度估计

　　第三，如图 11 - 7 所示，中部地区人民生活高质量发展呈现以下三个特征：其一，核密度估计的图像宽度较小，不存在拖尾现象，说明我国中部地区的差异小；其二，核密度估计图的中心点右移，说明中部地区的人民生活质量与全国层面也呈现出一致的向好局面；其三，2013 年整个图像只有一个主峰，随着时间的推移，到 2019 年，呈现出一个主峰和一个侧峰，说明我国中部地区呈现出多极化的现象。

　　第四，如图 11 - 8 所示，西部地区人民生活高质量发展呈现以下三个特征：其一，核密度估计的图像宽度分布较大，无论是测度起始的 2013 年，还是测度结束的 2019 年，估计值都是分布在 0.1 到 0.4 之间，说明西部地区人民生活质量的差异较大；其二，核密度估计图的中心点和东部中部地区一致，仍然呈现出右移的特征，说明尽管差异较大，但是整体仍然呈现出向好的趋势；其三，图像呈现一个明显的主峰和不太明显的侧峰，说明我国西部地区人民生活质量的发展水平差异较大，虽然呈现多极化的现象，极化的程度较高，主要是发展水平处于 0.2 左右的省份，还有个别省份集中于 0.32 左右。

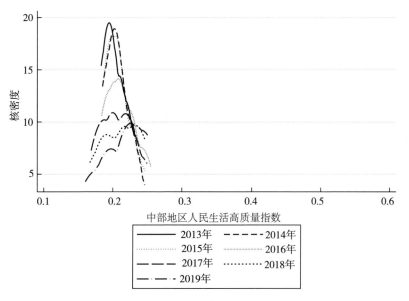

图 11-7　中部地区人民生活高质量发展水平核密度估计

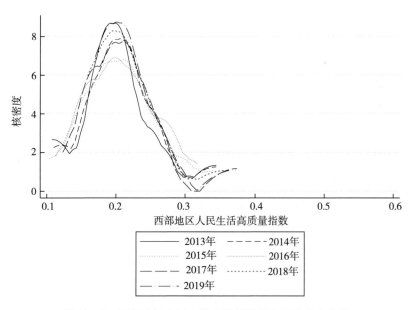

图 11-8　西部地区人民生活高质量发展水平核密度估计

四、结论与政策建议

综上所述，从全国人民生活高质量发展指数的综合水平和区域差异以及动态变化来看，本章可总结得出如下三个结论：第一，2013～2019年我国人民生活的质量在不断提高，整体呈现稳中向好的局面，人民生活的综合水平不断上升；第二，改善基础民生仍然是提高人民生活的重要途径，通过提高人民生活相关的基础设施类建设能切实提高生活质量；第三，全国人民生活质量存在明显的异质性，尽管人民生活水平总体稳中向好，但是地区间的不平衡问题仍然非常显著，差异的来源主要是区域间的差异，根据基尼系数的分解结果来看，区域间的差异来源是区域内差异来源的三倍左右，整个中国的人民生活水平呈现由东向西逐渐降低的趋势。

新时代是追求高质量发展的时代，在新时代下，追求以人民为中心的发展，实现人民生活综合质量的提升，是高质量发展的题中应有之义，提高人民生活质量是一项系统性、综合性的重大任务。共同富裕是满足人民对美好生活需要的重要内容，具体来说，共同富裕的基础是物质生活的富裕充足，同时也包含精神文化层面的自信自强、资源环境层面的宜居宜业、经济社会的和谐和睦与公共服务的普及普惠等内容。因此，要切实提高新时代人民生活质量，必须要找准"病因"，要具有针对性和多样性，要巩固已有优势，弥补发展短板，把握方向，从各个方面提高人民生活质量。对此，提出以下三条政策建议。

（一）夯实经济基础，以经济高质量满足人民生活高质量发展的物质富裕

坚实基础经济发展是保障和改善民生的重要物质基础，经济发展程度决定了人民生活的丰富程度；而民生又是促进经济更好更快发展的重要抓手。因此，改善民生最首要的任务就是继续坚持经济高质量发展，只有不断将经济"蛋糕"做大，才能更好地惠及人民群众，不断提高经济发展的质量和效率，以经济高质量纾解相对贫困，强化共同富裕的物质支撑。

对此，首先，要以数字信息技术驱动传统产业创新发展，为共同富裕提供物质保障，加强数字基础设施建设，并促使先进数字技术与农业、劳动密集型制造业有机结合，加快培育更多现代化发展新业态、新模式。其次，要统筹发展与保护，为实现可持续发展和共同富裕提供资源环境支撑。以先进生产技术提升资源利用效率，打通资源循环利用渠道，推动更多高技术产业的落地，不断促进产学研紧密连接，显著提高社会生产力；构建权属明确的自然资源产权制度，以科学制度和严密法治有效保护生态环境；开展环保教育，提升公民节约资源和保护环境的自觉性、主动性。另外，在对外开放层面，以开放促发展，以发展助富裕。在保障国内产品销售市场的同时，积极扩大进口，满足多样化消费需求，推动进出口贸易高质量发展；以"一带一路"为依托，广泛开展国际贸易，在促进共建国家基础设施建设的同时，增强我国经济的韧性，促进经济再平衡的实现，为共同富裕提供稳定保障。总之，以市场经济为经济发展的核心，让一切创造财富的源泉充分涌动，将经济发展推向更高水平。

（二）弥补民生短板，以共享发展满足人民生活高质量发展的精神富裕

精神贫困已经成为我国实现共同富裕的重要阻碍，毫无疑问，精神富裕是我国满足人民生活高质量发展建设共同富裕社会必不可少的组成部分，而且加强精神富裕建设也有利于加快建设共同富裕社会。中国是世界上最大的发展中国家，在改善民生方面还存在很多的短板与缺陷，落实共享发展新理念，让人民群众能够分享经济发展的成果，得到看得见的利益，获得更多的"满足感"和"幸福感"，是改善民生的重要现实途径。

以共享发展充实人民生活的精神成果，就是要更多地以人民为中心，在收入、教育、医疗、出行等各个基础公共服务方面加大改善力度，以提升人民生活质量。一方面，通过推动基本公共教育均等化、提供全方位全生命期健康服务、健全终身技能培训制度等来提升人的全面发展能力，通过提高基本公共服务均等化水平、健全就业公共服务体系、完善公共服务政策保障体系等来改善人的全面发展环境，从而让发展成果全面惠及全体人民，满足全

体人民对美好生活的丰富化、多样化的需求。另一方面，强化经济社会发展中社会主义核心价值观的引领作用，为人民提供更为丰富多样和更高精神品位的文化产品和文化服务，加强爱国主义、集体主义、社会主义教育，发展公共文化事业，完善公共文化服务体系，不断满足人民群众多样化、多层次、多方面的精神文化需求，构筑强大精神家园，促进人民精神生活共同富裕。

（三）平衡地区发展，以均衡发展推动人民生活高质量发展

除了群体在分配结构中的贫富差距以外，我国"先富带动后富"的增长模式分化严重，加剧了区域发展不平衡不充分，使得共同富裕的物质基础尚待巩固。因此，平衡地区发展、缩小地区差距是实现人民生活高质量发展和推进共同富裕的又一个重要着力点。中国地区差距有两种不同类型：一种是行政区域之间的发展差距，如省际差距、县际差距等；另一种是自然区域差距，如东中西部的地区差距、南北差距、内陆与沿海地区差距等。目前存在的发展不平衡现状比如，城乡、省际基本公共服务种类和质量上的差距仍非常明显；巨大的劳动力缺口和人口整体素质偏低，进而会造成人力、资本以及技术劣势，加剧区域间在产业发展、创新驱动、人才汇聚等方面的发展差距；自然区域下的经济和社会发展水平差距明显，如东中西部地区在基础设施、文化教育、自然环境、医疗水平和科技发展状况等方面都存在显著差距，且又有趋势扩大的南北发展差距。

对此，要加快落后地区的发展，以经济发展水平赶超为生活质量赶超提供前提条件和基础，一方面，缩小西部地区与东部发达地区的经济发展水平和生活质量的差距，以中心城市带动周边城市的发展，逐步缩小区域间在居民收入、消费水平和基础设施完善程度等多方面的差距；同时也要缩小西部地区内部各省份之间的生活质量差距。另一方面，充分利用东中西部和东北地区的自然资源与社会经济基础，探寻各区域的个性化发展道路，并开展差异化的区域分工合作。具体而言，东部地区应该保持现有优势，继续以开放的姿态大力发展，依托自身已有的经济基础和科技实力，继续推动数字技术的发展和产业结构的转型升级，发挥带头作用，利用"先富"带动"后富"，

成为我国区域间人民生活高质量协调发展的重要引擎；而中西部地区应该坚定不移地实施"中部崛起""西部大开发"等国家战略，中部地区可充分利用当地的自然条件和制造业基础，借力先进数字技术，发展特色农业和先进制造业；西部地区应继续加强基础设施建设，因地制宜发展特色旅游等优势产业。

第十二章 中国高质量发展阶段实现共同富裕的实践历程与路径选择

　　新时代中国高质量发展的内涵是建立在新发展阶段、新发展理念和新发展格局的基础上的。其中，新发展理念是关系我国发展全局的一场深刻变革，以习近平同志为核心的党中央进一步拓展了中国共产党经济发展观的内涵，提出了符合新时代高质量发展特征的新发展理念。党的十八届五中全会提出，实现"十三五"时期发展目标必须牢固树立并切实贯彻创新、协调、绿色、开放、共享的新发展理念；在党的十九届五中全会上，又提出了"统筹发展和安全"的安全发展理念。以"创新""协调""绿色""开放""共享"和"安全"为关键词的这些发展理念共同构成了新时代高质量发展的经济发展观，旨在实现经济、社会和环境的持续健康发展，提高人民生活质量和幸福感。创新发展注重的是解决发展动力问题，协调发展注重的是解决发展不平衡问题，绿色发展注重的是解决人与自然和谐问题，开放发展注重的是解决发展内外联动问题，共享发展注重的是解决社会公平正义问题。因此，新时代中国经济高质量发展就是落实五大维度的发展，贯彻新发展理念是推动高质量发展的战略基点和核心要求，是中国全面建成社会主义现代化强国的行动指南和基本方针。

　　高质量发展，就是能够很好满足人民日益增长的美好生活需要的发展，是体现新发展理念的发展，是创新成为第一动力、协调成为内生特点、绿色成为普遍形态、开放成为必由之路、共享成为根本目的的发展。其中，协调成为内生特点，即坚持协调发展、统筹兼顾、协调各方，才能实现生产和需要之间的动态平衡，提升经济运行整体效率，增强发展的协调性；共享成为根本目的，即坚持共享发展，才能把提高效率同促进公平相结合，让改革发展成果更多更公平惠及全体人民，朝着实现全体人民共同富裕不断迈进，增强发展的公平性。由此看来，协调和共享这两大发展理念，在一定程度上均体现了新时代高质量发展和全面建成社会主义现代化强国必须以实现共同富裕为目标。在新时代推动共同富裕，以人民为中心、正确处理效率和公平关系的发展思想既能够实现经济的高速增长，又能够使其发展成果被广大人民群众所共享，提高经济发展的协调性、包容性和可持续性，这是经济高质量和社会主义现代化建设中应当竭力追求的目标。

　　共同富裕作为中国特色社会主义的本质要求，是中国式现代化的重要特征，也是中国人民的共同期盼，更是促进经济高质量发展的内在要求。党的十八大以来，以习近平同志为核心的党中央，把逐步实现全体人民共同富裕摆在更加重要位置，对共同富裕的道路、理论、目标和步骤进行了新的阐释和部署。党的十九届五中全会首次明确要求"扎实推动共同富裕"，提出到2035年"全体人民共同富裕取得更为明显的实质性进展"的目标。党的二十大报告中明确将"实现全体人民共同富裕"作为中国式现代化的本质要求，开启了全面建设社会主义现代化国家新征程的重要一步。进入新时代，以习近平同志为核心的党中央带领人民采取有力措施保障和改善民生，打赢脱贫攻坚战，全面建成小康社会，为促进共同富裕创造了良好条件。现在我国迈入了全面建设社会主义现代化国家、向第二个百年奋斗目标进军的新发展阶段，已经到了扎实推动全体人民共同富裕的历史阶段。着力实现全体人民共同富裕成为解决新时代社会主要矛盾的聚焦点与落脚点，更是中国共产党领导国家实现高质量发展的必然要求。

　　从高速增长阶段转向高质量发展阶段，本质是共同富裕推进的不同阶段。基于新时代的发展背景和现实要求，本章旨在探究中国高质量发展阶段实现共同富裕的推进策略：第一部分利用人口收入分布曲线（见图12-1）分析了共富理念从经济高速增长到高质量发展的阶段性转变，进而阐释新时代对共同富裕内涵特征的深化和拓展，讨论高质量发展中实现共同富裕的理论逻辑；第二部分主要基于中国共产党带领人民推进共同富裕的历史实践，讨论实现共同富裕的历史逻辑；第三部分提出路径选择。

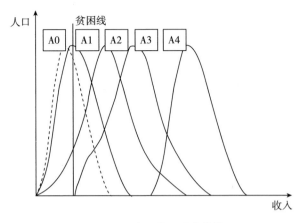

图 12 - 1　人口收入分布曲线

一、高质量发展中实现共同富裕的理论逻辑

(一) 共富理念在经济发展过程中的阶段性转变

1. 经济起飞前阶段：A0—A1

期初一个发展中国家的普遍贫困状态可由 A1 曲线所表示，对应中国的发展，A1 曲线反映了改革开放之前，我国收入分配相对均等，但半数人口收入位于贫困线以下的状况。在新中国成立初期，部分地区的土地改革尚未实行，农民之间对土地所有权的占有分配极度不均，广大农民存在食不果腹的极度贫困情况。因此，在社会主义革命和建设时期，救济减贫是这一阶段的显著特征。为了保障其基本生存，我国开始大规模地推进土地改革，极大地促进了农村的生产发展和生活改善；同时，为了消解贫富分化的经济基础，组建集体经济互助组织，实行生产资料所有权集体化，促进资源的集中掌控及统一调配。由于该时段社会的收入不平等程度较低，贫困人口能够从经济增长中大面积受益，人口和收入的分布曲线由共同贫穷的 A0 状态右移达到 A1 状态，有效缓解了一部分的绝对贫困，为减贫事业作出了重要贡献。

这一阶段通过确立社会主义公有制，中国共产党建立了共同富裕的生产资料公有制基础，但是，这种计划经济体制下的公有制，实质是接近于 "平均主义" 而非 "公平主义" 的分配制度，效率较为低下，缺乏激励，计划经济体制束缚了生产力的进一步发展，绝大多数人口的收入水平没有达到贫困线以上，实现了"共同"但未实现"富裕"。因此，改革开放前我国的经验教训就是，共富不可能依靠现有财富的平均分配，平均主义不可能是平均富裕，也绝不是共同富裕，而只能是无差别的平均贫穷、普遍贫穷。

2. 经济高速增长阶段：A1—A2

相比 A1 的分布状况，A2 曲线所反映的是，整个社会的平均收入增加但收入差距较大，绝大多数人口摆脱绝对贫困，这是中国自改革开放以来进入高速增长阶段的发展成果。经济发展初期，我国人口 80% 的农村人口仍然存在大面积贫困且以农业为生计，广大农村出现众多贫困人口归因于政治、经济、文化等多维因素，但主要是因为前期发展违背了经济发展的客观规律，平均主义弱化了广大农民的生产积极性，促使贫困普遍存在。邓小平指出，"农村人口占我国人口的百分之八十，农村不稳定，整个政治局势就不稳定，农民没有摆脱贫困，就是我国没有摆脱贫困"，[①] "没有贫穷的社会主义。社会主义的特点不是穷，而是富，但这种富是人民共同富裕"。[②] 此时，如何提升经济发展速度和提升人民生活水平，从"立国"走向"富国"，成为这一阶段的主要任务和目标。允许和鼓励一部分人依靠诚实劳动和守法经营先富起来，带动和帮助后富，逐步走向共同富裕，这是一种追求"次序"有先后的"富裕"的共富思想。

在这种共富理念下，我国确立了社会主义初级阶段的基本经济制度，在农村推行了家庭联产承包责任制，在城市推行了价格改革和企业改革，极大地提升了经济效率。改革开放 40 多年以来，在农业化、工业化和城市化的三大动力机制下，中国经济高速增长阶段为实现共同富裕构建了坚实的生产力基础。少数人的先富实现了经济的快速增长，水涨船高，整个社会的平均收入增加；绝对贫困得到大幅消除，A1 曲线大幅右移到 A2；但一切效率优先的

---

① 改革的步子要加快（一九八七年六月十二日）[EB/OL]. 求是网，http://www.qstheory.cn/books/2019 – 07/31/c_1119485398_76. htm, 2019 – 07 – 31. 节选自《邓小平文选（第三卷）》，这是邓小平同志会见南斯拉夫共产主义者联盟中央主席团委员科罗舍茨时谈话的一部分。

② 思想更解放一些，改革的步子更快一些（一九八八年五月二十五日）[EB/OL]. 求是网，http://www.qstheory.cn/books/2019 – 07/31/c_1119485398_85 htm, 2019 – 07 – 31. 节选自《邓小平文选（第三卷）》，这是邓小平同志会见捷克斯洛伐克共产党中央总书记雅克什时谈话的一部分。

发展模式，缺乏均衡性和共享性，收入差距持续扩大，仍有一部分人难以摆脱贫困，此时只有"先富"，而没有实现"共富"。

3. 经济高质量发展阶段：A2—A3

相比 A2 的分布状况，A3 曲线最大的特点在于全体社会成员的收入水平刚好跨过贫困线，反映了所有人都摆脱了绝对贫困，这是党的十八大以来，中国特色社会主义进入新时代，以习近平同志为核心的党中央坚持以人民为中心的发展思想，实现了全面建成小康社会的伟大壮举。在"发展是硬道理"的经济建设中心发展观下，经济高速增长阶段虽然贡献了积极的减贫效应，但缺乏均衡发展和共享发展，以及增长方式中出现的"高能耗，低效益"问题越来越受到重视，其间在党的多次报告中指出，要转变经济增长方式，改变高投入、低产出，高消耗、低效益的状况。因此，在历经了计划经济时期和改革开放前期，我国贫富差距持续拉大，同时也产生了新的贫困，普遍贫困的总体分布转变为城市之间、农村之间以及东中西部之间的区域化特征。

中国进入发展的新时代以后，在经济发展方面的最重要特征就是从高速增长阶段进入高质量发展阶段。党的十九大报告指出，"我国社会生产力水平总体上显著提高，社会生产能力在很多方面进入世界前列，更加突出的问题是发展不平衡不充分，这已经成为满足人民日益增长的美好生活需要的主要制约因素"。"先富"阶段经济快速发展但是经济发展质量不高，形成了财富和收入的分配不平衡，以及粗放式的增长方式对资源和生态环境造成了一系列问题，这些都对经济高质量发展造成了制约。以习近平同志为核心的党中央进一步拓展了中国共产党经济发展观的内涵，提出了符合新时代高质量发展特征的新发展理念。因此，中国进入高质量发展阶段后，共富理念由强调效率优先的"先富"转向强调发展的平衡性和共享性，也就是转向强调共享发展，"共富"不仅是目标，更是推进实现共同富裕和实现高质量发展的过程。

这一阶段的发展实则是在"先富带动后富"的基础上，叠加实施各类包容性政策，以实现增收作为消除绝对贫困的主要途径，政府专门针对最底层贫困人群构筑社会保障安全网。而强烈的政策手段对短时间消除 A2 曲线的绝对贫困"三角区"有显著成效，对于中国来说，A3 收入分布曲线的左尾处较陡；在共享发展成果下，不均等加剧的趋势得到扭转，但先发展对后发展的负面冲击和惯势短时间内难以消除，表现为 A3 收入分布曲线依然较大。相比只实现了"先富"，未完全实现带动后富的 A1—A2 阶段，中国经济高质量发展的 A2—A3 阶段完成了"先富"带动"后富"消除绝对贫困的任务，但还未实现带动"后富"消除相对贫困，完成了实现"共富"的前期阶段。

4. 经济高质量发展阶段：A3—A4

在消除绝对贫困以后，经济高质量发展站在了新的减贫起点，如果能够在注重增收的同时关注贫困的多维性，发展成果更多更公平惠及全体人民，那么就能最终实现经济增长与收入分配良性互动的共同富裕状态，如 A4 曲线所表示。A3—A4 阶段需要明确两个奋斗目标，一是较高的社会平均收入水平，二是合理的收入分配，二者同时完成才能实现真正的共同富裕。

党的二十大报告中指出，"十年前，我们面对的形势是，改革开放和社会主义现代化建设取得巨大成就，党的建设新的伟大工程取得显著成效，为我们继续前进奠定了坚实基础、创造了良好条件、提供了重要保障，同时一系列长期积累及新出现的突出矛盾和问题亟待解决"，"经济结构性体制性矛盾突出，发展不平衡、不协调、不可持续，传统发展模式难以为继"。当前阶段国民经济不平衡问题突出，其中区域发展、城乡发展和产业结构之间的不平衡尤其明显，而持续的不平等会对中长期的经济增长和高质量发展形成严重的制约，否则会落入"中等收入陷阱"。共享发展的理念，是一个动态的发展概念，既要以共享促发展，又要以发展助共享。因此，展望高质量发展 A3—A4 阶段的实现，要注重分配关系调整和机会均等，及时分享经济增长的成果，既授之以"鱼"又授之以"渔"，以机会均等化为落实发展型共享营建良好的社会环境。在共建中促进平均收入增长，在共享中促进分配合理化，最终实现 A4 所示的共同富裕状态。相比前一阶段，以人民为中心的高质量发展应该要不仅实现为贫困人口合理地"输血"，更使其能够继续"造血"，助力"先富"不仅能够带动"后富"，而且能够提高致富能力，使得相对贫困在发展中逐渐减少，完成 A3 到 A4"共富"的后期任务，最终实现共同富裕。

（二）新时代共同富裕的内涵特征

从直接字面意义上理解共同富裕有两个维度：即"共同"二字反映社会

财富的分配方式和分配状况，强调社会财富应当惠及全部民众即全体人民，是社会生产关系性质的集中体现；而"富裕"二字通常反映社会财富的多寡，强调经济发展水平和阶段，是社会生产力发展水平的集中体现。因此，理解共同富裕必须掌握和运用生产力与生产关系的视角。从马克思主义政治经济学的分配理论来看，共同富裕的理论内涵对经济增长与收入分配的相互关系提出了更高要求，落脚于生产力与生产关系之间的辩证统一关系，在经济社会的发展现实中体现于"共同"与"富裕"的辩证统一。"共同"的分配目标对经济增长提出了平衡协调包容的要求，而"富裕"的经济增长目标又决定了分配改善的动态向前的渐进特点，可见，共同富裕具有动态发展的特性，其理论内涵和实现过程会伴随社会生产力的进步不断拓展和深化而产生相应差异。中国的共同富裕道路是从社会主义初级阶段起步，并不断探索和实践的，共同富裕内涵和目标基本上也是伴随着中国特色社会主义实践的发展而深化的。社会主义初级阶段的国情决定了中国经济的主要任务是发展生产力，做大国民收入的"蛋糕"，而不可能在低水平生产力基础上追求过于平等的收入分配，否则就会出现改革开放前的平均贫穷状态。随着我国进入中国特色社会主义新时代，人们不仅对物质文化生活提出了更高要求，而且在民主、法治、公平、正义、安全、环境等方面，都有了更高的需求。因此，新发展阶段共同富裕的本质是在实现权利平等、机会均等基础上，全体人民在高质量发展中共建共享日益丰富的物质财富和精神财富，新时代的共同富裕表现为新的、更加丰富的内涵特征，是与人本发展高度统一的全面丰裕。这就是本章对共同富裕概念内涵的整体理解和把握，据此，对新时代的共同富裕作以下更细致的特征性描述。

1. 全面发展

"富裕"是共同富裕内涵中的第一要义，全面建设社会主义现代化国家，必须重视发展生产力，在高质量发展中促进共同富裕。而对"富裕"的含义的把握应当落脚于人的全面发展，共同富裕的终极目标是人的全面发展，推动人本发展即人的全面发展是社会主义的本质要求。人的全面发展是人的体力和智力的全面、和谐、充分发展，也是人的本质的真正实现。对"富裕"含义的把握可以侧重以下两点：首先，是社会财富积累，即物质基础。推动和实现共同富裕必须建立在一定的社会物质基础上。其次，是人民生活水平。国家富裕为人民富裕奠定基础，而人民生活幸福则是"国之大者"。人民群众对美好生活的向往不仅仅要求物质财富的增加，还对生活得有价值、有尊严、不断满足多方面需求提出了更高的要求。国家富裕必须落实到国民生活水平的可持续提高，坚持以人民为中心，使发展成果更多更公平惠及全体人民，不断提升人民群众的获得感、幸福感和安全感。因而国家提出的共同富裕取得"实质性进展"的目标中，当然也要包括人民生活质量改善方面取得实质性进展。

2. 均衡发展

"共同"是共同富裕内涵中的核心体现，"共同"程度反映了经济发展成果的共享程度和范围，对"共同"含义的把握应当落脚于均衡发展。首先，共同富裕是全体人民的共同富裕、共享发展成果、共同过上幸福美好的生活，这意味着人民中的各个群体、团组或部分的生活状况，应当大致相当，收入差距不能过大，不能形成严重的贫富分化。均衡性体现在不同主体在收入水平、能力水平以及福利水平等方方面面的均衡发展，凭借平等的机会去参与整个经济社会活动，最终实现群体收入分配合理性、区域发展平衡性和行业发展协调性等的共享效果。其次，共同富裕不是平均主义，不是同等富裕，共同富裕并不意味着每个社会成员都绝对同等富裕。共同富裕是消除两极分化和贫穷基础之上的普遍富裕，但也是有适度差别的富裕。只有在一定程度上承认富裕程度上的差别性、相对性，才能调动各社会群体发展经济的积极性，从而为高水平富裕提供示范。无疑，这种有差别的普遍富裕，不可能依靠现有财富的平均分配来实现，因为，改革开放前我国的经验教训就是，平均主义不可能是平均富裕，也绝不是共同富裕，而只能是平均贫穷、普遍贫穷。就我国现实发展情况考察，居民收入差别、地区发展差距、城乡差别在相当长的时间内都肯定会存在，推动和实现共同富裕不可能在一天内全部消除这些差别，而是要在发展的过程中逐步努力消除这些差别的存在，从而推动共同富裕的逐步实现。

3. 共创和共享的统一

对实现新时代共同富裕"全面性"和"均衡性"的把握应落脚于共创和

共享的有机统一。共享性是共同富裕的本质特征，但共同富裕绝不是坐享其成的共享，而应是共创和共享的有机统一。这一思想坚持人的现实诉求和发展需要相统一、供需平衡和利益协调相统一的价值理念，强调各项制度要体现促发展和保民生的双重作用。以人民为中心的发展思想就要在高质量发展中促进共同富裕，以人民为中心的发展思想回答了共同富裕目标的发展是为了谁、发展依靠谁、发展成果由谁共享的问题，在推进共同富裕的过程中体现为人人参与、人人尽力、人人享有，人民不仅是共同富裕的共享者，也是共同富裕的共创者。回看以往中国和其他发展中国家的减贫，仅仅依靠"输血"并不能一劳永逸地消除贫困问题，未能有效提升贫困人口的自我发展能力，致使减贫效果欠佳，长期陷入巨大发展差距的相对贫困陷阱之中。可见，只有共创性和共享性并举，注重发展成果的适度共享，增强贫困人口的内生发展动能才是解决问题的根本之道。从"输血"到"造血"的共同富裕才能为广大人民群众带来更有保障、更可持续的获得感、幸福感和安全感。共创性和共享性深刻揭示了实现共同富裕的起点与终点、出发点与落脚点的内在连接，体现了全体人民"共同""公平""平等"的元素。新时代共同富裕的基本路径应当从"先富带动后富"拓展到"共建共享共富"，共创的根本目的是共同享有社会发展成果和幸福美好生活。

（三）以人民为中心的高质量发展必须以实现共同富裕为目标

欧美国家强调的是以资本为中心，遵循的是资本逻辑，而不是人本逻辑，资本的逻辑就是实现最大程度的自我增值。因此，以资本为中心，必然会将物质财富扩张的目标凌驾于人的全面发展的目标之上，经济社会发展也将面临贫富分化的困境。中国作为社会主义国家，必须体现不同于资本主义的特征，就是追求共同富裕的高质量发展，它要求打破经济社会发展过程的资本逻辑，形成以人为中心的人本逻辑。党的二十大报告指出，"坚持以人民为中心的发展思想。维护人民根本利益，增进民生福祉，不断实现发展为了人民、发展依靠人民、发展成果由人民共享，让现代化建设成果更多更公平惠及全体人民"。因此，以人民为中心的高质量发展中，就是要实现人本身的高质量发展，使所有人都能够具有发展自身的机会，应当避免的是物质财富增长中人的异化，物质财富的增长要服务于人的全面发展。坚持劳动主体论，就要求必须把解决人民日益增长的美好生活需要和不平衡不充分的发展之间的矛盾作为高质量发展的主线，把共同富裕作为关键目标。共同富裕是中国作为社会主义国家必须坚持的基本要求，这是由社会主义的本质所决定的。社会主义的本质是解放生产力，发展生产力，消灭剥削，消除两极分化，最终达到共同富裕。共同富裕本来就是社会主义的本质要求，也是社会主义区别于资本主义的主要标志，理应成为中国高质量发展的重要特征。因此，以人为中心的高质量发展必须以实现共同富裕为目标。

（四）以协调发展为理念的高质量发展必须以实现共同富裕为目标

协调发展理念要求产业结构、城乡结构、区域结构以及相应的发展战略趋向均衡。协调发展理念是在深刻认识新常态下经济发展规律的情况下提出的，是评价高质量发展的重要标准和尺度，是马克思主义政治经济学基本原理同中国经济发展实践结合的成果。在马克思时代，社会协调就成为马克思"新社会"的基本构想，并且，马克思指出：社会协调必须使不同的利益冲突服从"共同福利的共同制度"。当经济体进入中等收入阶段后，国民经济不平衡问题突出，其中区域发展、城乡发展和产业结构之间的不平衡尤其明显，需要适时转向协调发展，也就是转向平衡发展，增强发展的整体性。随着中国特色社会主义进入新时代，我国社会主要矛盾已经转化为人民日益增长的美好生活需要和不平衡不充分的发展之间的矛盾，针对存在的经济发展不平衡问题，需要按协调发展的理念着力实现共同富裕，补齐发展不平衡的短板。高质量发展要求促进各个领域、各个地区、各个群体之间的协调发展，实现城乡区域协调发展、产业结构协调发展、人民群众共同富裕，这对于国家实现高质量发展具有重要的意义：一方面帮助国家在经济、社会、环境等方面实现统筹发展，避免单一因素的过度发展导致其他方面的失衡和不稳定；另一方面帮助国家实现城乡区域的协调发展。因此，这就体现了以协调发展为理念的高质量发展必须以实现共同富裕为目标。

（五）以共享发展为理念的高质量发展必须以实现共同富裕为目标

共同富裕不仅同生产力相关联，而且同生产关系相关联，是涉及社会公平的关键问题。马克思认为，共享是人类社会的一种本能和自然状态。他指出，早期人类社会的生活方式是以共享为主的，没有私有财产和个人占有的概念。只有在阶级社会出现之后，人们才逐渐失去了共享的本能，开始出现了私有制和占有欲望。因此，马克思认为，实现共享是回归到人类社会本能的一种方式，也是人类社会进步的方向之一。共享是中国特色社会主义的本质要求，共享发展的发展观关注的是发展的结果，共享发展就是要在发展中共享，在共享中发展。习近平总书记指出，"共享理念实质就是坚持以人民为中心的发展思想，体现的是逐步实现共同富裕的要求"，[①] 提出共享发展的发展观，创新了共同富裕理论。共享发展理念的内涵丰富，可以归结为全民共享、全面共享、共建共享和渐进共享，四者相互联系、有机统一，就是要确保发展成果更多更好地惠及所有社会成员。高质量发展要求在经济发展的过程中注重人民群众的利益，实现更加公平、可持续的发展，提高人民群众的获得感、幸福感和安全感。以共享发展实现共同富裕是进一步深化改革发展的动力源泉所在，是实现高质量发展的重要手段之一：当广大人民群众都能分享到经济发展的成果，拥有了充足的收入，就会更加支持和参与高质量发展的过程，一方面，可以缩小贫富差距，减少社会不公现象，当促进社会和谐稳定；另一方面，可以促进消费升级，释放内需潜力，激发社会创新活力。因此，以共享发展为理念的高质量发展必须以实现共同富裕为目标。

二、中国推进共同富裕的历史进程与历史逻辑

共同富裕是新时代高质量发展的关键目标，也是马克思主义的崇高社会理想和中国共产党人的奋斗目标。从中国共产党成立，到中国特色社会主义进入新时代，中国共产党在带领全国人民从站起来、富起来到强起来的百年奋进历程中，一直致力于为中国人民谋幸福，为中华民族谋复兴。历经百年奋进，中国创造了新民主主义革命、社会主义革命和建设、改革开放和社会主义现代化建设、新时代中国特色社会主义建设的伟大成就，致力于在发展

---

① 习近平. 在省部级主要领导干部学习贯彻党的十八届五中全会精神专题研讨班上的讲话 [N]. 人民日报，2016 – 05 – 10.

中不断推进共同富裕。在不同的发展时期，形成了以共同富裕为经济发展关键目标的实践经验和历史逻辑。

（一）"耕者有其田"：共同富裕的早期理念与实践探索

在新民主主义革命时期，通过"耕者有其田"的土地改革，中国共产党实现了对共同富裕理念与实践的早期探索。自1921年中国共产党成立起，就将"耕者有其田"作为奋斗目标，强调解放劳苦大众，实现公平分配。在这一时期，中国共产党人形成了关于社会财富分配的早期思想和基本理念。李大钊同志提出，社会主义"不是使人尽富或皆贫，是使生产、消费、分配适合的发展，人人均能享受平均的供给，得最大的幸福"。[①] 他进一步指出，土地是广大人民群众最重要的生产资料，实现土地的公平分配是走向共同富裕的前提条件。毛泽东同志在1927年发表的《湖南农民运动考察报告》中指出了解决农民土地问题的紧迫性。在后来的井冈山时期、延安时期、西柏坡时期，中国共产党区域性地开展了土地改革，而"打土豪、分田地"成为实现共同富裕的重要手段。周恩来同志指出，"使生产者公有其产品，而共同分享之，这便是共产主义所由来，也是马克思全部经济学说给以明确证明的"。[②] 整体来看，在新民主主义时期，以毛泽东同志为主要代表的中国共产党人，形成了对共同富裕思想理念的早期探索，领导人民开展了土地改革，从而形成了追求共同富裕的早期实践。

（二）确立公有制：共同富裕的经济制度基础构建

在社会主义革命和建设时期，通过确立社会主义公有制，中国共产党建立了共同富裕的生产资料公有制基础。这一时期中国共产党人带领全国人民确立了社会主义制度，从根本上改变了经济结构，也初步形成了我国工业化和国防现代化的基础。新中国成立后，中国共产党提出了"一化三改"的过渡时期总路线，确立了社会主义制度。1955年10月29日，毛泽东同志在资

---

① 李大钊. 李大钊文集：下卷 [M]. 北京：人民出版社，1984：375.
② 中共中央文献研究室. 建国以来毛泽东文稿：第七卷 [M]. 北京：中央文献出版社，1992：464.

本主义工商业社会主义改造问题座谈会上明确提出共同富裕的概念:"现在我们实行这么一种制度,这么一种计划,是可以一年一年走向更富更强的,一年一年可以看到更富更强些。而这个富,是共同的富,这个强,是共同的强,大家都有份。"① 随着 1956 年三大改造的完成,在计划经济管理体制下,城市全面实行了公有制经济,农村实行了"人民公社"制度。多种所有制经济成分并存的所有制结构,转变为 90% 以上占比的公有制经济,外加少量的农村集体所有制经济,这一转变为共同富裕的初步探索奠定了坚实的制度基础。但是,这种计划经济体制下的公有制,实质是接近于"平均主义"而非"公平主义"的分配制度,效率较为低下,缺乏激励,实现了"共同"但未实现"富裕"。

(三) 先富与后富:共同富裕的生产力基础构建

在改革开放和社会主义现代化建设时期,中国共产党带领全国人民在推动共同富裕过程中进行了创新性的理念和实践探索,为实现社会主义现代化构建了坚实的生产力基础。在改革开放前期,我国的主体任务是以经济建设为中心而努力做大国民财富的"蛋糕"。党的十一届三中全会以来,以邓小平同志为主要代表的中国共产党人,将马克思主义基本原理与中国具体实际相结合,对共同富裕和社会主义的关系作了深刻论证,给共同富裕赋予了新的内涵。邓小平同志指出,"我们的政策是不使社会导致两极分化,就是说,不会导致富的越富,贫的越贫","没有贫穷的社会主义。社会主义的特点不是穷,而是富,但这种富是人民共同富裕"。② 这本质上是论证了共同富裕的目标与过程的差别,即目标是"共富",但富裕的"次序"有先后,允许和鼓励一部分人依靠诚实劳动和守法经营先富起来,带动和帮助后富,逐步走向共同富裕。这样的政策导向对共同富裕进行了三层内涵上的拓展:其一,允许"先富"意味着共同富裕不是"平均主义";其二,"先富"的条件是诚实劳动和合法经营;其三,"先富带后富"意味着最终目的仍是实现共同富裕,不能两极分化,允许"先富"不是允许存在富与不富的差别,而是允许存在

---

① 中共中央文献研究室.毛泽东文集:第六卷 [M]. 北京:人民出版社,1999:495.

② 邓小平.邓小平文选:第三卷 [M]. 北京:人民出版社,1994:172 - 265.

富裕先后次序不同的差别，是允许富裕速度有快慢不同的差别。在这样的共同富裕理念下，我国确立了社会主义初级阶段的基本经济制度，在农村推行了家庭联产承包责任制，在城市推行了价格改革和企业改革，极大地提升了经济效率。1992 年党的十四大正式确立社会主义市场经济体制，1993 年党的十四届三中全会提出，收入分配要坚持以按劳分配为主体，多种分配方式并存的制度，体现效率优先、兼顾公平的原则。这一时期，区域差距、城乡差距和收入差距均有所扩大，开始形成一批"先富"群体，但中国共产党人对于共同富裕的初心并未改变。江泽民同志强调，"实现共同富裕是社会主义的根本原则和本质特征，绝不能动摇"。[①] 胡锦涛同志也提出要"使全体人民共享改革发展的成果，使全体人民朝着共同富裕的方向稳步前进"。[②] 2002 年后，随着对"三农"问题的不断重视，以及对农村社会保障制度和城乡社会救济制度的不断完善，收入差距在一定程度上逐渐趋向缓和，为实现共同富裕打下了基础。

（四）推动全体人民共同富裕：新时代高质量发展的探索与追求

党的十八大以来，中国特色社会主义进入新时代，以习近平同志为核心的党中央坚持以人民为中心的发展思想，带领全国人民夺取了脱贫攻坚战的伟大胜利，实现了全面建成小康社会这一伟大壮举，对新发展阶段共同富裕的道路和步骤进行了新的阐释和部署。习近平总书记指出，"实现共同富裕不仅是经济问题，而且是关系党的执政基础的重大政治问题"，"我们决不能允许贫富差距越来越大、穷者愈穷富者愈富，决不能在富的人和穷的人之间出现一道不可逾越的鸿沟"。[③] 这实际上是旗帜鲜明地回答了新时代坚持和发展"什么样"的中国特色社会主义之问。从中国共产党人对共同富裕理论的新探索来看，党的十八大后，对公平与效率关系的认识转变为"初次分配和再分配都要兼顾效率和公平，再分配更加注重公平"。[④] 基于这样的思路，我国分

① 江泽民. 江泽民文选：第一卷 [M]. 北京：人民出版社，2006：466.
② 中共中央文献研究室. 十六大以来重要文献选编 [M]. 北京：中央文献出版社，2006：712.
③ 习近平. 把握新发展阶段，贯彻新发展理念，构建新发展格局 [J]. 求是，2021（9）.
④ 胡锦涛. 坚定不移沿着中国特色社会主义道路前进　为全面建成小康社会而奋斗 [N]. 人民日报，2012 – 11 – 18.

配体制改革的侧重点放在了提高低收入者收入和扩大中等收入者比重等方面，在构建社会保障体系、扩大就业和脱贫攻坚方面出台了一系列措施，最终于2020年实现了困扰中华民族几千年的绝对贫困问题的历史性解决。经过40多年的努力，中国共产党领导人民全面建成小康社会的伟大实践，在迈向共同富裕的征程上前进了一大步，充分体现了当代中国共产党人对初心的坚守。在"两个一百年"奋斗目标交汇期，我国总体已经消除绝对贫困，党的十九届五中全会首次明确要求"扎实推动共同富裕"，更加重视公平和共同富裕，从此党和国家已经把解决不平衡不充分问题，把促进全体人民共同富裕作为今后高质量发展和推进社会主义现代化的主要方向，并把到2035年全体人民共同富裕取得更为明显的实质性进展作为实现的目标。而在新时代高质量发展下将要取得的共同富裕"实质性进展"，当然也是以人民为中心，促进人民美好生活高质量发展的实质性进展。

三、高质量发展阶段实现共同富裕的路径选择

实现共同富裕有阶段性任务，但也是一个持续不断的长期过程。中国共产党带领人民实现共同富裕的百年奋进历程，各个阶段相辅相成，承前启后，每一阶段既赓续着上一阶段的减贫成果，又孕育着下一阶段减贫工作的开始，形成接连不断、统筹渐进、螺旋上升的实践历程。新时代要以共享发展理念为中心在高质量发展中实现共同富裕，落实全民共享、全面共享、共建共享和渐进共享的有机统一。全民共享，就是要确保改革发展的成果惠及各地区、各民族、社会各阶层的人民全面共享，全面共享，就是要着力解决教育、就业、住房、养老、医疗等人民群众最关心、最直接、最现实的问题，实现人民群众对美好生活的向往和追求；共建共享，就是要尊重人民群众的首创精神，让人们共同参与发展过程、共同享有发展机遇、共同享有发展成果；渐进共享，就是不急于求成，针对我国发展不平衡不充分的问题，作出切实可行的制度安排，在发展的过程中逐步提升共享程度，逐步实现效率与公平的统一、发展与共享的统一。

全面消除绝对贫困并不意味着减贫工作可以由此告终，相反，共同富裕

没有完成时，只有进行时，站在追求更高层次共同富裕的新起点，减贫工作仍然要继续进行下去。虽然全面小康社会已建成，但中国社会的主要矛盾没有变，这就决定了贫困人口不仅要脱贫，还要致富，不仅要消灭绝对贫困，还要缓解相对贫困。在高质量发展阶段实现共同富裕的后减贫时代，减贫重心需要由"绝对贫困"转向"相对贫困"，这是贫困治理转型的现实要求，也是解决新时代社会主要矛盾的迫切要求。相对贫困具有绝对贫困所不具备的特殊群体性、动态发展性、强区域性、脆弱性、多维性和长期性，因此，一方面，要倍加珍惜、巩固拓展当前来之不易的成就；另一方面，在注重增收的同时还要关注贫困的多维性，使发展成果更多更公平惠及全体人民，最终实现经济增长与收入分配良性互动的共同富裕状态，这是全面消除绝对贫困以后，高质量发展阶段持续推进共同富裕的着力点。

总体来看，中国在不同发展阶段面临的共同富裕问题有着不同的特征。基于以上的新时代共同富裕目标和减贫重心转向，坚持和加强党的全面领导是实现共同富裕的根本保障，要以有力的措施推动后减贫时代相对贫困治理工作。本章主要提出从以下五个方面努力推动共同富裕，不断满足人民群众对美好生活的向往，推动中国经济社会高质量发展，顺利实现 2035 远景目标。

（一）统筹效率与公平：完善基础性制度安排

共同富裕必须是生产力高度发展基础上的产物，其不可能与低水平生产力共存。推动共同富裕之所以"难"，是因为其要解决好发展生产力与共享生产成果的关系，也就是"做大蛋糕"与"分好蛋糕"的关系。共同富裕不是人民的"平均富裕"，由于个体禀赋和发展阶段的差异，实现共同富裕的进程中个体差别不可能完全消除，因而不能忽视人民正当的物质利益要求，要构建有利于促进人民勤劳致富的激励机制，激发社会创新活力，避免陷入"福利主义"陷阱。共同富裕也不是所有人都同时富裕，所有地区同时达到一个富裕水准，不同人群不仅实现富裕的程度有高有低，时间上也会有先有后。

解决这一问题，必须建立起效率与公平之间的均衡。因此，要发挥党的领导的制度优势，做好共同富裕的基础性制度构建，既要坚持促进效率提高的理念和政策，又要使低收入群体能够共享发展成果。一是在基本经济制度方面，必须坚持"两个毫不动摇"，坚持公有制为主体、多种所有制经济共同发展，积极探索公有制的多种实现形式。二是在经济运行过程方面，要完善高水平社会主义市场经济体制，推动有效市场与有为政府的更好结合，确保各要素平等参与收入分配，在高质量发展中不断推进共同富裕。三是在收入分配体制方面，要坚持按劳分配为主体、多种分配方式并存，充分激发"有效市场＋有为政府＋有爱社会"的三轮驱动作用，搞好初次分配、再分配和三次分配，合理调节城乡、区域和行业间的分配关系。

（二）理顺分配机制

一是完善初次分配，以共同富裕的经济合理性激发社会成员的生产积极性。在初次分配中，主要依据各要素在生产过程中所发挥作用的大小，由市场这只"看不见的手"对资源和财富进行分配，因此，要坚持按照生产要素贡献参与分配的市场机制。但是，在当前的初次分配格局之下，相对于资本的投资回报而言，居民的劳动收入在社会总财富分配过程中所占的比例相对较低。这种初次分配结果不公平的根源在于，各种生产要素在分配过程中的"竞争力"有所不同，劳动者的"议价能力"相对较弱，而资本的垄断力量较强。据此，政府做好相应的法律法规建设，确保劳动所得得到法律保护，确保低收入人群的收入支付得到有效保障，对不合理的劳资关系和分配关系进行纠偏，提高劳动报酬在初次分配过程中的比重。

二是充分发挥再分配在保障社会公平、促进全体人民共同富裕方面的特有优势。与初次分配不同，再分配主要是在生产过程结束之后，由政府这只"看得见的手"采取具有一定强制性的调节方式将资源、财富在不同阶层和群体之间进行第二次分配，以优化分配格局，矫正贫富分化，在二次分配中，要发挥政府主导作用，主要利用税收和社保两大调节工具确保分配公平，其中税收方面要完善包括个人所得税等税制，通过差异税率调节再分配，探索征收房地产税等，有效调节财富分布不均带来的收入分配不公平，社保方面要健全社会保障制度，加强对城乡低收入人群的转移支付和保障，构筑社会安全网。

三是鼓励以三次分配提升社会和谐度，彰显共同富裕的伦理合理性。三次分配主要由高收入人群以社会公德和个人品德为驱动力，以自愿和非强制为原则，以慈善和公益为方式，以社会的"仁慈之手"对资源和财富进行新一轮的调配。目前，我国已初步具备将三次分配制度化的现实基础，但还存在较大的改进空间。首先，要完善慈善基金会的监管制度，提高慈善组织公信力，重建三次分配的社会信任。其次，在全社会普及慈善意识，改变当前慈善捐赠中重企业而轻个人的格局。最后，给予慈善捐赠一定的激励，包括采取所得税优惠税率和减免等政策，推动慈善捐赠事业的发展，缩小分配差距。

（三）统筹物质富裕与精神富裕

共同富裕的本质是人的共同发展，高质量发展就是人民对美好生活追求。人民对美好生活的需求，不仅包括对物质财富的追求，而且包括对丰富的精神文化生活的追求。这就意味着，实现共同富裕不仅要求物质上富裕，而且要求精神上富裕，要实现人的全面发展和高质量发展。物质富裕体现的是满足人们物质需求的能力达到高水平，是一个国家经济实力和科技实力的有力体现，而精神富裕体现的是满足人们文化需求的能力达到较高水平，是一个国家文化软实力的有力体现。因此，要解决新时代下人民日益增长的美好生活需要和不平衡不充分的发展之间的矛盾，要促进物质富裕与精神富裕的协调。

一是以经济的高质量发展强化共同富裕的物质支撑。数字信息技术的创新和跨产业运用能有效推动传统产业链的升级，在促进劳动者人力资本积累为主的经济高质量发展中发挥着重要作用，并在促进经济增长的同时使全体人民共享数字经济发展成果。因此，要以数字技术的研发与推广为核心，加快数字产业化与传统产业数字化转型步伐。激活数据要素潜能，形成更多新增长点、增长极，并在数字经济的新兴领域培育一批代表性企业，成为推进共同富裕的市场主体。但数字经济发展也伴随着平台垄断、数字鸿沟等问题，对实现共同富裕带来一定负面影响。因此，需要通过抵消性政策因势利导，最大化数字经济对促进共同富裕的整体作用。加强数字平台的规制与引导，完善数字经济治理体系；提高基本公共服务均等化水平，增强数字经济的普惠性和共享性，多措并举消除"数字鸿沟"。二是加强基础教育资源投入，强化对教育资源的均衡配置，加大对知识扩散和知识培训的力度，使人民能够提升发展自身的能力，不仅仅"富口袋"，更要"富脑袋"，通过解决"能力贫困"来解决"物质贫困"，进一步解决"精神贫困"，在知识和技能上实现人的共同发展。三是以实现人民美好生活为目标，必须坚持和加强党的全面领导，强化经济社会发展中社会主义核心价值观的引领作用，为人民提供更为丰富多样和更高精神品位的文化产品和文化服务，加强爱国主义教育、集体主义教育、社会主义教育，发展公共文化事业，完善公共文化服务体系，不断满足人民群众多样化、多层次、多方面的精神文化需求，构筑强大精神家园，促进人民使人民在物质生活共同富裕的同时，也能够实现精神生活共同富裕。

（四）统筹共建与共享

实现中国式现代化进程中的共同富裕，要统筹共建共富和共享共富，打造全社会勤劳创新致富的发展环境。共建与共享是共同富裕的主体与客体的关系，共建解决的推动共同富裕"依靠谁"的问题，即共同富裕必须是所有人都参与，靠大家一起奋斗勤劳致富；共享解决的则是推动共同富裕"为了谁"的问题，即经济发展的成果不应只被少数既得利益者获取，而应当被全体人民共同分享。扎实推动共同富裕，不仅要在共享方面的分配机制改革上发挥党的全面领导这一政治优势，更要在共建方面通过加强党的全面领导激发全体人民的创造潜能。

"全社会共建 + 全社会共享"，这是一种人人参与发展、人人共享发展的模式，也是中国高质量发展阶段所追求的共同富裕之路。中国共产党代表最广大人民的根本利益，要实现全社会共建和全社会共享，必须坚持以人民为中心，给人民创造更多的发展机会和有效的发展激励。一是更加强调"机会公平"，推动基本公共服务均等化，给更多人创造致富机会，畅通社会流动通道；给人民提供公平创富的条件。二是在全社会营造"勤劳致富、创新致富"的氛围和环境，做好"大众创业、万众创新"的普惠性政策配套，提高全社会人民的受教育程度，激发全社会创新潜能和创业活力，以增强人民的创富能力和本领。三是完善包括知识产权制度等在内的一系列制度体系，构建人民合法分享创富成果的保障，保障人民在劳动创造过程中能够获得应有成果，形成全社会勤劳创新致富的有效激励。

（五）保证共同富裕政策的连续性

共同富裕是最终目标，但最终目标不等同于实现的过程。共同富裕不是同步富裕，我国处于并将长期处于社会主义初级阶段的基本国情，决定了共同富裕过程的长期性和艰巨性。要对一定时期内合理的收入分配差距具有容忍度，也要对实现"两头小、中间大"的橄榄型分配结构具有坚定的目标意识。

因此，只有依靠坚持和加强党的全面领导，才能够有效协调当前利益与长远利益，凝聚全社会关于共同富裕的共识。要依靠党的全面领导保证政策的整体性和连续性，既要做好系统推进，构建关于共同富裕的基础性制度安排，也要做好重点突破，针对我国城乡、区域和个体之间在分配差距、民生领域短板等发展不平衡不充分问题，持续推动共同富裕。一是针对区域差距，要通过区域重大战略和区域协调战略解决区域发展再平衡。二是针对城乡差距，要通过巩固拓展脱贫攻坚成果，全面推进乡村振兴、加强农村基础设施和公共服务体系建设来实现城乡发展再平衡。三是针对个体分配差距，要依法保护合法收入，合理调节过高收入，清理规范不合理收入，坚决取缔非法收入，实现个体收入分配再平衡。四是针对民生短板，进一步完善社会救助体系，同时在教育、医疗、住房等领域构建基本的保障体系，不断推进共同富裕目标的实现。

参考文献

［1］白重恩，钱震杰．国民收入的要素分配：统计数据背后的故事［J］．经济研究，2009a（3）：27－41.

［2］白重恩，钱震杰．谁在挤占居民的收入——中国国民收入分配格局分析［J］．中国经济学，2009b（1）：136－168.

［3］柏培文，许捷．中国三大产业的资本存量、资本回报率及其收敛性：1978—2013［J］．经济学（季刊），2018，17（3）．

［4］柏培文．中国劳动要素配置扭曲程度的测量［J］．中国工业经济，2012（10）．

［5］蔡昉．中国经济增长如何转向全要素生产率驱动型［J］．中国社会科学，2013（01）：56－71，206.

［6］蔡跃洲，陈楠．新技术革命下人工智能与高质量增长、高质量就业［J］．数量经济技术经济研究，2019，36（5）．

［7］蔡跃洲，牛新星．中国数字经济增加值规模测算及结构分析［J］．中国社会科学，2021（11）．

［8］蔡跃洲．数字经济的增加值及贡献度测算：历史沿革、理论基础与方法框架［J］．求是学刊，2018，45（5）．

［9］蔡跃洲，王玉霞．投资消费结构影响因素及合意投资消费区间——基于跨国数据的国际比较和实证分析［J］．经济理论与经济管理，2010（1）：24－30.

［10］曹登科．产业结构调整下的中国劳动收入份额研究［D］．大连：东北财经大学，2011.

［11］曹玉书，楼东玮．资源错配、结构变迁与中国经济转型［J］．中国工业经济，2012（10）．

［12］柴莎莎，延军平，杨谨菲．山西经济增长与环境污染水平耦合协调度［J］．干旱区资源与环境，2011，25（1）．

［13］钞小静，惠康．中国经济增长质量的测度［J］．数量经济技术经济研究，2009（6）．

［14］钞小静，任保平．中国经济增长质量的时序变化与地区差异分析［J］．经济研究，2011（4）．

［15］钞小静，任保平．资源环境约束下的中国经济增长质量研究［J］．中国人口·资源与环境，2012（4）．

［16］钞小静，薛志欣，王宸威．中国新经济的逻辑、综合测度及区域差异研究［J］．数量经济技术经济研究，2021，38（10）．

［17］钞小静，薛志欣．新型信息基础设施对中国企业升级的影响［J］．当代财经，2022（1）．

［18］陈东，郭文光．数字化转型、工资增长与企业间收入差距——兼论"灯塔工厂"的行业引导效应［J］．财经研究，2023，49（4）．

［19］陈国青，张瑾，王聪，等．"大数据—小数据"问题：以小见大的洞察［J］．管理世界，2021，37（2）．

［20］陈建宝．我国各地区农村居民生活质量评价研究［J］．中国经济问题，2010（4）．

［21］陈景华，陈姚，陈敏敏．中国经济高质量发展水平、区域差异及分布动态演进［J］．数量经济技术经济研究，2020，37（12）：108－126．

［22］陈梦根，张鑫．数字经济要素投入核算框架及应用研究［J］．统计研究，2022（8）．

［23］陈夕红，李长青，张国荣，等．经济增长质量与能源效率是一致的吗？［J］．自然资源学报，2013，28（11）：1858－1868．

［24］陈秀英．制造业投入服务化对制造业价值链攀升影响的实证研究［J］．经济问题探索，2016（7）．

［25］陈一明．数字经济与乡村产业融合发展的机制创新［J］．农业经济问题，2021（12）．

［26］陈玉龙，石慧．环境规制如何影响工业经济发展质量？——基于中

国 2004 – 2013 年省际面板数据的强波特假说检验［J］. 公共行政评论，2017，10（5）：4 – 25，215.

［27］成学真，宋亚. 产出缺口、拉动效率与我国内需结构关系的探讨［J］. 经济问题探索，2013（12）.

［28］程虹，李丹丹. 一个关于宏观经济增长质量的一般理论——基于微观产品质量的解释［J］. 武汉大学学报（哲学社会科学版），2014（3）.

［29］戴勇. 论体育消费与国民生活质量［J］. 体育学刊，2000，（4）：111 – 113.

［30］单豪杰. 中国资本存量 K 的再估算：1952 ~ 2006 年［J］. 数量经济技术经济研究，2008，25（10）.

［31］邓小平. 邓小平文选：第三卷［M］. 北京：人民出版社，1994.

［32］丁志帆. 数字经济驱动经济高质量发展的机制研究：一个理论分析框架［J］. 现代经济探讨，2020（1）.

［33］樊纲，张曙光，张燕生. 公有制宏观经济理论大纲［M］. 上海：上海三联书店，1994.

［34］方明月，聂辉华. 企业规模决定因素的经验考察——来自中国企业面板的证据［J］. 南开经济研究，2008（6）.

［35］丰晓旭，夏杰长. 中国全域旅游发展水平评价及其空间特征［J］. 经济地理，2018，38（4）：183 – 192.

［36］傅秋子，黄益平. 数字金融对农村金融需求的异质性影响——来自中国家庭金融调查与北京大学数字普惠金融指数的证据［J］. 金融研究，2018，（11）.

［37］葛和平，吴福象. 数字经济赋能经济高质量发展：理论机制与经验证据［J］. 南京社会科学，2021，（1）：24 – 33.

［38］龚强，班铭媛，张一林. 区块链、企业数字化与供应链金融创新［J］. 管理世界，2021，37（2）.

［39］郭峰，王靖一，王芳，等. 测度中国数字普惠金融发展：指数编制与空间特征［J］. 经济学（季刊），2020，19（4）.

［40］郭晗. 坚持党的全面领导 扎实推动共同富裕［J］. 红旗文稿，

2021（21）．

　　［41］郭晗，廉玉妍．数字经济与中国未来经济新动能培育［J］．西北大学学报（哲学社会科学版），2020（1）．

　　［42］郭晗，全勤慧．中国城市群数字经济发展测度与空间分布特征分析［J］．西北工业大学学报（社会科学版），2023（3）．

　　［43］郭晗，任保平．从排斥性增长到包容性增长——分权体制下利益和谐的视角［J］．当代经济研究，2011（11）．

　　［44］郭晗，任保平．人口红利变化与中国经济发展方式转变［J］．当代财经，2014（3）．

　　［45］郭晗，任保平．中国经济增长质量：增长成果分享性视角的评价［J］．海派经济学，2011（1）．

　　［46］郭晗，任保平．中国式现代化进程中的共同富裕：实践历程与路径选择［J］．改革，2022（7）．

　　［47］郭晗．以供给侧改革促进创新型经济发展的机理与保障措施［J］．黑龙江社会科学，2017（3）．

　　［48］郭金花，郭檬楠，郭淑芬．数字基础设施建设如何影响企业全要素生产率？——基于"宽带中国"战略的准自然实验［J］．证券市场导报，2021（6）．

　　［49］郭凯明．人工智能发展、产业结构转型升级与劳动收入份额变动［J］．管理世界，2019，35（7）．

　　［50］郭克莎．论经济增长的速度与质量［J］．经济研究，1996（1）．

　　［51］国家统计局课题组，章国荣，盛来运，王冉．中国农民工生活质量指数评价研究［J］．统计研究，2007（2）：3－8．

　　［52］韩健，李江宇．数字经济发展对产业结构升级的影响机制研究［J］．统计与信息论坛，2022（7）．

　　［53］韩君，高瀛璐．中国省域数字经济发展的产业关联效应测算［J］．数量经济技术经济研究，2022（4）．

　　［54］郝大江，张荣．要素禀赋、集聚效应与经济增长动力转换［J］．经济学家，2018（1）．

［55］郝枫，赵慧卿．中国市场价格扭曲测度：1952－2005［J］．统计研究，2010，27（6）．

［56］郝颖，辛清泉，刘星．地区差异、企业投资与经济增长质量［J］．经济研究，2014（3）．

［57］何红光，宋林，李光勤．中国农业经济增长质量的时空差异研究［J］．经济学家，2017，（7）：87－97．

［58］何强．要素禀赋、内在约束与中国经济增长质量［J］．统计研究，2014（1）．

［59］何伟．中国区域经济发展质量综合评价［J］．中南财经政法大学学报，2013（4）．

［60］贺铿．中国投资、消费比例与经济发展政策［J］．数量经济技术经济研究，2006（5）：3－10．

［61］洪银兴．改革开放以来发展理念和相应的经济发展理论的演进——兼论高质量发展的理论渊源［J］．经济学动态，2019（8）．

［62］洪银兴．培育新动能：供给侧结构性改革的升级版［J］．经济科学，2018（3）．

［63］洪银兴．市场化导向的政府和市场关系改革40年［J］．政治经济学评论，2018（11）．

［64］洪银兴．新发展理念与中国特色社会主义政治经济学的新发展［J］．南京政治学院学报，2017（1）．

［65］洪银兴．以创新的经济发展理论丰富中国特色社会主义政治经济学［J］．红旗文稿，2017（8）．

［66］洪银兴．资源配置效率和供给体系的高质量［J］．江海学刊，2018（5）．

［67］黄勃，李海彤，刘俊岐，等．数字技术创新与中国企业高质量发展——来自企业数字专利的证据［J］．经济研究，2023，58（3）．

［68］黄汉权．推进产业新旧动能转换的成效、问题与对策［J］．经济纵横，2018（8）．

［69］黄玖立，范皓然．资本配置效率与地区比较优势［J］．经济学动

态，2016（4）.

［70］黄群慧，余泳泽，张松林. 互联网发展与制造业生产率提升：内在机制与中国经验［J］. 中国工业经济，2019（8）.

［71］黄先海，徐圣. 中国劳动收入比重下降成因分析——基于劳动节约型技术进步的视角［J］. 经济研究，2009，44（7）.

［72］纪明，刘志彪. 中国需求结构演进对经济增长及经济波动的影响［J］. 经济科学，2014（1）.

［73］江飞涛，武鹏，李晓萍. 中国工业经济增长动力机制转换［J］. 中国工业经济，2014（5）.

［74］江小涓. 服务业增长：真实含义、多重影响和发展趋势［J］. 经济研究，2011，46（4）.

［75］江小涓. 高度联通社会中的资源重组与服务业增长［J］. 经济研究，2017，52（3）.

［76］江小涓，黄颖轩. 数字时代的市场秩序、市场监管与平台治理［J］. 经济研究，2021，56（12）：20–41.

［77］江小涓，靳景. 数字技术提升经济效率：服务分工、产业协同和数实孪生［J］. 管理世界，2022，38（12）.

［78］江小涓，孟丽君. 内循环为主、外循环赋能与更高水平双循环——国际经验与中国实践［J］. 管理世界，2021，37（1）.

［79］姜安印，陈卫强. 高质量发展框架下中国居民生活质量测度［J］. 统计与决策，2020，36（13）.

［80］姜长云. 服务业主导新格局对经济发展的影响及思考［J］. 经济纵横，2015（9）.

［81］金碚. 关于“高质量发展”的经济学研究［J］. 中国工业经济，2018（4）.

［82］金碚. 基于价值论与供求论范式的供给侧结构性改革研析［J］. 中国工业经济，2017（4）.

［83］金碚. 中国共产党经济发展思想百年变革研探［J］. 当代经济科学，2021（6）.

［84］金灿阳，徐蔼婷，邱可阳．中国省域数字经济发展水平测度及其空间关联研究［J］．统计与信息论坛，2022（6）．

［85］靳涛，陶新宇．中国经济增长的结构性羁绊与国际比较［J］．经济学家，2015（10）．

［86］荆林波，王雪峰．消费率决定理论模型及应用研究［J］．经济学动态，2011（11）：71 - 79.

［87］荆文君，孙宝文．数字经济促进经济高质量发展：一个理论分析框架［J］．经济学家，2019（2）．

［88］卡马耶夫．经济增长的速度和质量［M］．武汉：湖北人民出版社，1983.

［89］凯恩斯．就业、利息货币通论［M］．北京：商务印书馆，1999.

［90］康梅．投资增长模式下经济增长因素分解与经济增长质量［J］．数量经济技术经济研究，2006，（2）：153 - 160.

［91］康铁祥．中国数字经济规模测算研究［J］．当代财经，2008（3）．

［92］李程．要素市场扭曲、资本深化与产业结构调整——基于时变弹性生产函数的实证分析［J］．统计与信息论坛，2015（2）．

［93］李春平，葛莹玉．代际支持对城乡老年人生活质量的影响——基于中国健康与养老追踪调查数据的实证研究［J］．调研世界，2017（12）．

［94］李大钊．李大钊文集：下卷［M］．北京：人民出版社，1984.

［95］李稻葵，刘霖林，王红领．GDP中劳动份额演变的U型规律［J］．经济研究，2009（1）．

［96］李冻菊，温明晟．生活质量的测度研究［J］．经济统计学（季刊），2017（2）．

［97］李国平，彭思奇，曾先峰，等．中国西部大开发战略经济效应评价——基于经济增长质量的视角［J］．当代经济科学，2011，33（4）：1 - 10，124.

［98］李建新．老年人口生活质量与社会支持的关系研究［J］．人口研究，2007（3）．

［99］李建新，李嘉羽．城市空巢老人生活质量研究［J］．人口学刊，

2012（3）.

[100] 李金叶，许朝凯. 中亚国家经济发展质量评价体系研究［J］. 上海经济研究，2017（6）.

[101] 李俊，徐晋涛. 省际绿色全要素生产率增长趋势的分析——一种非参数方法的应用［J］. 北京林业大学学报（社会科学版），2009，8（4）：139－146.

[102] 李兰冰，高雪莲，黄玖立. "十四五"时期中国新型城镇化发展重大问题展望［J］. 管理世界，2020（11）.

[103] 李廉水，鲍怡发，刘军. 智能化对中国制造业全要素生产率的影响研究［J］. 科学学研究，2020，38（4）.

[104] 李梦欣，任保平. 新时代中国高质量发展的综合评价及其路径选择［J］. 财经科学，2019（5）.

[105] 李萍，冯梦黎. 利率市场化对我国经济增长质量的影响：一个新的解释思路［J］. 经济评论，2016（2）：74－84，160.

[106] 李琦. 中国劳动份额再估计［J］. 统计研究，2012（10）.

[107] 李强，魏巍. 制度变迁对中国经济增长质量的非线性效应分析［J］. 经济与管理研究，2015，36（12）：3－10.

[108] 李丫丫，潘安. 工业机器人进口对中国制造业生产率提升的机理及实证研究［J］. 世界经济研究，2017（3）.

[109] 李永友. 基于江苏个案的经济发展质量实证研究——兼与浙江、上海的比较分析［J］. 中国工业经济，2008a（6）.

[110] 李永友. 经济发展质量的实证研究：江苏的经验——基于经济发展质量指标体系的分析［J］. 财贸经济，2008b（8）.

[111] 李永友. 我国需求结构失衡及其程度评估［J］. 经济学家，2012（1）：64－73.

[112] 李永友. 需求结构失衡的财政因素：一个分析框架［J］. 财贸经济，2010（11）：63－70.

[113] 李泽众，沈开艳. 城市群空间结构对经济高质量发展的影响［J］. 广东社会科学，2020（2）.

[114] 李周. 中国经济学如何研究绿色发展［J］. 改革，2016（6）：

133 - 140.

[115] 林春. 财政分权与中国经济增长质量关系——基于全要素生产率视角 [J]. 财政研究, 2017 (2).

[116] 林毅夫, 陈斌开. 发展战略、产业结构与收入分配 [J]. 经济学 (季刊), 2013, 12 (4): 1109 - 1140.

[117] 刘斌, 潘彤. 人工智能对制造业价值链分工的影响效应研究 [J]. 数量经济技术经济研究, 2020, 37 (10): 24 - 44.

[118] 刘海英, 张纯洪. 中国经济增长质量提高和规模扩张的非一致性实证研究 [J]. 经济科学, 2006 (2).

[119] 刘海英, 赵英才, 张纯洪. 人力资本"均化"与中国经济增长质量关系研究 [J]. 管理世界, 2004 (11).

[120] 刘佳, 王娟, 陆菊. 中国旅游经济增长综合测度及其时空分异特征 [J]. 首都经济贸易大学学报, 2017, 19 (3): 54 - 63.

[121] 刘世锦, 刘培林, 何建武. 我国未来生产率提升潜力与经济增长前景 [J]. 管理世界, 2015 (3).

[122] 刘世锦. "质量追赶型"中速增长期的机遇与挑战 [J]. 中国经济报告, 2016 (6).

[123] 刘淑春, 闫津臣, 张思雪, 等. 企业管理数字化变革能提升投入产出效率吗 [J]. 管理世界, 2021 (5).

[124] 刘文革, 周文召, 仲深, 等. 金融发展中的政府干预、资本化进程与经济增长质量 [J]. 经济学家, 2014 (3).

[125] 刘志彪, 凌永辉. 结构转换、全要素生产率与高质量发展 [J]. 管理世界, 2020 (7)

[126] 卢中原. 关于投资和消费若干比例关系的探讨 [J]. 财贸经济, 2003 (4): 5 - 12, 95.

[127] 鲁晓东, 连玉君. 中国工业企业全要素生产率估计: 1999—2007 [J]. 经济学 (季刊), 2012, 11 (2).

[128] 吕光明, 李莹. 中国劳动报酬占比变动的统计测算与结构解析 [J]. 统计研究, 2015 (8).

［129］吕光明，于学霆．基于省份数据修正的我国劳动报酬占比决定因素再研究［J］．统计研究，2018，35（3）．

［130］吕光明．中国劳动收入份额的测算研究：1993－2008［J］．统计研究，2011（12）．

［131］罗长远，张军．劳动收入占比下降的经济学解释：基于中国省级面板数据的分析［J］．管理世界，2009（5）

［132］罗斯托．经济增长的阶段——非共产党宣言［M］．北京：中国社会科学出版社，2001．

［133］毛其淋．二重经济开放与中国经济增长质量的演进［J］．经济科学，2012（2）．

［134］诺思，托马斯．西方世界的兴起［M］．北京：华夏出版社，1989．

［135］潘越，宁博，纪翔阁，等．民营资本的宗族烙印：来自融资约束视角的证据［J］．经济研究，2019（7）．

［136］裴长洪，刘洪愧．习近平新时代对外开放思想的经济学分析［J］．经济研究，2018，53（2）．

［137］裴长洪，倪江飞，李越．数字经济的政治经济学分析［J］．财贸经济，2018，39（9）．

［138］彭宜钟，童健，吴敏．究竟是什么推动了我国经济增长方式转变？［J］．数量经济技术经济研究，2014（6）．

［139］蒲志仲，刘新卫，毛程丝．能源对中国工业化时期经济增长的贡献分析［J］．数量经济技术经济研究，2015（10）．

［140］戚聿东，杜博，温馨．国有企业数字化战略变革：使命嵌入与模式选择——基于3家中央企业数字化典型实践的案例研究［J］．管理世界，2021，37（11）．

［141］戚聿东，肖旭．数字经济时代的企业管理变革［J］．管理世界，2020，36（6）．

［142］钱纳里，卢宾逊·塞尔奎因．工业和经济增长的比较研究［M］．上海：上海三联书店，1989。

［143］乔晓楠，郗艳萍．人工智能与现代化经济体系建设［J］．经济纵

横，2018（6）.

［144］秦江波，于冬梅，孙金梅．基于自动控制的黑龙江区域生态经济协调发展研究［J］.生态经济，2010，（4）：69－71.

［145］曲立，王璐，季桓永．中国区域制造业高质量发展测度分析［J］.数量经济技术经济研究，2021（9）.

［146］任保平，郭晗．经济发展方式转变的创新驱动机制［J］.学术研究，2013（2）.

［147］任保平．经济增长质量：经济增长理论框架的扩展［J］.经济学动态，2013（11）.

［148］任保平，李梦欣．中国经济新阶段质量型增长的动力转换难点与破解思路［J］.经济纵横，2016（9）.

［149］任保平，李禹墨．经济高质量发展中生产力质量的决定因素及其提高路径［J］.经济纵横，2018（7）.

［150］任保平，田丰华．中国特色社会主义新时代经济发展新动力的重塑与协调［J］.经济纵横，2017（12）.

［151］任保平，文丰安．新时代中国高质量发展的判断标准、决定因素与实现途径［J］.改革，2018（4）.

［152］任保平．新中国70年经济发展的逻辑与发展经济学领域的重大创新［J］.学术月刊，2019（8）.

［153］任保平．以质量看待增长：对新中国经济增长质量的评价与反思［M］.北京：中国经济出版社，2010.

［154］邵帅，李欣，曹建华，等．中国雾霾污染治理的经济政策选择——基于空间溢出效应的视角［J］.经济研究，2016（9）.

［155］沈国云．外商直接投资、对外开放与经济增长质量——基于中国汽车产业的经验实证［J］.经济问题探索，2017，（10）：113－122.

［156］沈洁，张可云．收入水平，居民生活质量与城市规模分布［J］.城市发展研究，2021（2）.

［157］沈坤荣，曹扬．以创新驱动提升经济增长质量［J］.江苏社会科学，2017（2）.

［158］沈坤荣，傅元海．外资技术转移与内资经济增长质量——基于中国区域面板数据的检验［J］．中国工业经济，2010（11）．

［159］沈坤荣，余红艳．税制结构优化与经济增长动力重构［J］．经济学家，2014（10）．

［160］沈利生．最终需求结构变动怎样影响产业结构变动——基于投入产出模型的分析［J］．数量经济技术经济研究，2011，28（12）：82 - 95，114．

［161］沈小波，陈语，林伯强．技术进步和产业结构扭曲对中国能源强度的影响［J］．经济研究，2021，56（2）．

［162］师博．中国特色社会主义新时代高质量发展宏观调控的转型［J］．西北大学学报（哲学社会科学版），2018（3）．

［163］石智雷．多子未必多福——生育决策、家庭养老与农村老年人生活质量［J］．社会学研究，2015，30（5）．

［164］史丹，李鹏．我国经济高质量发展测度与国际比较［J］．东南学术，2019（5）．

［165］宋明顺，张霞，易荣华，等．经济发展质量评价体系研究及应用［J］．经济学家，2015（2）．

［166］宋瑞．休闲与生活质量关系的量化考察：国外研究进展及启示［J］．旅游学刊，2006（12）．

［167］随洪光，段鹏飞，高慧伟，等．金融中介与经济增长质量——基于中国省级样本的经验研究［J］．经济评论，2017（5）．

［168］随洪光，余李，段鹏飞．外商直接投资、汇率甄别与经济增长质量——基于中国省级样本的经验分析［J］．经济科学，2017（2）．

［169］孙豪，桂河清，杨冬．中国省域经济高质量发展的测度与评价［J］．浙江社会科学，2020（8）．

［170］孙伟增，郭冬梅．信息基础设施建设对企业劳动力需求的影响：需求规模、结构变化及影响路径［J］．中国工业经济，2021（11）．

［171］孙早，徐远华．信息基础设施建设能提高中国高技术产业的创新效率吗？——基于2002—2013年高技术17个细分行业面板数据的经验分析

[J]. 南开经济研究，2018（2）.

[172] 谭崇台. 影响宏观经济发展质量的要素——基于发展经济学理论的历史考察 [J]. 宏观质量研究，2014（1）.

[173] 唐松，伍旭川，祝佳. 数字金融与企业技术创新——结构特征、机制识别与金融监管下的效应差异 [J]. 管理世界，2020，36（5）.

[174] 万佳彧，周勤，肖义. 数字金融、融资约束与企业创新 [J]. 经济评论，2020，（1）.

[175] 万晓榆，罗焱卿. 数字经济发展水平测度及其对全要素生产率的影响效应 [J]. 改革，2022（1）.

[176] 王奋，张京. IT 行业员工职业生活质量的实证研究——以北京地区为例 [J]. 北京理工大学学报（社会科学版），2006（3）.

[177] 王积业. 关于提高经济增长质量的宏观思考 [J]. 宏观经济研究，2000（1）.

[178] 王军，刘小凤，朱杰. 数字经济能否推动区域经济高质量发展？[J]. 中国软科学，2023，（1）：206 - 214.

[179] 王军，朱杰，罗茜. 中国数字经济发展水平及演变测度 [J]. 数量经济技术经济研究，2021（7）.

[180] 王磊. 农村大龄未婚男性的生活质量及其影响因素分析——以冀北地区调查为基础 [J]. 人口学刊，2012（2）.

[181] 王梦菲，张昕蔚. 数字经济时代技术变革对生产过程的影响机制研究 [J]. 经济学家，2020（1）.

[182] 王宁，史晋川. 要素价格扭曲对中国投资消费结构的影响分析 [J]. 财贸经济，2015（4）：121 - 133.

[183] 王颂吉，李亦然，宿海越. 中国城乡要素配置状态的时序变化与空间差异分析 [J]. 中国软科学，2021（3）.

[184] 王一鸣. 百年大变局、高质量发展与构建新发展格局 [J]. 管理世界，2020（12）.

[185] 魏婕，任保平. 中国各地区经济增长质量指数的测度及其排序 [J]. 经济学动态，2012（4）.

［186］温忠麟，叶宝娟．中介效应分析：方法和模型发展［J］．心理科学进展，2014，22（5）．

［187］吴海盛．农村老人生活质量现状及影响因素分析——基于江苏省农户微观数据的分析［J］．农业经济问题，2009（10）．

［188］吴建新，刘德学．人力资本、国内研发、技术外溢与技术进步——基于中国省际面板数据和一阶差分广义矩方法的研究［J］．世界经济文汇，2010（4）．

［189］鲜祖德，王天琪．中国数字经济核心产业规模测算与预测［J］．统计研究，2022（1）．

［190］肖功为，刘洪涛，郭建华．制度创新、金融发展与实体经济增长［J］．经济问题探索，2018（8）．

［191］肖红叶，郝枫．中国收入初次分配结构及其国际比较［J］．财贸经济，2009（2）．

［192］肖攀，李连友，苏静．中国省域经济增长质量测度及其收敛性分析［J］．财经理论与实践，2016，37（4）：111－117．

［193］谢康，夏正豪，肖静华．大数据成为现实生产要素的企业实现机制：产品创新视角［J］，中国工业经济，2020（5）．

［194］邢占军，黄立清．幸福社会：追求生活质量的全面提升［J］．理论探讨，2012（6）．

［195］徐君，郭徐青，崔珂珂．数字创新赋能农业高质量发展的水平测度与区域差异［J］．中国流通经济，2023（8）．

［196］徐鹏，徐向艺．人工智能时代企业管理变革的逻辑与分析框架［J］．管理世界，2020（1）．

［197］徐现祥，李书娟，王贤彬，等．中国经济增长目标的选择：以高质量发展终结"崩溃论"［J］．世界经济，2018（10）．

［198］徐现祥，周吉梅，舒元．中国省区三次产业资本存量估计［J］．统计研究，2007（5）．

［199］徐翔，厉克奥博，田晓轩．数据生产要素研究进展［J］．经济学动态，2021（4）．

［200］徐翔，赵墨非，李涛，等．数据要素与企业创新：基于研发竞争的视角［J］．经济研究，2023（2）．

［201］许宪春．我国 GDP 核算与现行 SNA 的 GDP 核算之间的若干差异［J］．经济研究，2001（11）．

［202］许宪春，张美慧．中国数字经济规模测算研究——基于国际比较的视角［J］．中国工业经济，2020（5）．

［203］闫星宇，张月友．我国现代服务业主导产业选择研究［J］．中国工业经济，2010（6）．

［204］严明义．生活质量的综合评价：基于数据函数性特征的方法［J］．统计与信息论坛，2007（2）．

［205］颜双波．基于熵值法的区域经济增长质量评价［J］．统计与决策，2017，（21）：142－145．

［206］杨琛，李群，王宾．"新常态"下中国经济发展动力强弱因素研究［J］．经济问题探索，2016（2）．

［207］杨德明，刘泳文．"互联网＋"为什么加出了业绩［J］．中国工业经济，2018（5）．

［208］杨文溥，曾会锋．数字经济促进全要素生产率提升的效应评价［J］．技术经济，2022，41（9）：1－9．

［209］杨新铭．数字经济：传统经济深度转型的经济学逻辑［J］．深圳大学学报（人文社会科学版），2017（4）．

［210］杨耀武，张平．中国经济高质量发展的逻辑、测度与治理［J］．经济研究，2021（1）．

［211］姚升保．湖北省经济发展质量的测度与分析［J］．统计与决策，2015，（21）：147－149．

［212］叶初升，李慧．以发展看经济增长质量：概念、测度方法与实证分析——一种发展经济学的微观视角［J］．经济理论与经济管理，2014（12）．

［213］易宪容，陈颖颖，位玉双．数字经济中的几个重大理论问题研究——基于现代经济学的一般性分析［J］．经济学家，2019（7）．

[214] 于立，王建林．生产要素理论新论——兼论数据要素的共性和特性 [J]．经济与管理研究，2020 (4)．

[215] 余明桂，钟慧洁，范蕊．民营化、融资约束与企业创新——来自中国工业企业的证据 [J]．金融研究，2019 (4)．

[216] 余泳泽，杨晓章，张少辉．中国经济由高速增长向高质量发展的时空转换特征研究 [J]．数量经济技术经济研究，2019，36 (6)：3-21．

[217] 袁淳，肖土盛，耿春晓，等．数字化转型与企业分工：专业化还是纵向一体化 [J]．中国工业经济，2021 (9)．

[218] 曾文，张小林，向梨丽，等．江苏省县域城市生活质量的空间格局及其经济学解析 [J]．经济地理，2014，34 (7)．

[219] 詹新宇，崔培培．中国省际经济增长质量的测度与评价——基于"五大发展理念"的实证分析 [J]．财政研究，2016 (8)．

[220] 詹新宇，王素丽．财政支出结构的经济增长质量效应研究——基于"五大发展理念"的视角 [J]．当代财经，2017 (4)．

[221] 张斌，茅锐．工业赶超与经济结构失衡 [J]．中国社会科学，2016 (3)：80-98，206．

[222] 张车伟，张士斌．中国初次收入分配格局的变动与问题：以劳动报酬占 GDP 份额为视角 [J]．中国人口科学，2010 (5)．

[223] 张帆，施震凯，武戈．数字经济与环境规制对绿色全要素生产率的影响 [J]，南京社会科学，2022 (6)．

[224] 张国胜，王远洋，陈明明．长波中技术变革、范式转换与中国供给侧结构性改革 [J]．经济学家，2017 (7)．

[225] 张军扩．进一步增强和拓展经济增长新动能 [J]．中国经济报告，2016 (12)：48-50．

[226] 张军，吴桂英，张吉鹏．中国省际物质资本存量估算：1952-2000 [J]．经济研究，2004 (10)：35-44．

[227] 张亮，赵雪雁，张胜武，等．安徽城市居民生活质量评价及其空间格局分析 [J]．经济地理，2014，34 (4)．

[228] 张美慧．国际新经济测度研究进展及对中国的借鉴 [J]．经济学

家，2017（11）．

［229］张鹏．数字经济的本质及其发展逻辑［J］．经济学家，2019（2）．

［230］张士杰，饶亚会．基于组合评价的经济发展质量测度与时序分析——来自中国1978—2013年数据的实证研究［J］．财贸研究，2016（3）．

［231］张文魁．数字经济的内生特性与产业组织［J］．管理世界，2022（7）．

［232］张希，林立，刘伟霞．特色小镇建设对居民生活质量影响研究——福建省国家级运动休闲特色小镇建设考察［J］．福建论坛（人文社会科学版），2019（9）．

［233］张昕蔚，蒋长流．数据的要素化过程及其与传统产业数字化的融合机制研究［J］．上海经济研究，2021（3）．

［234］张昕蔚．数字经济条件下的创新模式演化研究［J］．经济学家，2019（7）．

［235］张雪玲，焦月霞．中国数字经济发展指数及其应用初探［J］．浙江社会科学，2017（4）．

［236］张勋，万广华，张佳佳，等．数字经济、普惠金融与包容性增长［J］．经济研究，2019（8）．

［237］张永恒，郝寿义．高质量发展阶段新旧动力转换的产业优化升级路径［J］．改革，2018（11）．

［238］张于喆．数字经济驱动产业结构向中高端迈进的发展思路与主要任务［J］．经济纵横，2018（9）．

［239］张宇，谢地，任保平，等．中国特色社会主义政治经济学［M］．北京：高等教育出版社，2017．

［240］张元钊，李鸿阶．社会网络、就业水平与人民生活质量——基于OECD国家的实证分析［J］．福建论坛（人文社会科学版），2020（2）．

［241］张月友，董启昌，倪敏．服务业发展与"结构性减速"辨析——兼论建设高质量发展的现代化经济体系［J］．经济学动态，2018（2）．

［242］章上峰，许冰．时变弹性生产函数与全要素生产率［J］．经济学（季刊），2009（2）．

［243］赵宸宇，王文春，李雪松．数字化转型如何影响企业全要生产率［J］．财贸经济，2021（7）．

［244］赵涛，张智，梁上坤．数字经济、创业活跃度与高质量发展——来自中国城市的经验证据［J］．管理世界，2020，36（10）：65-76．

［245］赵彦云，李静萍．中国生活质量评价、分析和预测［J］．管理世界，2000（3）．

［246］郑江淮，宋建，张玉昌，等．中国经济增长新旧动能转换的进展评估［J］．中国工业经济，2018（6）．

［247］郑玉歆．全要素生产率的再认识——用 TFP 分析经济增长质量存在的若干局限［J］．数量经济技术经济研究，2007（9）．

［248］郑宗生，吴述尧，何传启．生活质量与国家创新能力的相关性分析［J］．科学学与科学技术管理，2006（9）．

［249］中共中央文献研究室．建国以来毛泽东文稿：第七卷［M］．北京：中央文献出版社，1992．

［250］中共中央文献研究室．毛泽东年谱（1949-1976）（第2卷）［M］．北京：中央文献出版社，2013．

［251］中共中央文献研究室．毛泽东文集：第六卷［M］．北京：人民出版社，1999．

［252］中共中央文献研究室．十六大以来重要文献选编［M］．北京：中央文献出版社，2006．

［253］中共中央文献研究室．十三大以来重要文献选编（上）［M］．北京：中央文献出版社，2011．

［254］中共中央文献研究室中央档案馆．建党以来重要文献选编（一九二一——一九四九）第1册［M］．北京：中央文献出版社，2011．

［255］周长城，蔡静诚．生活质量主观指标的发展及其研究［J］．武汉大学学报（哲学社会科学版），2004（5）．

［256］周瑞瑞，米文宝，李俊杰，等．宁夏县域城镇居民生活质量空间分异及解析［J］．干旱区资源与环境，2017（7）．

［257］周少甫，陈亚辉．数字经济对经济高质量发展的影响研究——基

于服务业结构升级的视角［J］. 工业技术经济，2022（5）.

［258］朱方明，贺立龙. 经济增长质量：一个新的诠释及中国现实考量［J］. 马克思主义研究，2014（1）.

［259］邹卫星，房林. 为什么中国会发生投资消费失衡？［J］. 管理世界，2008（12）：32－42，50.

［260］Abel A. B. Asset Prices Under Heterogeneous Beliefs：Implications for the Equity Premium［M］. Philadelphia：Rodney L. White Center for Financial Research，1989.

［261］Atkinson A. B. Factor Shares：The Principal Problem of Political Economy？［J］. Oxford Review of Economic Policy，2009（25）.

［262］Barro R. J. Quantity and Quality of Economic Growth［J］. Working Papers Central Bank of Chile，2002，5（2）.

［263］Bentolila S.，Saint－Paul G. Explaining Movements in the Labor Share［J］. Contributions in Macroeconomics，2003，3（1）.

［264］Blanchard O. J.，Nordhaus W. D.，Phelps E. S. The Medium Run［J］. Brooking Papers on Activity，1997（2）.

［265］Brown，E. P.，Hart E. The Share of Wages in National Income.［J］. Economic Journal，1952（62）.

［266］Bukht R.，Heeks R. Defining，Conceptualizing and Measuring the Digital Economy［J］. International Organisations Research Journal，2018，13（2）.

［267］Chenery，Hollis，Moises Syrquin. Patterns of Development，1950－1970［M］. Cambridge：Oxford University Press，1975.

［268］Felipe J.，Abdon A.，Kumar U. Tracking the Middle-Income Trap：What is It，Who Is in It，and Why？［R］. Levy Economics Institute of Bard College Working Paper，No. 715，2012.

［269］Garnaut R. The Sustainability and Some Consequences of Chinese Economic Growth［J］. Australian Journal of International Affairs，2005，59（4）.

［270］Gollin D. Getting Income Shares Right［J］. Journal of Political Economy，2002（2）.

[271] Gollin D. Nobody's Business But My own: Self-Employment and Small Enterprise in Economic Development [J]. Journal of Monetary Economics, 2008, 55 (2): 219 – 233.

[272] Hadlock C. J. , Pierce J. R. New Evidence on Measuring Financial Constraints: Moving Beyond the KZ index [J]. The Review of Financial Studies, 2010, 23 (5): 1909 – 1940.

[273] Helliwell J. F. Life Satisfaction and Quality of Development [J]. Nber Working Papers, 2008.

[274] Hong Y. The Quality of Economic Growth and the Effect of Population [J]. Chinese Journal of Population Science, 1994, 6 (1).

[275] Johnson G. D. The Functional Distribution of Income in the United States, 1850 – 1952 [J]. Review of Economics and Statistics, 1954 (36).

[276] Jones C. I. , Tonetti C. Nonrivalry and the Economics of Data [J]. American Economic Review, 2020, 110 (9): 2819 – 2858.

[277] Kaldor N. Capital Accumulation and Economic Growth: The Theory of Capital [M]. New York St Martin Press, 1961.

[278] Karabarbounis L. , Neiman B. The Global Decline of the Labor Share [J]. Quarterly Journal of Economics, 2014 (1).

[279] Krugman P. The Myth of the Asian Miracle [J]. Foreign Affairs, 1994, 73 (6).

[280] Lewis W. A. Economic Development Under Conditions of Unlimited Supply of Labor [J]. University of Manchester Journal, 1954.

[281] Lucas R. E. On the Mechanics of Economic Development [J]. Journal of Monetary Economics, 1998, 94 (5): 3 – 42.

[282] Machlup F. The Production and Distribution of Knowledge in the United States [M]. New Jersey: Princeton University Press , 1962.

[283] Masayuki N. , Akira O. , Shigenori S. Distortions in Factor Markets and Structural Adjustments in the Economy [J]. Monetary and Economic Studies, 2004, 22 (2) .

［284］ Mlachila M., Tapsoba R., Tapsoba S. J. A. A Quality of Growth Index for Developing Countries: A Proposal ［J］. Social Indicators Research, 2017, 134 (2).

［285］ Nunn N., Qian N. US Food Aid and Civil Conflict ［J］. American Eonomic Review, 2014, 104 (6): 1630 – 1666.

［286］ Phelps E. The Golden Rule of Accumulation: A Fable for Growthmen ［J］. The American Economic Review, 1961, 51 (4): 638 – 643.

［287］ Piketty T. Capital in the 21st Century ［M］. Harvard University Press, 2014.

［288］ Putterman L. Institutions, Social Capability, and Economic Growth ［J］. Economic System, 2013 (37).

［289］ Rawski T., Perkins D. H. Forecasting China's Economic Growth to 2025 ［J］. China's Great Economic Transformation, 2008.

［290］ Rodriguez F., Jayadev A. The Declining Labor Share of Income ［J］. Human Development Research Paper, 2010.

［291］ Rodrik D. Institutions for High – Quality Growth: What They Are and How to Acquire Them ［J］. Studies in Comparative International Development, 2000, 35 (3).

［292］ Rostow W. W. The Stages of Economic Growth ［M］. Cambridge University Press, 1960.

［293］ Sabatini F. Social Capital and the Quality of Economic Development ［J］. Kyklos, 2008, 61 (3): 466 – 499.

［294］ Szirmai A. Industrialisation as an Engine of Growth in Developing Countries, 1950 – 2005 ［J］. Structural Change and Economic Dynamics, 2012 (23).

［295］ Schaefer A, Schiess D, Wehrl R. Long Term Growth Driven by a Sequence of General Purpose Technologies ［J］. Economic Medelling, 2014 (37).

［296］ Schaefer M., Sapi G. Learning from Data and Network Effects: The Example of Internet Search ［R］. DIW Discussion Papers, 2020.

［297］ Solow R. M. A Contribution to the Theory of Economic Growth ［J］. Quarterly Journal of Economics, 1956, 70 (1): 65 – 94.

[298] Syrquin, Moises, Chenery, et al. Patterns of Development, 1950 to 1983 [M]. World Bank, Washington, DC, 1989.

[299] Thomas V. , Dailami M. , Dhareshwar A. , et al. The Quality of Growth [M]. Published for the World Bank, Oxford University Press, 2000.

后 记

党的二十大报告指出，高质量发展是全面建设社会主义现代化国家的首要任务。转向经济高质量发展是党中央结合我国经济现状以及经济未来发展方向所作出的基本论断，与我国社会主要矛盾的变化相适应，也遵循了经济发展规律的必然要求。本书正是基于中国进入新时代的阶段转换背景，研究经济阶段转换、结构转化和高质量发展之间的理论逻辑关系，提出从中国高速增长转向高质量发展，其内涵就是以发展数字经济重塑动力结构、以结合需求管理与供给管理优化供求结构、以共享发展成果优化分配结构，并在此基础上进一步研究实现高质量发展的机制。

本书的研究内容主要是沿着"从高速增长转向高质量发展的逻辑—高质量发展的测度评价—高质量发展中动力结构重塑—高质量发展中供求结构优化—高质量发展中分配结构完善"的思路来展开，主要分为四大篇章。

第一，中国经济从高速增长转向高质量发展。首先，本书研究了中国经济从高速增长转向高质量发展的理论逻辑，提出从高速增长阶段转变为高质量发展阶段后，发展理念、发展目标、发展空间、发展模式、发展动能、发展政策导向等出现了十个方面的变化。进一步提出结构转化推动高质量发展的理论逻辑。其次，在对转向高质量发展的理论逻辑基础上，从中国共产党建党百年来的发展观的历史演变出发，分别研究不同时期发展理念的演变，由此梳理出高质量发展观形成的历史逻辑。最后，基于高质量发展的理论内涵，围绕新发展理念研究了中国经济高质量发展水平的测度评价与时空演变。

第二，以发展数字经济重塑动力结构推动高质量发展。首先，研究了以数字经济重塑高质量发展动力结构的理论逻辑，在此基础上研究高质量发展阶段我国发展动力所面临的新约束，并进一步从宏观逻辑、中观逻辑和微观逻辑三层视角研究在高质量发展阶段依靠发展数字经济培育我国经济发展新动能的逻辑和路径。其次，构建包含结构化数据、微观数据与文本数据的数字经济评价指标体系，对我国数字经济发展状况进行科学评价。最后，从数字经济驱动企业生产率提升的视角，研究了数字经济形成高质量发展中新动力的机制和路径。基于地级市数据和上市公司数据的匹配，实证验证了数字经济发展对企业生产率的影响。

第三，以结构优化和要素重置调整供求结构推动高质量发展。首先，研究了新时代中国经济高质量发展中的需求结构。通过构建动态一般均衡的经济增长理论模型，并基于实证检验论证需求结构优化路径的存在性以及实际与最优需求结构的偏离对高质量发展的影响，进一步提出了探寻优化需求结构以促进经济高质量发展的路径。其次，研究了新时代中国经济高质量发展中的供给结构。从理论视角梳理高质量发展下供给结构的内涵，并构建了要素配置效率的测度方法来测度要素配置效率的失衡对供给结构的影响，从而探寻提高新时代我国供给体系质量的路径。最后，研究了中国的经济高质量发展中的需求管理与供给管理。依据马克思主义政治经济学的经济总供求及其结构平衡理论，研究了新时代需求管理与供给管理的特征，并提出将需求管理与供给管理相结合，构建具有中国特色的宏观调控体系。

第四，以分配构优化和要素重置调整供求结构推动高质量发展。首先，从分配结构的角度，研究了中国的劳动报酬占比及其对经济高质量发展的影响，基于完整核算口径对中国各省份初次分配结构中的劳动报酬占比数据重新进行了测算，并就初次分配改善对经济高质量发展的影响进行了研究。其次，从生活质量的角度，研究了新时代人民生活高质量发展的时序特征与空间格局。最后，从推动共同富裕的角度，研究了中国高质量发展阶段实现共同富裕的实践历程与路径选择，基于人口收入分布曲线分析了共同富裕理念从经济高速增长到高质量发展的阶段性转变，在此基础上基于新时代的背景和要求提出高质量发展阶段实现共同富裕的推进策略与路径选择。

本书是我所主持的国家社科基金项目"新时代中国经济从高速增长转向高质量发展的结构转化机制研究"所形成的最终成果。本书在研究结构转化与经济高质量发展之间的逻辑关系基础上，利用数据和经验方法分析中国经济向高质量转变过程中的制约因素，希望能够为准确把握当前经济发展的现实状态提供精确的依据。同时，本书所提出的以结构转化推动中国经济高质量发展的实施路径和政策体系，希望能够为相关部门制定质量型经济发展政策提供一些决策参考。

郭　晗

2024 年 11 月于西安